高校入試

超効率問題集

英語

JN014503

文英堂

目次

特長と使い方

本書は，入試分析をもとに，各分野の単元を出題率順に並べた問題集です。
よく出る問題から解いていくことができるので，"超効率"的に入試対策ができます。

step 1 『 出るとこチェック 』

各分野のはじめにある一問一答で，自分の実力を確認
できるようになっています。
答えられない問題があったら優先的にその単元を学習
して，自分の弱点を無くしていきましょう。

step 2 『 まとめ 』

入試によく出る大事な内容をまとめています。
さらに，出題率が一目でわかるように示しました。

○出題率 **75.3%** 細かい項目ごとの出題率も載せているので，
出やすいものを選んで学習できます。

step 3 『 実力アップ問題 』

入試によく出るタイプの過去問を載せています。
わからなかったら，『まとめ』に戻って復習しましょう。
さらに，出題率・正答率の分析をもとにマークをつけ
ました。目的に応じた問題を選び解くこともできます。

- 超重要→ 正答率がとても高い，よく出る問題です。
  確実に解けるようになりましょう。

- 差がつく→ 正答率が少し低めの，よく出る問題です。
  身につけてライバルに差をつけましょう。

- 難→ 正答率がとても低い問題です。
  ここまで解ければ，入試対策は万全です。

- リスニング問題です。
  QRコードを読み取って音声を聞きましょう。
  音声再生アプリ「SigmaPlayer2」で聞くこと
  もできます。

- 思考力問題にも対応！ 思考力→ いろんな情報を組み合わせて解く問題や自由
  記述式の問題です。慣れておきましょう。

『 模擬テスト 』で本番にそなえましょう！

入試直前の仕上げとして，巻末の模擬テストに取り組みましょう。時間内に解答して，めざせ70点以上！

［文法］

出るとこチェック 文法

次の問題を解いて，文法の知識を確認しよう。

◯（　　）内から適当な語（句）を選びなさい。日本語のあるものは，日本語に合うように，（　　）に適当な語を入れなさい。

1 不定詞・動名詞 →p.8

□ 01　I want (to buy / buying) a new smartphone.　　　　　　（　　　　　）

□ 02　(Studied / Studying) every day is necessary for you.　　（　　　　　）

2 前置詞・接続詞 →p.11

□ 03　There is a flower shop (by / from) the park.　　　　　　（　　　　　）

□ 04　(When / If) I called him, he was not at home.　　　　　　（　　　　　）

3 熟語 →p.14

□ 05　What are you looking (at / for)? — My pen.　　　　　　（　　　　　）

□ 06　Spanish is the language that I am interested (on / in).　　（　　　　　）

4 助動詞 →p.17

□ 07　彼はピアノを上手に弾ける。　　　　　　He (　　　　　　) play the piano well.

□ 08　私は宿題をやらなければならない。　　　I (　　　　　) do my homework.

□ 09　あなたの辞書を使ってもいいですか。　　(　　　　　　) I use your dictionary?

5 未来／進行形 →p.20

□ 10　It (going / will) rain in the afternoon.　　　　　　　　（　　　　　）

□ 11　She is (used / using) the camera now.　　　　　　　　（　　　　　）

6 受け身 →p.23

□ 12　英語はインドで使われます。　　　English is (　　　　　) in India.

□ 13　その写真はマイクが撮りました。　The photo (　　　　　) taken by Mike.

7 文の構造 →p.26

□ 14　I gave (him some CDs / some CDs him).　　　　　　（　　　　　）

□ 15　They call (Nana me / me Nana).　　　　　　　　　　（　　　　　）

8 関係代名詞／仮定法 →p.29

☐ **16** The boy (who / which) is standing over there is Jim. (　　　　　)

☐ **17** If it (is / were) sunny today, we would play soccer. (　　　　　)

9 名詞・代名詞／形容詞・副詞 →p.32

☐ **18** I want to drink (something cold / cold something). (　　　　　)

☐ **19** Jim can run (early / fast). (　　　　　)

10 現在完了 →p.35

☐ **20** そのホテルに３日間滞在しています。　　I (　　　　　) stayed at the hotel for three days.

☐ **21** 彼はカナダに一度行ったことがあります。　He has (　　　　　) to Canada once.

☐ **22** もうその本を読みましたか。　　(　　　　　) you read the book yet?

11 いろいろな文 →p.38

☐ **23** (That / It) is cloudy today. (　　　　　)

☐ **24** Do you know where (he lives / does he live)? (　　　　　)

12 比較 →p.41

☐ **25** マイクはケンよりも背が高い。　　Mike is (　　　　　) than Ken.

☐ **26** それは世界で最も大きな国です。　　It is the (　　　　　) country in the world.

13 分詞 →p.44

☐ **27** あの踊っている女の子を見て。　　Look at that (　　　　　) girl.

☐ **28** 彼女は日本製のバッグを買いました。　　She bought a bag (　　　　　) in Japan.

14 会話表現 →p.47

☐ **29** 次の角を左へ曲がってください。　　(　　　　　) left at the next corner.

☐ **30** 彼に聞いてみてはどうですか。　　(　　　　　) don't you ask him?

出るとこチェックの答え

1	01 to buy　02 Studying	**2**	03 by　04 When	**3**	05 for　06 in	
4	07 can　08 must　09 May [Can]	**5**	10 will　11 using	**6**	12 used　13 was	
7	14 him some CDs　15 me Nana	**8**	16 who　17 were	**9**	18 something cold　19 fast	
10	20 have　21 been　22 Have	**11**	23 It　24 he lives	**12**	25 taller　26 largest [biggest]	
13	27 dancing　28 made	**14**	29 Turn　30 Why			

不定詞・動名詞

出題率 **95.8%**

(入試メモ) 不定詞の３つの基本用法と動名詞の基本をおさえた上で，重要表現を確認しよう。

1 不定詞

出題率 **93.8%**

不定詞は〈**to**＋動詞の原形〉で表す。不定詞には以下の３つの用法がある。

|1| 名詞的用法…「**〜すること**」の意味を表す。文の**目的語，補語，主語**になる。

(例) I want **to travel** abroad. （私は海外を旅行することをしたい）【目的語】
My dream is **to become** a pilot. （私の夢はパイロットになることです）【補語】
To play soccer is interesting. （サッカーをすることはおもしろい）【主語】

|2| 副詞的用法…「**〜するために，〜して**」の意味を表す。**目的や感情の原因**を表す。

(例) I went to Paris **to study** art. （私は芸術を勉強するためにパリに行きました）【目的】
I'm glad **to see** you again. （あなたにまたお会いできてうれしいです）【感情の原因】

|3| 形容詞的用法…「**〜するための…**」の意味を表す。直前の**名詞**に説明を加える。

(例) I have a lot of things **to do** today. （今日はするためのことがたくさんあります）

> **合格ポイント** 不定詞を用いた重要表現
> ① 〈**how** など（疑問詞）＋**to** 〜〉 （どのように [何を，いつ，どこで，…]〜したらよいか）
> ② 〈**want** [**tell, ask**] など＋人＋**to** 〜〉 （（人）に〜してほしい [〜するように言う，〜してくれるように頼む]）
> ③ 〈**It is ...（for**＋人）＋**to** 〜**.**〉 （（人）が〜することは…だ）
> ④ 原形不定詞 (toのない不定詞＝動詞の原形)
> ・〈**help** ＋人＋動詞の原形〉 （（人）が〜するのを手伝う）
> ・〈**let** ＋人＋動詞の原形〉 （（人）に〜させる）

2 動名詞

出題率 **70.8%**

〈動詞の〜ing形〉で「**〜すること**」の意味。文の**主語，補語，目的語，前置詞の目的語**になる。

(例) She stopped **playing** the piano. （彼女はピアノを弾くことをやめました）【目的語】
Ken is good at **speaking** English. （ケンは英語を話すことが上手です）【前置詞の目的語】

> **覚えよう** 動名詞を用いた重要表現
> **Thank you for 〜ing.** （〜してくれてありがとう）／ **How about 〜ing?** （〜しませんか）
> **look forward to 〜ing** （〜するのを楽しみに待つ）／ **without 〜ing** （〜せずに） など

3 不定詞と動名詞の使い分け

出題率 **35.4%**

目的語に不定詞を使うか動名詞を使うかが決まっている動詞があるので注意。

> **覚えよう** 目的語に不定詞または動名詞をとる動詞
> 【不定詞のみ】 **want to 〜** （〜したい）／ **need to 〜** （〜する必要がある）／ **would like to 〜** （〜したい） など
> 【動名詞のみ】 **enjoy 〜ing** （〜を楽しむ）／ **finish 〜ing** （〜を終える）／ **stop 〜ing** （〜をやめる） など
> 【不定詞・動名詞の両方】 **like** （〜を好む）／ **love** （〜が大好きだ）／ **start, begin** （〜を始める） など

実力アップ問題

解答・解説│別冊 p.2

正答率

1 次の文の（　　）に入る最も適当な語句を，あとの**ア〜エ**からそれぞれ 1 つずつ選び，
⤷ 1,2,3　記号で答えなさい。

(1) I went shopping because it stopped (　　　　　). [神奈川県]
　　ア rains　　**イ** rained　　**ウ** raining　　**エ** rainy　　〔　　〕　　■■ 70%

超重要 (2) **A** : What's your plan during this vacation?
　　B : I'll go to Hokkaido (　　　　　) with my family. [福島県]
　　ア ski　　**イ** to ski　　**ウ** skied　　**エ** is skiing　　〔　　〕　　■■ 85%

差がつく (3) **A** : I don't know (　　　　　) to buy for Michiko's birthday present.
　　B : Why don't you buy some flowers? [沖縄県]
　　ア who　　**イ** what　　**ウ** when　　**エ** where　　〔　　〕

(4) **A** : What are you doing on the Internet? It has already been about
　　　two hours.
　　B : Well, I am looking for some information for my homework.
　　A : The Internet is useful, but you have used it too long today.
　　B : OK. I'll finish (　　　　) it soon. [岩手県]
　　ア use　　**イ** using　　**ウ** used　　**エ** to use　　〔　　〕

2 次の文の（　　）内の語句を並べかえて，文を完成させなさい。
⤷ 1,2

(1) When she was a child, (short stories / liked / written for / reading /
small children / she). [長崎県]　　■ 78%

_____

(2) 〔*At a library*〕
　　A : Excuse me. Which book is better to learn the history of our city?
　　B : Let's see. I think this one (you / can / understand / it / help)
　　　better. [福島県]

_____

差がつく (3) **Mr. Davis** : Hi, Akiko. I heard that you are going abroad for one year.
　　　Akiko : Yes. That's right.
　　Mr. Davis : Where are you going?
　　　Akiko : I'm going to Canada to study at a high school.
　　Mr. Davis : That's wonderful. I think studying abroad will give (to /
　　　chances / make / you / many) your English better.
　　　Akiko : I hope so. [岐阜県]　　■ 35%

難 (4) To (for / something / is / others / do) much fun for me. [青森県]　　■ 26%

_____

文法

正答率

3 次の文の（　）内の語を並べかえて，文を完成させなさい。ただし，(3)では不要
↪1,2　な語が1語ある。

(1)　**A**：Why does she work so hard?

　　　B：Because she (on / is / of / proud / working) a farm.　　　[島根県]

_____

(2)　It is hard (to / for / speak / me) in front of many people.　　　[栃木県]　■□ 64%

_____

超重要▶(3)　My mother (using / told / to / must / me / stop) my smartphone at
　　　dinner.　　　[沖縄県]

_____

4 次の日本文を英語に直しなさい。
↪1,2

(1)　私の夢は彼のような医者になることです。　　　[愛媛県]　□ 16%

◇難▶
_____

(2)　新しいことをしようとすることをやめてはいけません。　　　[香川県]

_____

◇難▶(3)　バスでそこに行くのはどうですか。　　　[愛媛県]　□ 7%

_____

5 次の高校生の俊(Shun)とニュージーランドからの留学生のケイト(Kate)の会話
↪1　を読んで，あとの問いに答えなさい。　　　[大阪府・改]

Kate：Hi, Shun. Look at this picture.

Shun：Wow! I can see many sheep. Where did you take it?

Kate：I took it at a *stock farm in New Zealand. My uncle *keeps many
　　　sheep there. When I am in my country, I sometimes go there
　　　　 ① 　 him.

Shun：Is it difficult to 　 ② 　 of sheep?

Kate：Well, it's not easy, but I like it.

（注）stock farm 牧場　　keep 飼う

差がつく◀(1)　本文中の 　 ① 　 に入れるのに最も適しているものはどれか。次のア〜エか
　　　ら1つ選び，記号で答えなさい。　　　■□ 32%

　　　ア help　　イ helps　　ウ helped　　エ to help　　〔　　　　〕

思考力▶(2)　本文中の 'Is it difficult to 　 ② 　 of sheep?' が，「ヒツジたちの世話をす　　　□ 15%
　　　ることは難しいですか。」という内容になるように，英語2語を書き入れ，英
　　　文を完成させなさい。

_____

10

2 》文法
前置詞・接続詞

出題率 **89.6%**

入試メモ 文のあちこちに出てくる前置詞や接続詞に要注意。意味と用法をしっかりとおさえよう。

I 前置詞
出題率 **26.0%**

〈前置詞＋(代)名詞または名詞相当語句〉の形で，「どこで」「いつ」などの意味を文に加える。

覚えよう おもな前置詞と注意すべき用法

① 場所を表す前置詞の例

例 **at** the station （駅で）　**in** the park （公園で）　**on** the desk （机の上に）
near my house （私の家の近くで [に]）　**by** the door （ドアのそばで [に]）
around the lake （湖のまわりで [に]）　**along** the river （川に沿って）

② 時を表す前置詞の例

例 **at** ten o'clock （10時に）　**in** 2010 （2010年に）　**on** Friday （金曜日に）
for two hours （2時間）　**during** my stay （私が滞在している間に）
before noon （正午前に）　**after** the war （戦争のあとで [に]）
since yesterday （昨日以来）　**from** Monday **to** Friday （月曜日から金曜日まで）

③ 注意すべき前置詞の用法

【方向】例 **to** the door （ドアに向かって）　**for** Tokyo （東京に向かって）
【手段】例 **by** bus （バスで）　**with** the computer （コンピューターで）
【その他】例 **for** you （あなたのために）　**with** my mother （母と）

2 接続詞

出題率 **86.5%**

|1| and，but，or など…語(句)と語(句)，文と文を**対等の関係**で結びつける接続詞。

例 | Mike **and** Jane are from America. | **But,** | they speak good Japanese |.
語　　　　　語　　　　文　　　　　　　　　　　　　　　　文

（マイク**と**ジェーンはアメリカ出身です。**しかし**，彼らは上手な日本語を話します）

Which do you like better, soccer **or** tennis?　— Soccer.
語　　　　　語

（サッカーとテニスでは，どちらが好きですか）　　　　　　　　（サッカーです）

|2| when，if，because など…中心となる文に，**意味を付け加える文を導く**接続詞。

例 | **When** I went to Kyoto, | I visited some temples |.
「時」について意味を付け加える文　　　　中心の文

（京都に行った**とき**，お寺をいくつか訪れました）

|3| that…〈**that**＋主語＋動詞〜〉で，think や know などの動詞の**目的語**になる。

例 I know | **that** his sister is a college student |.
〈**that**＋主語＋動詞〜〉が **know** の目的語　　＊この **that** は省略されることがある。

（私は，彼の姉[妹]が大学生である**こと**を知っています）

実力アップ問題

実力アップ問題

解答・解説 | 別冊p.3

正答率

1 次の文の（　　　）に入る最も適当な語を，あとの**ア～エ**からそれぞれ１つずつ選び，記号で答えなさい。

↳ 1,2

超重要 (1) **A**: What time do you usually eat breakfast?

B: (　　　　　) 6:30. [栃木県]

ア At　**イ** In　**ウ** On　**エ** To 〔　　　〕 ■□ 96%

(2) **Naoko**: This will be a good chance for you to *experience Japanese culture. I hope you can find some Japanese spirit in the *tea ceremony.

Cathy: Do you know much about it?

Naoko: Yes. I was in the tea ceremony club at my school in Japan, (　　　　　) I can teach you about it. [滋賀県]

(注) experience 体験する　tea ceremony 茶会，茶道

ア because　**イ** but　**ウ** so　**エ** as 〔　　　〕 ■□ 73%

(3) My family and I stayed at a hotel in a *hot spring resort last week. (　　　　　) we arrived there, I was surprised because there were many foreign *tourists there. [北海道]

(注) hot spring resort 温泉地　tourist 観光客

ア When　**イ** Because　**ウ** Before　**エ** If 〔　　　〕 ■□ 70%

2 次の文の（　　　）に入る最も適当な語を書きなさい。ただし，(3)は（　　　）内に示された文字で書き始めなさい。

↳ 1,2

差がつく (1) **A**: How will the weather be this afternoon? ■□ 49%

B: It will be rainy.

A: Oh, no. How about tomorrow?

B: I don't know.

A: Let's play soccer (　　　　　) the weather is sunny tomorrow.

B: Good idea! [宮崎県・改]

_____

(2) **Takeshi**: How can I get to the movie theater? ■□ 44%

Steve: The easy way is to take the train.

Takeshi: Could you say that again?

Steve: Well, you can go there (　　　　　) train easily. [岡山県]

_____

(3) **Shinji**: I came to school (w　　　　) eating breakfast this morning. So I'm hungry. ■□ 30%

Jane: You didn't eat breakfast this morning. That's not good. [宮城県]

_____

文法

3 次の文の（　　）内の語句を並べかえて，文を完成させなさい。ただし，(4)では不要な語が1語ある。

⤷1,2

超重要 (1) **A：** Please look at those (in / red dresses / girls).
　　　 B： Oh, they are so beautiful.　　　　　　　　　　　　　[宮崎県]

_____

(2) **Mother：** Where are you going, Mark?
　 Mark： I'm going to the park to play tennis with Makoto.
　 Mother： Have you finished your homework yet?
　 Mark： Yes, I've done it.
　 Mother： OK. Please come (it / dark / before / home / gets).
　 Mark： Sure, I will.　　　　　　　　　　　　　　　　　[岐阜県]

_____

差がつく (3) **Kenta：** Hi, John. Are you going to join a club in Japan?
　 John： Yes. I was in a tennis team in Australia, but this school doesn't have a tennis team.
　 Kenta： Right. Why don't you try another sport?
　 John： I want to try another one, but I can't decide what team I should join.
　 Kenta： How about soccer? I'll (happy / the soccer team / if / you / be / join) and play with me.　　　　　　　　　　　　[茨城県]

_____

(4) **A：** Do you (as / do / what / know / to / should) a volunteer this afternoon?
　 B： Yes. We need to clean the park.　　　　　　　　　[神奈川県]

_____

4 次の文中の ［　　→　　→　　］ には，あとの英文**ア～ウ**が入る。話の流れが最も適切になるように並べかえて，記号で答えなさい。　　　　　　[秋田県・改]

思考力
⤷2

Each *community has its own problems. ［　　→　　］

> **ア** If I try to *solve them alone, maybe I can do only a little thing.
> **イ** But if I ask some people to do that together, I think we can do more.
> **ウ** My community also has some problems now.

（注）community 地域社会　　solve 解決する

［　　→　　→　　］

3 » 文法
熟語

 入試メモ 過去の入試でよく出題された熟語を4つのランクに分類。これらの熟語はすべて答えられるように暗記しよう。また，ふだんから熟語の知識量を増やしておこう。

Aランク

be able to ～ （～できる）	例 He **was able to** carry the box. （彼はその箱を運ぶことができました）
be interested in ～ （～に興味がある）	例 She **is interested in** science. （彼女は科学に興味があります）
look for ～ （～を探す）	例 I'm **looking for** my pen. （私は自分のペンを探しています）
take care of ～ （～の世話をする）	例 I have to **take care of** the dog. （私はその犬の世話をしなければなりません）

Bランク

for example （たとえば）	例 **For example**, I like apples. （たとえば，私はリンゴが好きです）
in front of ～ （～の前に[で]）	例 There is a bookstore **in front of** the hospital. （病院の前に書店があります）
look forward to ～ （～を楽しみにする）	例 I'm **looking forward to** meeting him. （彼に会うのを楽しみにしています）
such as ～ （～のような）	例 He often plays sports **such as** baseball. （彼は野球のようなスポーツをよくします）

Cランク

at first （まず，最初に）	be afraid of ～ （～をおそれる）
be famous for ～ （～で有名だ）	between *A* and *B* （**A**と**B**の間に）
for the first time （初めて）	have a good time （よい時間を過ごす）
How about ～ing? （～するのはどうですか）	I'd like to ～ （～したい）
make up *one's* mind （決心する）	too ... to ～ （とても…なので～できない） （～するには…すぎる）

Dランク

all day （一日中）	all over the world （世界中で[に]）
be good at ～ （～が得意だ）	be kind to ～ （～に親切だ）
be proud of ～ （～を誇りに思う）	do *one's* best （最善を尽くす）
for a long time （長い間）	give up （あきらめる）
go shopping （買い物に行く）	help ～ with ... （～の…を手伝う）
keep ～ing （～し続ける）	listen to ～ （～を聞く）
of course （もちろん）	*one's* own way （自分自身のやり方）
show ～ around （～に見せて歩く）	travel abroad （海外旅行をする）
Why don't you ～? （～してはどうですか）	

実力アップ問題

解答・解説│別冊 p.4

正答率

1 次の文の（　）に入る最も適当な語を書きなさい。ただし，(1)，(2)は（　）内に
示された文字で書き始めなさい。

超重要 (1) Please look at this picture. This is my father. He speaks some
foreign languages. He is ①(a　　　　　) to play the guitar very well.
He also enjoys a lot of sports ②(s　　　　　) as soccer, tennis, and
basketball. I like him very much. [茨城県・改]

①＿＿＿＿＿＿　②＿＿＿＿＿

(2) **A**：What did you do last Sunday?
B：It was very cold that day, so I stayed at home (a　　　　　) day.
[愛媛県]

■□ 60%

(3) I made a speech. I was nervous because I had to speak English in
(　　　　　) of my classmates. [埼玉県]

■□ 68%

差がつく (4) **Haruko**：Well, what events do American libraries have?
Mr. Smith：Each library has different events. For (　　　　　), at the
*Cherry Hill Public Library near my house, we can watch
movies and learn how to use computers, cook, and write
stories. [山梨県]

(注) Cherry Hill Public Library（ニュージャージー州にある）チェリーヒル公立図書館

■□ 51%

(5) **Teacher**：What is the day (　　　　　) Tuesday and Thursday in a
week?
Student：It's Wednesday. [山形県]

■□ 50%

(6) Nagano is very famous (　　　　　) its *miso*. [長野県]

■□ 39%

2 次の文の（　）内の語を並べかえて，文を完成させなさい。

(1) あなたは何を探しているのですか。
What (you / for / are / looking)? [北海道]

■□ 60%

難 (2) 私たちは，彼らに科学に興味を持ってもらいたいのです。
We (to / them / in / be / interested / want) science. [大阪府]

■□ 31%

(3) I am (to / forward / trying / looking) them next year.　　　　[滋賀県]

差がつく▶ (4) We hope that you will learn many things in this high school. Don't
(asking / afraid / if / of / be / questions) you don't understand
something in class.　　　　[兵庫県]

---

3 次の文を読んで，あとの問いに答えなさい。　　　　[香川県・改]

After lunch, Mr. Harada said to me, "Please help us 　①　 our work."
We entered a room of the *elderly people. ②Then（私は彼らの世話をし始
めました）.

(注)　elderly お年寄りの

(1) 　①　 に入る最も適当な語を，次の**ア〜エ**から１つ選び，記号で答えなさい。
　　ア under　　**イ** with　　**ウ** of　　**エ** from　　　　〔　　　　〕

超重要▶ (2) 下線部②の（　　）内の日本文を英語に直しなさい。

　　Then _____ .

---

4 体育大会でのリレーのゴール地点で，第一走者の賢治（Kenji）が，最終走者を務め
思考力 た留学生のカール（Carl）に話しかけている。二人の会話が成り立つように，下線
部①と②のそれぞれの（　　）内に最も適当な語を入れて，英文を完成させなさい。

　　　　[愛知県・改]

Kenji : Hey, Carl. We won. Good job.

　Carl : Thank you, Kenji. I still can't believe I won.

Kenji : You did it! You ran the fastest of all the *anchors.

　Carl : In fact, ①I was (　　　　　) excited (　　　　　) I didn't realize it.

Kenji : When you received the *baton, we were last.

　Carl : I remember that. And I *overtook two runners *midway through.

Kenji : And then you overtook everyone! What were you thinking while
　　　　you were running?

　Carl : ②I just wanted to (　　　　　) my (　　　　　) for the team.

Kenji : Wow, that's cool!

(注)　anchor 最終走者, アンカー　　baton （リレーで使う）バトン　　overtake 〜を追い越す
　　midway through 途中で

①　_____　_____

②　_____　_____

» 文法

4 助動詞

出題率 **76.0%**

入試メモ 助動詞は話し手の考えを表すために用いられる。長文読解をするときに重要になるので，それぞれの助動詞の意味と用法をしっかりとおさえておこう。

I 助動詞 can, may, must, should

出題率 **75.0%**

覚えよう 助動詞の種類と意味

助動詞	意味	否定形
can	「〜できる」【可能】，「〜してもよい」【許可】	can't, cannot
may	「〜してもよい」【許可】，「〜かもしれない」【推量】	may not
must	「〜しなければならない」【義務】，「〜にちがいない」【推量】	must not, mustn't
should	「〜すべきだ」	should not, shouldn't

ふつうの文…〈主語＋助動詞＋動詞の原形〜.〉

例 Judy **can** swim well. （ジュディーは上手に泳ぐことができます）

　　＊助動詞のあとに続く動詞は必ず原形。　　＊主語が何であっても助動詞の形は変わらない。

否定文…〈主語＋助動詞＋ **not** ＋動詞の原形〜.〉

例 You **should not** say such a thing. （あなたはそんなことを言うべきではありません）

疑問文…〈助動詞＋主語＋動詞の原形〜?〉

例 **May** I use your pen? （あなたのペンを使ってもいいですか）

　　— Yes, you **may**. [Of course. / Sure.] / No, you **may not**.

　　（はい，いいです［もちろん］／いいえ，だめです）

　　＊疑問文と同じ助動詞を使って答える。

2 助動詞のはたらきをする表現

出題率 **43.8%**

|1| **be able to 〜** …「〜できる」の **can** とほぼ同じ意味。

例 You will **be able to** play the piano.（あなたはピアノを弾くことができるようになるでしょう）

|2| **have [has] to 〜** …「〜しなければならない」の **must** とほぼ同じ意味。

ふつうの文　例 I **have to** go home now. （私はもう帰宅しなければいけません）

否定文…〈**don't [doesn't] have to 〜**〉「〜する必要はない」

例 You do**n't have to** go there. （あなたはそこへ行く必要はありません）

疑問文…〈**Do [Does]** ＋主語＋ **have to 〜**?〉「〜する必要がありますか」

例 **Do** I **have to** go there? （私がそこへ行く必要はありますか）＝ **Must** I go there?

　　— Yes, you **do**. / No, you **don't have to**.

　　（はい，あります／いいえ，必要ありません）

合格ポイント **must not** と **don't [doesn't] have to** の違い

① must not…「〜してはならない」【強い禁止】

例 You **must not** go there. （そこへ行ってはいけません）＝ **Don't** go there.

② don't [doesn't] have to…「〜する必要はない」【不必要】

例 You **don't have to** go there. （そこへ行く必要はありません）

実力アップ問題

解答・解説 | 別冊 p.6

正答率

1 ↪1

日本語と同じ意味になるように，次の英文の（　　）に入る最も適当な語を，あとのア～エから1つ選び，記号で答えなさい。　　　　　　　　　　　　　[北海道]

（　　　　　　）I open the window?　　窓を開けてもいいですか。

ア Please　　イ Can　　ウ Good　　エ What　　　　　〔　　　　〕

▬ 77%

2 ↪1,2

次の文の（　　）内の語を並べかえて，文を完成させなさい。ただし，(6)では不要な語が1語ある。

超重要▶ (1)　**A**：Excuse me.

　　　　B：What's the matter?

　　　　A：You (not / drink / must) in this room.

　　　　B：Oh, I didn't know that.　　　　　　　　　　　　[岩手県]

差がつく▶ (2)　**A**：I'm worried about my new school life.

　　　　B：Don't worry.　We (when / other / can / each / help) we have trouble.　　　　　　　　　　　　　　　　　　[千葉県]

▬ 65%

(3)　I wanted to be their host family at that time.　At home, I talked about it with my parents because I (to / them / to / ask / had / be) a host family.　　　　　　　　　　　　　　　　　　[和歌山県]

差がつく▶ (4)　**A**：A girl will come from America and stay with my family next week.　I (go / where / can't / should / we / decide) on the weekend.

　　　　B：Why don't you come to the festival in our town on Saturday?　It's very traditional, so I think she'll like to see it.　　[兵庫県]

難▶ (5)　**Ben**：Sam, you'll have your first baseball game this afternoon.

　　　　Sam：Last night, I (was / excited / couldn't / so / I / that) sleep well.

　　　　Ben：Are you OK?　Enjoy your game.　　　　　　[高知県]

▬ 18%

(6)　**A**：How many times do (must / have / I / tell / to) you to clean your room, Mary?

　　　　B：I'm sorry, mom.　I'll do it now.　　　　　　　　[沖縄県]

3 次の英文の（　　）内の日本文を英語に直しなさい。　[香川県]

差がつく ↪2

If you have a chance to visit New York with me, （私があなたたちを案内できるでしょう）.

---

4 次の会話の　　　に入る英文を，自分で考えて1つ書きなさい。　[群馬県]

思考力 ↪1

Takuma : What should I do while I live in a foreign country?

Wei : ＿＿＿＿＿ If you do that, you will enjoy living there.

Takuma : I see. Thank you for your *advice.

（注）　advice 助言

---

5 次の英文は，ミキ(Miki)と，青森県に留学しているベス(Beth)の間でやりとりされた電子メールである。このやりとりが成立するように，　①　，　②　に入る英文をそれぞれ1つ書きなさい。　[青森県・改]

思考力 ↪1

> Hi, Miki.
> I finished my homework. Did you finish your homework? If you have time, please write an e-mail to me.
> 　　　　　　　　　　　　　　　　　　　　　　　　　Beth

> Hi, Beth.
> Yes, I finished it, too. By the way, is there something you want to tell me?
> 　　　　　　　　　　　　　　　　　　　　　　　　　Miki

> Yes. My family will visit Aomori to see me this winter vacation, but actually they want to go to Tokyo, too. So, I will take them there. They are interested in Japanese culture, *especially sumo and food.
> 　①
> 　　　　　　　　　　　　　　　　　　　　　　　　　Beth

> You should take them to *Kokugikan. You can enjoy watching sumo with your family.
> There are many Japanese restaurants near it, so 　②
> 　　　　　　　　　　　　　　　　　　　　　　　　　Miki

> I see.
> 　　　　　　　　　　　　　　　　　　　　　　　　　Beth

（注）　especially 特に　　Kokugikan 国技館

① ＿＿＿＿＿＿＿＿＿＿＿＿＿＿＿＿＿＿＿＿＿＿＿＿

② ＿＿＿＿＿＿＿＿＿＿＿＿＿＿＿＿＿＿＿＿＿＿＿＿

5 » 文法
未来／進行形

出題率 **70.8%**

> **入試メモ** 長文では，主張（現在形）→過去の例（過去形）→将来の予想（未来）のように時制が変わることがある。文の流れをつかむために大切なので，確認しておこう。

I 未来
出題率 **58.3%**

|1| 〈will＋動詞の原形〉…「〜するだろう」「〜するつもりだ」

ふつうの文　**例** He **will go** there alone.　（彼は1人でそこへ行くでしょう）

否定文　**例** He **will not go** there alone.　（彼は1人ではそこへ行かないでしょう）

疑問文　**例** **Will** he **go** there alone?　（彼は1人でそこへ行くのでしょうか）

　　　　— Yes, he **will**. / No, he **will not**.　＊will not＝**won't**

　　　　（はい，行くでしょう／いいえ，行かないでしょう）

|2| 〈be動詞＋**going to**＋動詞の原形〉…「〜だろう」「〜するだろう」「〜する予定だ」

ふつうの文　**例** They **are going to come** this afternoon.　（彼らは今日の午後，来る予定です）

否定文　**例** They **are not going to come** this afternoon.

　　　　（彼らは今日の午後，来る予定ではありません）

疑問文　**例** **Are they going to come** this afternoon?　＊be going to 〜の疑問文には，be動詞を使って答える。

　　　　（彼らは今日の午後，来る予定ですか）　　〈主語＋be動詞〉，〈be動詞＋not〉は短縮形の場合もある。

　　　　— Yes, they **are**. / No, they **are not**.

　　　　（はい，その予定です／いいえ，その予定はありません）

---

2 進行形
出題率 **36.5%**

|1| 現在進行形…〈am [is, are]＋動詞の〜ing形〉「〜している」

ふつうの文　**例** I **am watching** TV now.　（私は今，テレビを見ています）

否定文　**例** I **am not watching** TV now.　（私は今，テレビを見ていません）

疑問文　**例** **Are** you **watching** TV now?　（あなたは今，テレビを見ていますか）

　　　　— Yes, I **am**. / No, I **am not**.　（はい，見ています／いいえ，見ていません）

|2| 過去進行形…〈was [were]＋動詞の〜ing形〉「〜していた」

ふつうの文　**例** I **was watching** TV then.　（私はそのとき，テレビを見ていました）

否定文　**例** I **was not watching** TV then.　（私はそのとき，テレビを見ていませんでした）

疑問文　**例** **Were** you **watching** TV then?　（あなたはそのとき，テレビを見ていましたか）

　　　　— Yes, I **was**. / No, I **was not**.

　　　　（はい，見ていました／いいえ，見ていませんでした）

＊進行形の疑問文には，be動詞を使って答える。〈主語＋be動詞〉，〈be動詞＋not〉は短縮形の場合もある。

合格ポイント 進行形にしない動詞

like, know, want, see など，継続や状態を表す動詞は進行形にしない。

例 I **know** her.　（私は彼女を知っています）　×I am knowing her.

実力アップ問題

正答率

1 次の文の（　　）内の語を，適当な形に直して書きなさい。　　　　　[長野県]

差がつく
↪2

Some people say the woman in this picture looks sad, but I don't think so. She looks happy because I think she is (smile). Please tell me your ideas.

■□ 54%

2 次の文の（　　）に入る最も適当な語を，あとの**ア〜エ**から１つ選び，記号で答えなさい。

↪2
[栃木県]

Hi, everyone. How are you (　　　　　)? My name is Tiffany.

ア did　　**イ** do　　**ウ** does　　**エ** doing　　　　〔　　　　〕

■□ 74%

3 次の文の（　　）に入る最も適当な語を，〔　　〕の中から１つ選び，適当な形に直して書きなさい。

↪2

(1) When we were (　　　　　) the dances of other schools, Masaki said to me, "Look at that boy! His dancing is so good." He was right. The boy's movements were very fast.　　[兵庫県・改]

〔 show　bring　make　watch 〕

(2) **Mr. Aoki :** Hello, Yuka and Mike. What are you doing?

Yuka : Good afternoon, Mr. Aoki. I'm (　　　　　) Mike this *telescope.　　[大阪府・改]

(注) telescope 望遠鏡

〔 be　make　see　show 〕

(3) They (　　　　　) watching TV when we visited them.　　[沖縄県・改]

〔 buy　think　leave　be　listen 〕

4 次の文の（　　）内の語句を並べかえて，文を完成させなさい。

↪1,2

(1) He (studying / is / math) now.　　　　　　　　　[北海道]

彼は，今，数学を勉強しています。

■□ 81%

超重要 (2) (you / are / what / going) to do tomorrow?　　[栃木県]

■□ 93%

差がつく (3) In the gym, many people were working together. Some students were talking with old people. Some students (care / were / of / taking / small children).

[和歌山県]

正答率

(4)　**Akiko**：I want to be a teacher like Ms. Sato.

Masao：Wow, that's great! Everyone likes Ms. Sato.

Mr. Miller：I respect her *professionalism. She always works hard to *prepare good classes and *communicate well with students and other teachers. I hope (come / dream / true / will / your), Akiko.

Akiko：Thank you, Mr. Miller.

[埼玉県・改]

（注）　professionalism プロ（専門家）意識　　prepare ～を準備する　　communicate 理解し合う

(5)　**A**：I read a book about science yesterday.

B：Did you find anything interesting?

A：Yes. I learned (becoming / using / is / more / *clean energy / important) than before.

[岩手県・改]

（注）　clean energy クリーンエネルギー（太陽光, 風力など, 大気汚染物質を発生させないエネルギー）

5 思考力 ↳ 1,2

高校生の直子（Naoko）は，アメリカのミシガン州に住んでいるキャシー（Cathy）宅にホームステイしている。直子とキャシーは，イギリスからの留学生のケリー（Kelly）と3人で，ミシガン公園（Michigan Park）で開かれるお茶会のちらしを見ながら会話をしている。3人の会話を読んで，あとの問いに答えなさい。

[滋賀県・改]

Naoko：Hi. What are you doing?

Cathy：Kelly and I are (　　　　　) at the *flyer for the *tea ceremony in the Japanese garden of Michigan Park.

Naoko：Are you interested?

Cathy：Very much! Let's go together.

Kelly：Good idea. I'll be busy on Saturday. How about on Sunday?

Cathy：No problem. Is that OK, Naoko?

Naoko：That's fine.

（注）　flyer ちらし　　tea ceremony 茶会, 茶道

(1)　本文中の（　　）に入る最も適当な語を書きなさい。

━ 21%

(2)　次の質問に対する答えになるように，＿＿＿に適当な英語を書きなさい。

When will Naoko, Cathy, and Kelly go to the Japanese tea ceremony?

They ＿＿＿＿＿＿＿＿＿＿＿＿＿＿＿＿＿＿＿＿＿＿＿＿.

━ 18%

6 » 文法
受け身

出題率 64.6%

入試メモ 受け身は長文やリスニングの文中で使われるほか，語順整序の問題でも出題される。基本的な語順と意味をおさえておこう。

1 受け身の基本

出題率 54.2%

〈be動詞＋動詞の過去分詞（＋by ...）〉「（…によって）～される」，「～されている」

ふつうの文 **例** Tom painted | the picture |. （トムはその絵をかきました）
　　　　　　　　　S　　　　　　　　O

受け身の文 | The picture | **was painted by** Tom. （その絵はトムによってかかれました）
　　　　　　　　S　　　　　〈be動詞＋過去分詞〉〈by＋人〉

＊byのあとに続く人が一般的な人や言う必要のないときは，〈by＋人〉を省略する。

否定文…〈主語＋be動詞＋not＋動詞の過去分詞～.〉

例 The bike **was not made** in Japan. （その自転車は日本で作られていませんでした）

疑問文…〈be動詞＋主語＋動詞の過去分詞～?〉

例 **Is** the letter **written** in English? （その手紙は英語で書かれていますか）

— Yes, it **is**. / No, it **is not**.

（はい，書かれています／いいえ，書かれていません）

> **合格ポイント** **can**や**will**を伴う受け身
> ① 〈can be＋過去分詞〉「～されうる」
> 　**例** A star **can be seen** in the night sky. （夜空に1つの星が見られます）
> ② 〈will be＋過去分詞〉「～されるだろう」
> 　**例** The summer festival **will be held** on August 30. （夏祭りは8月30日に行われるでしょう）

2 by以外の前置詞を使った受け身

出題率 12.5%

覚えよう
① **be surprised at** ～「～に驚く」
　例 We **were surprised at** the news. （私たちはその知らせに驚きました）
② **be covered with** ～「～に覆われている」
　例 The mountain **was covered with** snow. （その山は雪で覆われていました）
③ **be known to** ～「～に知られている」
　例 The song **is known to** everyone. （その歌はみんなに知られています）
④ **be made of** ～「～で作られている」【材料（見た目でわかる）】
　例 The desk **was made of** wood. （その机は木で作られました）
⑤ **be made from** ～「～から作られている」【原料（見た目ではわからない）】
　例 Plastic **is made from** oil. （プラスチックは石油からできています）

実力アップ問題

解答・解説 | 別冊 p.8

正答率

1 次の文の（　　　）内の語を，適当な形に直して書きなさい。

↩ 1

差がつく

(1) **Aya：** My brother and I went to Komachi Park to see some kinds of flowers. They are only (see) in this season.

Bob： Are they famous?

Aya： Yes. 　　　　　　　　　　　　　　　　　　　[秋田県]

_____

■□ 44%

差がつく (2) **Laura：** Do young Japanese people usually wear a *kimono*?

Emi： I don't think so. They wear it only on special days. For example, I wear it only when this festival is (hold). 　[新潟県]

_____

■□ 28%

2 次の文の（　　　）に入る最も適当な語句を，あとの**ア～エ**からそれぞれ１つずつ選び，記号で答えなさい。

↩ 1

超重要 (1) **A：** This hotel looks very new.

B： Yes. It (　　　　　　) one year ago. 　　　　[栃木県]

ア is built 　**イ** was built 　**ウ** have built 　**エ** has built

〔　　　　　〕

■■□ 81%

(2) The food that you bought yesterday (　　　　　　) in a week. 　[神奈川県]

ア should eat 　**イ** should be eaten

ウ has to eat 　**エ** has eaten

〔　　　　　〕

■□ 29%

3 次の文の（　　　）に入る最も適当な語を，〔　　　〕の中から１つ選び，適当な形に直して書きなさい。

↩ 1

(1) The *railway runs through *rural areas and it is not (　　　　　) by many people. So the railway company has a money problem.

（注） railway 鉄道　　rural area 田舎（いなか）　　　　　　[兵庫県・改]

〔 see 　use 〕　　　　　　　　　　_____

(2) A long time ago, some people thought that there were *Martians on *Mars. In one book which was (　　　　　) over a hundred years ago, Martians that look like *octopuses come to Earth. And there is a war between Martians and people on Earth in that book.

（注） Martian 火星人　　Mars 火星　　octopus タコ　　　　[愛媛県・改]

〔 ask 　build 　follow 　get 　meet 　understand 　write 〕

_____

4 次の文の（　　）に入る最も適当な語を書きなさい。　　　　　　　　　[鳥取県]

↪1

Sakura： I went to Canada last week and I was very surprised.

Mr. Jones： Why?

Sakura： English and French (　　　　　) (　　　　　) there!

Mr. Jones： Yes. Many people in Canada learn both languages in school.

_____ _____

5 次の文の（　　）内の語を並べかえて，文を完成させなさい。

↪1,2

(1)　**A**： Look at that old temple.

B： Oh, it looks great. (built / it / was / when)?

A： 890 years ago.

[岩手県]

_____

(2)　**Naoto**： How is your life in Japan?

Ms. Bell： Wonderful. It's just like the worlds in the comic books.
Famous characters (many / be / in / found / can) places
around me.

[静岡県]

_____

差がつく◂ (3)　〔*At Akira's house*〕

Emily： What are your grandmother and father doing?

Akira： They are making *mochi*. It's made (and / eaten / rice / by / of)
many people during New Year's holidays.

[福島県]

_____

6 次の英文は，高校1年生の久美(Kumi)が，英語の授業で行った発表の原稿の一部
である。これを読んで，あとの問いに答えなさい。

思考力　　　　　　　　　　　　　　　　　　　　　　　　　　　　　　[和歌山県・改]

↪1

　A *pictogram is a picture showing a message. We can see pictograms
around Japan. Many Japanese can understand them easily. But it is
difficult for foreign people to understand some of them.

(注)　pictogram ピクトグラム，絵文字

問い　本文の内容に合うように，次の（　　）に入る最も適当なものを，あとの**ア
　　　～エ**から1つ選び，記号で答えなさい。

　　　A pictogram (　　　　　).

　　　ア is written in many languages

　　　イ is always easy for foreign people

　　　ウ is not seen in Japan

　　　エ is used to tell a message

〔　　　　　〕

» 文法

文の構造

> **入試メモ** 英文は5つの文構造に分類される。ここでは入試でよく出題される3つの
> 文構造について復習しよう。

---

1 〈主語 (S) ＋動詞 (V) ＋補語 (C)〉の文 ○出題率 **38.5%**

- be動詞, **become**, **look**, **get** などの動詞のあとに, 主語を説明する補語が続く。
- 意味の上で, 〈**S ＝ C**〉の関係が成り立つ。

（例） She **is** a student. （彼女は学生です）
　　　 S　V　C (名詞)

　　　 The singer **became** famous. （その歌手は有名になりました）
　　　 S　　　　 V　　　 C (形容詞)

> **合格ポイント** SVCの文の書きかえ
> （例） He is a good baseball player. （彼はよい野球選手です）【SVCの文】
> 　　 ＝ He plays baseball well. （彼は上手に野球をします）【SVOの文】

---

2 〈主語 (S) ＋動詞 (V) ＋目的語 (O) ＋目的語 (O)〉の文 ○出題率 **29.2%**

- **give**, **make**, **send**, **show**, **teach** などの動詞のあとに, 目的語が2つ続く。
- 目的語は「人」「もの・こと」の順になる。

（例） He **gave** me a bag. （彼は私にかばんをくれました）
　　　 S　　 V　O (人) O (もの)

　　　 Mr. Mori **teaches** us Japanese. （森先生は私たちに日本語を教えてくれます）
　　　 S　　　　　 V　　　 O (人) O (もの)

> **合格ポイント** SVO (人) O (もの・こと) → 〈SVO (もの・こと) ＋for [to] ＋人〉の書きかえ
> （例） She showed me a picture. （彼女は私に1枚の写真を見せてくれました）
> 　　 ＝ She showed a picture **to** me.
> 　　　　　　 〈SVO ＋ to ＋人〉←動詞が **show**, **give**, **tell**, **teach**, **send** などの場合は **to** となる。
> 　　 Her aunt bought her a nice shirt. （彼女のおばさんは彼女にすてきなシャツを買ってあげました）
> 　　 ＝ Her aunt bought a nice shirt **for** her.
> 　　　　　　 〈SVO ＋ for ＋人〉←動詞が **buy**, **make**, **get**, **cook** などの場合は **for** となる。

---

3 〈主語 (S) ＋動詞 (V) ＋目的語 (O) ＋補語 (C)〉の文 ○出題率 **26.0%**

- **call**, **make**, **name**, **keep** などの動詞のあとに, 目的語と補語が続く。
- 意味の上で, 〈**O ＝ C**〉の関係が成り立つ。

（例） They **call** me Toshi. （彼らは私をトシと呼びます）
　　　 S　　 V　O　C

　　　 He **made** his son a doctor. （彼は息子を医者にしました）
　　　 S　　 V　　 O　　 C

実力アップ問題

正答率

1 ➚1,3 次の文の（　　）に入る最も適当な語を，あとの**ア〜エ**からそれぞれ 1 つずつ選び，記号で答えなさい。ただし，(2)は 2 つの（　　）に共通して入る語を選びなさい。

(1) **A**：May I have your name?
B：My name is Yumi.
A：Hi, Yumi.　I'm Michael.　Please（　　　　　）me Mike.
B：Hi, Mike.　Nice to meet you.　　　　　　　　　　［岩手県］
　　ア say　　イ tell　　ウ call　　エ talk　　　　〔　　　　〕

差がつく (2) Many people grow fruits and vegetables in the world.　We eat them every day, but if they are not safe or clean, they sometimes make us （　　　　　）.　There are many people who become（　　　　　）and die every year because they can't get safe food.　　　　　　［秋田県］
　　ア excited　　イ happy　　ウ hungry　　エ sick　　〔　　　　〕　　■□ 67%

2 ➚1 次の文の（　　）に入る最も適当な語を書きなさい。

(1) **Lisa**：Please tell me about your school days.
Ms. Sato：Well, I remember *chatting with my friends while we were walking to school.　We walked for about one hour every day.　We enjoyed talking about our school clubs, favorite singers, and TV shows.
Lisa：That sounds（　　　　　）.
Ms. Sato：Yes.　I enjoyed my school days a lot.　　　　　［長野県・改］
（注）chatting おしゃべり　　　　　　　　　　　　　　■■□ 78%

_____

難➚ (2) **Mary**：Good morning, Kota.　Your eyes are red.　Are you OK?
Kota：Good morning, Mary.　I'm fine, but I didn't sleep much last night.　So, I still（　　　　　）（　　　　　）.　　［愛知県］

_____ _____

3 差がつく ➚2 次の文が，「その男性が，私たちに人形のあやつり方を教えてくれました。」という内容になるように，英語 4 語を書き入れ，英文を完成させなさい。　　　　［大阪府］　　■□ 37%

The man ☐☐☐☐ *operate the *puppet.
（注）operate （人形を）あやつる　　puppet 人形

_____

文法

正答率

4
↪2,3

次の文の（　　）内の語句を並べかえて，文を完成させなさい。ただし，(4)では不要な語が1語ある。

(1) Do you know *miso* is very good for you?　It has a lot of *protein, *vitamins, *minerals and other good things for the human body. *Miso*（ your body / can / well / keep ）.
[長野県]

(注) protein たんぱく質　　vitamin ビタミン　　mineral ミネラル

■□ 61%

超重要 ▶ (2)　**A**：My name is Hirotaka, but（ friends / call / my / me / Hiro ）.
　　B：OK.　Hi, Hiro.　Nice to meet you.
[秋田県]

■□ 86%

難 ▶ (3)　**A**：The museum is very big and has many interesting things you should see.　You will need more than two days to see all of them.
　　B：But I only have one day.　Can（ to / you / me / tell / see / what ） there?
[兵庫県・改]

差がつく ▶ (4)　**A**：Can you（ after / the / me / book / send / mine ） you finish reading it?
　　B：OK, please wait until next week.
[神奈川県]

■□ 55%

5
差がつく
↪2

英語の授業で，「好きな有名人」というテーマでスピーチをすることになった。Ryota は好きな歌手の写真を見せて，その歌手についてスピーチをすることにした。あなたがRyotaなら，下線部の内容をどのように英語で表すか。5語以上の英文を書き，下の原稿を完成させなさい。
[三重県・改]

■□ 39%

【原稿】

> Hello, everyone.　Look at this picture.　This man is my favorite singer.
> 　先月，祖母が私に彼のCDを買ってくれたこと。
> His song is loved by a lot of people.
> I want to be a singer like him.
> Thank you.

8 関係代名詞／仮定法

出題率 **59.4%**

> **入試メモ** 2つの文をつないで1つの文にする関係代名詞は，長文中でよく使われる。長文を読み解く上での基礎となるので，基本的な用法をおさえておこう。

1 主語のはたらきをする関係代名詞

出題率 **40.6%**

・〈先行詞（名詞）＋関係代名詞（who，which，that）＋動詞〜〉で，「〜する…（名詞）」の意味。
・主格の関係代名詞のあとに続く動詞の形は，直前の（代）名詞に合わせる。

|1| who…先行詞が「人」のときに用いる。

例 I have a sister **who** likes tennis . （私にはテニスが好きな姉［妹］がいます）
　　先行詞（人）↑＿＿＿＿｜　〈関係代名詞＋動詞〜〉

|2| which…先行詞が「もの・こと」（＝「人」以外）のときに用いる。

例 I ate the curry **which** was cooked by her . （私は彼女が作ったカレーを食べました）
　　先行詞（もの）↑＿＿｜　〈関係代名詞＋動詞〜〉

|3| that…先行詞が「人，もの・こと」のときに用いる。

例 I know the girls **that** are sitting on that bench . （あのベンチに座っている女の子たちを知っています）
　　先行詞（人）↑＿＿＿｜　〈関係代名詞＋動詞〜〉

2 目的語のはたらきをする関係代名詞

出題率 **41.7%**

・〈先行詞（名詞）＋関係代名詞（that，which）＋主語＋動詞〜〉で，「—が〜する…（名詞）」の意味。**目的格の関係代名詞は省略できる。**

|1| that…先行詞が「人，もの・こと」のときに用いる。

例 He is a boy **that** I know well . （彼は私がよく知っている男の子です）
　　先行詞（人）↑＿＿＿｜　〈関係代名詞＋主語＋動詞〜〉

＝ He is a boy I know well . ＊関係代名詞の省略

|2| which…先行詞が「もの・こと」（＝「人」以外）のときに用いる。

例 The pictures **which** she showed me were nice. （彼女が私に見せてくれた写真はすてきでした）
　　先行詞（もの）↑＿＿｜　〈関係代名詞＋主語＋動詞〜〉

＝ The pictures she showed me were nice. ＊関係代名詞の省略

3 仮定法

出題率 **11.5%**

・現実とは異なることや実現しないようなことに対する仮定や願望を表す文では，動詞［助動詞］の過去形を使う。be動詞は主語が何であっても**were**を使うのが原則。

例 If I **were** you, I **would** go shopping with him.
　仮定を表す　└be動詞の過去形　└助動詞の過去形　　　（もし私があなたなら，彼と買い物に行きます）

例 I wish I **had** a new smartphone. （私が新しいスマートフォンを持っていればなあ）
　願望を表す　　└動詞の過去形

実力アップ問題

解答・解説 | 別冊 p.11

正答率

1
⤷ 1,3

次の文の（　　）に入る最も適当な語句を，あとの**ア〜エ**からそれぞれ1つずつ選び，記号で答えなさい。

(1) There are a lot of people （　　　　　） speak Spanish around me.

[栃木県]

■□ 71%

ア what　　イ when　　ウ which　　エ who　　　　〔　　　　〕

差がつく (2) A : If you （　　　　　） go back to the past, what would you do?

B : I would say to myself, "You should do everything you want to do."

[岩手県]

ア could　　イ didn't　　ウ had　　エ weren't　　　〔　　　　〕

超重要 (3) A : How was the school trip?

B : Great! The members （　　　　） interested in Kyoto ate *tofu* at a famous temple.

[栃木県]

■□ 68%

ア who is　　イ that is　　ウ which was　　エ who were

〔　　　　〕

(4) **Mariko** : The place is *protected for many living things. It is *registered in *the Ramsar Convention.

George : The Ramsar Convention? I don't know it well.

Mariko : I hear that the Ramsar Convention has many rules to protect areas （　　　　） are important for birds living in *wetlands. This place is one of those wetlands. Now many birds come to this place every year, and there are many kinds of living things here.

[愛知県]

（注） protect 〜を保護する　　register 〜を登録する　　the Ramsar Convention ラムサール条約
wetland 湿地

ア where　　イ what　　ウ who　　エ which　　　〔　　　　〕

2
⤷ 2,3

次の文の（　　）内の語句を並べかえて，文を完成させなさい。ただし，(3), (4)では不要な語が1語ある。

(1) **Harry** : What are you reading?

Wataru : This is （ that / the / I / book / read / have to ） for homework.

[山形県]

■□ 79%

差がつく (2) A : Have you ever been to *Koshien* to watch the baseball games?

B : No. （ Hyogo / I / I / in / lived / wish ）. I would go to watch the baseball games every summer.

[富山県]

30

差がつく (3)　**Paul** : I am not in this picture. This (that / a / I / picture / is / been)
took.
Mika : Oh, I see.

[神奈川県・改]

難 (4)　The (who / cake / made / is / your mother / that) delicious.
— Thank you.

[沖縄県]

3
↪2

次の文が，「保存された食品には，新鮮な食品にはない良い点がいくつかあるので
す。」という内容になるように英語を書き入れ，英文を完成させなさい。 [大阪府]

*Preserved foods have 　　　　　 don't have.

(注)　preserve 保存する

4
思考力
↪1,2

図書委員の美咲 (Misaki) と悟 (Satoru) がスミス先生 (Mr. Smith) と話をしてい
る。この対話文を読んで，あとの問いに答えなさい。 [愛媛県・改]

　　Misaki : Do you like reading books, Mr. Smith?
Mr. Smith : Yes, I do. My favorite *author is *Agatha Christie. She's very
famous. 彼女が書いた本は多くの国で読まれています。 Do you
like reading books, Misaki?
　　Misaki : Yes, of course.
Mr. Smith : How about you, Satoru?
　　Satoru : Me, too. I read a book before going to bed every day. Last
night I finished reading a book about a doctor working in a
small village. He works for old people who live alone. He
always does his best to help them and works hard even at
night.

(注)　author 作家　　Agatha Christie アガサ・クリスティー（イギリスの作家）

(1)　下線部の日本語の内容を英語に直しなさい。

(2)　次の英文の内容が対話文の内容に合うように，最も適当なものを**ア**〜**エ**から1
つ選び，記号で答えなさい。

Last night, Satoru read a book about a doctor who (**ア** teaches
English to old people　　**イ** lives alone to work for old people
ウ helps old people living alone　　**エ** reads a book to old people).

〔　　　　　〕

» 文法
名詞・代名詞／形容詞・副詞
出題率 **54.2%**

入試メモ 名詞と代名詞は基本中の基本。名詞はできるだけ多くの単語を覚え，代名詞は下の表を暗記すること。また，形容詞と副詞の文中での基本的な役割を確認しておこう。

Ⅰ 名詞・代名詞
出題率 **38.5%**

|1| **名詞**…数えられる名詞と数えられない名詞がある。

・**数えられる名詞**：boy，apple，pen など。単数のときは**a [an]**をつけ，複数ならば，特別なものは除いて，**-(e)s**をつける。

例 **a** book （1冊の本）／ **an** egg （1つの卵）

two car**s** （2台の車）／ three box**es** （3つの箱）

・**数えられない名詞**：water，tennis，Japan など。water や paper などの一定の形のない物質や材料を表す語は，形や容器を表す語を使って数える。

例 a glass of **water** （コップ1杯の水）／ three sheets of **paper** （3枚の紙）

|2| **代名詞**…人称・数・性・格によって次のように変化する。

	人称	主格（…は）	所有格（…の）	目的格（…を[に]）	所有代名詞（…のもの）
単数	1人称	**I**	**my**	**me**	**mine**
	2人称	**you**	**your**	**you**	**yours**
	3人称	**he / she / it**	**his / her / its**	**him / her / it**	**his / hers / —**
複数	1人称	**we**	**our**	**us**	**ours**
	2人称	**you**	**your**	**you**	**yours**
	3人称	**they**	**their**	**them**	**theirs**

---

2 形容詞・副詞
出題率 **24.0%**

|1| **形容詞の用法**…①(代)名詞に説明を加える。②主語の様子や状態を表す。

① (a) 〈**a [an]**＋形容詞＋名詞〉「～(形容詞)な…(名詞)」

例 She is a **kind** girl. （彼女は親切な女の子です）

Mike is an **American** boy. （マイクはアメリカ人の男の子です）

(b) 〈**-thing**＋形容詞〉「～(形容詞)なもの」

例 I want to drink something **cold**. （私は何か冷たいものが飲みたいです）

② 〈主語＋be動詞[**look**など]＋形容詞〉「(主語)は～(形容詞)だ[見える など]」

例 He is **tall**. （彼は背が高い）

She looked **busy**. （彼女は忙しそうに見えました）

|2| **副詞の用法**…動詞・形容詞・副詞に説明を加える。

例 He can run **fast**. （彼は速く走ることができます）【動詞を説明】

Your idea is **really** good. （あなたの考えは本当によい）【形容詞を説明】

I got up **very** early. （私はとても早く起きました）【副詞を説明】

実力アップ問題

解答・解説 | 別冊 p.12

正答率

1 次の英文が完成するように，文中の（　　　）の中の語を，1語で適当な形に直して
⤷ 1　書きなさい。

超重要 ▶ This is one of my favorite (story).

[茨城県]

2 次の文の（　　　）に入る最も適当な語を，あとの**ア〜エ**からそれぞれ1つずつ選び，
⤷ 1,2　記号で答えなさい。

(1) 〔*At school*〕

A： Are you free on Sunday? Why don't we go shopping?

B： Sorry, I'll go and see a movie with my brother. Let's go on
（　　　　　） day.

[福島県]

ア all　　イ else　　ウ every　　エ another　　　〔　　　〕　　83%

超重要 ▶ (2) Two girls are doing (　　　　) homework.

[秋田県]

ア they　　イ their　　ウ them　　エ theirs　　　〔　　　〕　　68%

(3) I can speak Japanese because my mother taught it to me. I can
（　　　　　） speak Spanish.

[栃木県・改]

ア also　　イ only　　ウ too　　エ well　　　〔　　　〕　　53%

(4) How (　　　　　) do you drink green tea in a day?

[神奈川県]

ア often　　イ high　　ウ many　　エ far　　　〔　　　〕　　52%

(5) Now Takao has a plan to go (　　　　　　) after becoming a *medical
student and hopes to study with students from other countries.

(注) medical student 医学生

[北海道]

ア abroad　　イ afraid　　ウ fast　　エ hard　　　〔　　　〕　　50%

難 ▶ (6) **A**： What will you do on New Year's Day, Bill?

B： I haven't decided yet. What do people in Japan usually do?

A： (　　　　　) visit grandparents, and others go to shrines. I will
go to a shrine. Will you come with me?

B： Sure. I'm looking forward to it.

[岩手県]

ア Any　　イ One　　ウ Some　　エ Others　　　〔　　　〕

差がつく ▶ (7) **Mika**： I read in a book that a *service dog can help its *owner to
get up from his bed, to take off his shoes, and even to call his
family on the phone.

Hiroshi： Wow! Service dogs are really (　　　　　).

[岐阜県]

(注) service dog 介助犬　　owner 飼い主

ア smart　　イ shy　　ウ selfish　　エ lazy　　　〔　　　〕　　52%

正答率

3 次の文の（　　　）に入る最も適当な語を書きなさい。
⤷1,2

(1) **A：** What is your（　　　　　）subject?
B： I really love science. It's interesting. [島根県]

超重要 (2) **Clerk：** Here's the cap. Is this yours?
Mike： Well, I've written my name, Mike, in small *letters on the *inside of my cap. If my name is on the inside, this cap is（　　　　　）. Is my name there?
Clerk： Yes! OK. This is yours. Please take the cap with you. [京都府]
(注)　letter 文字　　inside 内側

4 次の文の（　　）内の語を並べかえて，文を完成させなさい。
⤷2

(1) You（ time / enough / have / to ）practice the piano. [宮城県]　■▢39%

難⤷ (2) Then he（ interesting / me / something / taught ）. [熊本県]

5 次の，留学中のバーバラ（Barbara）と拓哉（Takuya）の会話を読んで，あとの問いに答えなさい。 [愛知県・改]
思考力
⤷1,2
Barbara： Is *bowling（　①　）in Japan?
Takuya： I think so. I hear Japanese people have enjoyed bowling for more than one hundred and fifty years. Now bowling is enjoyed by men and women of all ages. In my family, all family members, even my grandfather and my grandmother, enjoy bowling. How about your country? I think bowling is more popular in your country than in Japan.
Barbara： Well, maybe that's true. ②But I have done it only a（　　　　　）times. So, I'm not a good *bowler.
(注)　bowl ボウリングをする　　bowler ボウリングの選手

(1) （　①　）に入れるのに最も適当なものはどれか。次の**ア**～**エ**から１つ選び，記号で答えなさい。
　　ア expensive　　**イ** free　　**ウ** interested　　**エ** popular
　　　　　　　　　　　　　　　　　　　　　　　　　　　〔　　　　〕

(2) 下線部②の文が，会話の文として最も適当なものとなるように，（　　）にあてはまる語を書きなさい。

現在完了

出題率 **52.1%**

入試メモ 現在完了の3用法を見きわめるカギは，それぞれの用法でよく使われる語句に注目すること。どの用法の現在完了なのか，判別できるようにしておこう。

1 現在完了の基本

・〈have [has] ＋動詞の過去分詞〉の形で，過去の状態や動作が現在どうなっているかを表す。

2 【完了】を表す現在完了

出題率 **21.9%**

〈用法〉 過去に始まった動作が今**完了**したことを表す。

〈意味〉 「(今)～したところだ，～してしまった」

例 I **have** just **finished** the work. （私はちょうど仕事を終えたところです）

I **have not eaten** lunch yet. （私はまだ昼食を食べていません）

Have you **washed** the dishes yet? （もう皿を洗いましたか）

— Yes, I **have**. / No, I **have not**. （はい，洗いました／いいえ，まだです）

合格ポイント 完了を表す現在完了でよく使われる語句

just （ちょうど） ／ **already** （すでに，もう） ／ **yet** （【否定文】まだ(～ない)，【疑問文】もう）

3 【経験】を表す現在完了

出題率 **24.0%**

〈用法〉 現在までの**経験**を表す。 〈意味〉 「(今までに)～したことがある」

例 I **have visited** Nara once. （私は一度奈良を訪れたことがあります）

She **has** never **been** to Tokyo. （彼女は東京に行ったことがありません）

Have you ever **read** this book? （今までにこの本を読んだことがありますか）

— Yes, I **have**. / No, I **have not**. （はい，あります／いいえ，ありません）

合格ポイント 経験を表す現在完了でよく使われる語句

once （一度） ／ **twice** （二度） ／ **～ times** （～回） ／ **never** （一度も～ない） ／ **ever** （今までに）

4 【継続】を表す現在完了／現在完了進行形

出題率 **18.8%**

〈用法〉 過去のある時点から現在まで，ある「**状態**」が**継続**していることを表す。

〈意味〉 「ずっと～である，～している」

例 I **have lived** here for five years. （私は5年間ここに住んでいます）

He **has not been** at home since yesterday. （彼は昨日からずっと家にいません）

Have you **stayed** here since this morning? （今朝からずっとここにいるのですか）

— Yes, I **have**. / No, I **have not**. （はい，そうです／いいえ，ちがいます）

・「動作」が継続していることは，現在完了進行形〈have [has] been ＋動詞の ing 形〉の形で表す。

例 He **has been playing** soccer for 3 hours. （彼は3時間ずっとサッカーをしています）

覚えよう 継続を表す現在完了と現在完了進行形でよく使われる語句

〈**for** ＋期間を表す語句〉 （～の間） ／ 〈**since** ＋過去のある時を表す語句〉 （～以来，～から）

正答率

1 次の文の（　　）に入る最も適当な語を，〔　　〕の中から1つ選び，適当な形に直
⤷ 2,4 して書きなさい。

(1) I think dancing has （　　　　　） me. I was shy, but now I enjoy
talking with people. 　　　　　　　　　　　　　　　　　[兵庫県・改]
〔 show bring change make watch 〕　　　＿＿＿＿＿＿

超重要 (2) Oh, no! The bus has just （　　　　　）. Now I must wait 40 minutes
for the next bus. 　　　　　　　　　　　　　　　　　　[沖縄県・改]
〔 buy think leave be listen 〕　　　　　＿＿＿＿＿＿

(3) In Japan, the water in many rivers runs fast, so people have
（　　　　　） the rivers to make electricity. 　　　　　[愛知県・改]
〔 break waste feel call use 〕　　　　　＿＿＿＿＿＿

2 次の文の（　　）に入る最も適当な語を書きなさい。
⤷ 3,4

(1) **John**： Where is Aya? 　　　　　　　　　　　　　　　　　　　　■□ 55%
Lisa： She is not here. She has （　　　　　） sick since last week.
John： Do you know when she will be back at school?
Lisa： I hope she can come next week. 　　　　　　　　[鳥取県]

　　　　　　　　　　　　　　　　　　　　　　　　　＿＿＿＿＿＿

差がつく (2) Do you know *Ino Tadataka? He is the person who made a map of　■□ 49%
Japan in the Edo period. Have you ever （　　　　　） the map which
he made? I saw it for the first time when I was in elementary
school. 　　　　　　　　　　　　　　　　　　　　　　[宮城県]

(注) Ino Tadataka 伊能忠敬　　　　　　　　　　　　　＿＿＿＿＿＿

3 I haven't sent e-mails to her for six months. という文を次の英文のように言
いかえたとき，（　　）に入る適当な英語1語を書きなさい。　　[茨城県]
差がつく
⤷ 4 I sent an e-mail to her six months （　　　　　）, but I haven't sent any
e-mails since then. 　　　　　　　　　　　　　　　　＿＿＿＿＿＿

4 次の文の（　　）内の語を並べかえて，文を完成させなさい。
⤷ 2,3,4 (1) **A**： （ cleaned / have / your / room / you ） yet? 　　　　　　　■■ 90%
B： No. I will finish it soon. 　　　　　　　　　　　　[秋田県]

＿＿＿＿＿＿＿＿＿＿＿＿＿＿＿＿＿＿＿＿＿＿＿＿＿＿＿＿＿

(2) **A**： What sport do you like?
B： Judo! Actually, I （ been / have / practicing / since / judo ）
I was five years old. 　　　　　　　　　　　　　　[栃木県]

＿＿＿＿＿＿＿＿＿＿＿＿＿＿＿＿＿＿＿＿＿＿＿＿＿＿＿＿＿

(3) My father met Bobby when he was young, and they (friends / been / have / for / good) a long time.

[滋賀県]

差がつく (4) **A :** I like visiting Kyoto.

　　　　B : (have / many / you / been / how / times) there?

　　　　A : Three times. It's a very *historical place, so there are still a lot of things to see.

[兵庫県]

（注）　historical 歴史的な

---

5 次の英文は，静岡県でホームステイを始めたアメリカ人のカレン（Karen）とホームステイ先の春子（Haruko）との会話である。この英文を読んで，あとの問いに答えなさい。

思考力
↳2,3

[静岡県・改]

Karen : Tea is *served to welcome *guests, right?

Haruko : Yes, and we drink it very often, like water.

Karen : ①Oh, (become / how / popular / green tea / has) in Japan?

Haruko : Well … tea originally came from China about 1,200 years ago. At first it was so expensive that only special people could get it. It took a few hundred years before *ordinary people began to drink it.

Karen : I see. It has a long history and now it's a part of your life.

(*After some food, ochazuke is served.*)

Karen : What's this?

Haruko : It's *ochazuke*. We *pour *ocha*, green tea, on rice and eat them together.

Karen : This is really good. I've (　②　) thought of eating rice with green tea!

（注）　serve ～を出す　　guest 客　　ordinary 一般の　　pour ～を注ぐ
　　　　　　　　　　　　　　　　いっぱん

難→ (1) 下線部①の文が本文の内容に合うように，（　　　）内の語句を並べかえて，文を完成させなさい。

---

(2) ②の（　　　）に入る最も適当な語を，次の**ア〜エ**から１つ選び，記号で答えなさい。

　　　ア ever　　**イ** better　　**ウ** never　　**エ** greater　　　〔　　　　〕

» 文法

いろいろな文

入試メモ 命令文やitを主語とする表現は，長文の中でよく使われる表現。間接疑問は語順整序や空所補充問題でよく出題される。

I 命令文・Let's 〜. の文

出題率 **10.4**%

〈動詞の原形〜〉「〜しなさい」，〈Don't ＋動詞の原形〜.〉「〜してはいけません」，〈Let's ＋動詞の原形〜.〉「〜しましょう」

例 **Open** the window. （窓を開けなさい）

Don't open the window. （窓を開けてはいけません）

Let's play tennis. （テニスをしましょう）

＊文の最初か最後にpleaseをつけると，「〜してください」「〜しないでください」とていねいな表現になる。

2 itを主語とする表現

出題率 **11.5**%

「時刻」「季節」「天候」「時間」「距離」などを表すとき，itを主語にする。このitには特に意味がない。「それは」と訳さないように注意。

例 **It** is ten o'clock. （10時です）【時刻】

It was sunny yesterday. （昨日は晴れでした）【天候】

It takes about five minutes to the building. （その建物まで約5分かかります）【時間】

3 間接疑問

出題率 **41.7**%

疑問詞で始まる疑問文がほかの文中に入った形を**間接疑問**という。疑問詞のあとは〈**主語＋(be)動詞**〉や〈**主語＋助動詞＋(be)動詞**〉のような，ふつうの文の語順になる。

例 疑問文　　　　Where is she now? （彼女は今，どこにいますか）

〈疑問詞＋be動詞＋主語〜?〉

I don't know **where she is** now . （私は彼女が今，どこにいるか知りません）

〈疑問詞where＋主語＋be動詞〉　　＊□□□全体が動詞knowの目的語

例 疑問文　　　　How can I get to the station? （どのようにして駅に着けますか）

〈疑問詞＋助動詞＋主語＋動詞〜?〉

Please tell me **how I can get** to the station . （私に駅への行き方を教えてください）

〈疑問詞how＋主語＋助動詞＋動詞〉　　＊□□□全体が動詞tellの目的語

例 疑問文　　　　When will he come? （彼はいつ来ますか）

〈疑問詞＋助動詞＋主語＋動詞〜?〉

Do you know **when he will come** ? （彼がいつ来るか知っていますか）

〈疑問詞when＋主語＋助動詞＋動詞〉　　＊疑問文でも間接疑問の語順はふつうの文と同じ。

合格ポイント 主語をたずねる疑問文が間接疑問となるとき，〈疑問詞＋動詞〜〉となる。

例 Tell me **who came** to the party . （だれがパーティーに来たか私に教えて）

〈疑問詞who（＝主語）＋動詞〉

正答率

文法

1 次の文の（　）に入る最も適当な語を，あとの**ア～エ**からそれぞれ１つずつ選び，記号で答えなさい。
↳ 2,3

(1) It will be（　　　　　　）this afternoon, so take your umbrella with you. 　　　　　　　　　　　　　　　　　　　　　　　　　　　[北海道]

ア cloudy　イ hot　ウ rainy　エ cold　　　　〔　　　　　〕　　■■80%

超重要 (2) **A :** What's the matter, Mrs. Smith?

B : Well, I found a lunch box in my classroom.　Do you know （　　　　　）lunch box this is?

A : It's Tom's.

B : Oh, thank you. 　　　　　　　　　　　　　　　　　　　[岩手県]

ア what　イ who　ウ which　エ whose　　　〔　　　　　〕

(3) **Naoto :** Can you tell me（　　　　　　）you came to Japan?　　　■■72%

Ms. Bell : I love Japanese comic books and am interested in Japanese life.　I also want to learn Japanese.　The best way of understanding the lives of foreign people and learning foreign languages is to live in foreign countries, I think.　So, I came to Japan. 　　　　　　　　　　　　　　　[静岡県]

ア when　イ what　ウ why　エ which　　　〔　　　　　〕

2 次の文の（　）に入る最も適当な語を書きなさい。
↳ 1,3

(1) **A :** Shall（　　　　　　）go skiing this weekend?　　　　　　■■83%

B : Yes, let's!　I have never skied before ....　Is that OK?

A : Oh, that's OK.　My father is going to come and help us. 　[宮崎県]

_____

超重要 (2) **Jim :** Look, Keiko.　Someone made this cute *origami*.　Do you know 　　　　■32%
（　　　　　　）made this?

Keiko : Yes.　My friend Akiko did. 　　　　　　　　　　　　[山形県]

_____

3 次の文の（　）内の語句を並べかえて，文を完成させなさい。ただし，(5)では不要な語が１語ある。
↳ 1,3

(1) **A :** Mr. Yamada's speech was very good. 　　　　　　　　　　　■45%

B : What did he say in his speech?

A : He said, "（ to / kind / other / be ）people.　If you help them, they will help you some day." 　　　　　　　　　　　　　[愛媛県]

_____

正答率

超重要 (2) **Saki :** Hi, Jane. What are you reading?

Jane : Hi, Saki. I'm reading a book about trees. I found some big trees near the library in our school today. Do you (are / know / they / what)? [熊本県]

_____

(3) Can you (me / happened / what / tell) last night? [栃木県]   ■□ 81%

_____

(4) **A :** Look at this picture. This is the longest river in Japan.

B : Do (long / is / you / how / know / it)?

A : Sorry, I don't know. [富山県]

_____

差がつく (5) **A :** Do you know (how / is / be / will / the / weather) tomorrow?   ■□ 36%

B : Yes, I do. It'll be sunny and warm. [神奈川県]

_____

4

次の日本文を英語に直しなさい。

↳3

(1) あなたはそれが何を意味するか知っていますか。 [和歌山県・改]

_____

(2) 日本語には「茶」(cha) のつく言葉がたくさんあります。 [静岡県・改]   ■□ 31%

_____

5

次の英文は，ユウジ (Yuji) と，日本に留学しているサム (Sam) の間でやりとりさ   ■□ 24%

思考力 れた電子メールである。電子メールのやりとりが成立するように，□□□に入る英

↳2 文を1つ書きなさい。 [青森県・改]

Aomori *is surrounded by the sea, so we can eat many kinds of *seafood. Also, everyone is kind to me. But I worry about one thing. How is winter in Aomori?   Sam

□□□   But we have many fun things to do. For example, we can enjoy skiing and other winter sports. We can also *have snowball fights. I hope you will enjoy winter here, too. Thank you.   Yuji

(注) is surrounded by 〜 〜に囲まれている   seafood 海産物   have snowball fights 雪合戦をする

» 文法
比較

出題率 **51.0%**

入試メモ 長文やリスニングでは，グラフの情報を比較の文を使って表す問題がよく見られる。基本的な知識をベースに，比較を使った頻出の重要表現も暗記しておこう。

1 比較の基本

○ 出題率 **45.8%**

|1| **比較級・最上級のつくり方**

① 形容詞・副詞の語尾に **-er，-est** をつける。

（例）fast – fast**er** – fast**est** ／ big – bigg**er** – bigg**est**

② つづりの長い語は，前に **more，most** を置く。

（例）interesting – **more** interesting – **most** interesting

③ 不規則に変化する語もある。

（例）good [well] – **better** – **best** ／ many [much] – **more** – **most**

|2| **比較級の文**…〈比較級＋than ～〉「（2つを比べて）～よりも…」

（例）He is **taller than** Mike.（彼はマイクよりも背が高い）

This problem is **more difficult than** that one.（この問題はあの問題よりも難しい）

Your idea is **better than** mine.（あなたの考えは私の考えよりもよい）

|3| **最上級の文**…〈the＋最上級＋in [of] ～〉「～の中で最も…」

（例）He is **the tallest in** his class.（彼はクラスの中で最も背が高い）

This problem is **the most difficult of** the three.（この問題は3つの中で最も難しい）

Your idea is **the best of** all.（あなたの考えはすべての中で最もよい）

> **合格ポイント** **in** と **of** の使い分け
> ① **in**…あとに場所，集団，範囲を表す語句　（例）**in** the world ／ **in** our class
> ② **of**…あとに複数を表す語句　（例）**of** the three ／ **of** all the classmates

2 比較の重要表現

出題率 **8.3%**

> **覚えよう**
> ① He is **as tall as** Mike.（彼はマイクと同じくらいの背の高さです）
> ② He is **not as tall as** Mike.（彼はマイクほど背が高くありません）
> ③ I **like** soccer **better** than tennis.（私はテニスよりもサッカーのほうが好きです）
> ④ I **like** soccer **(the) best** of all sports.（私はすべてのスポーツの中でサッカーが最も好きです）
> ⑤ The country is **much larger** than Japan.（その国は日本よりもずっと大きい）
> ⑥ **Which** is **nicer**, this photo or that one?（この写真とあの写真とでは，どちらのほうがすてきですか）
> ⑦ **Who** can play the guitar **(the) best** of your classmates?
>
> （あなたのクラスメートの中で，だれが最も上手にギターが弾けますか）

> **合格ポイント** 最上級の意味になる〈比較級＋than＋any other＋単数名詞〉
> She comes to school **the earliest** of all the students.（彼女はすべての生徒の中で最も早く登校します）
> ＝ She comes to school **earlier than any other student**.（彼女はほかのどの生徒よりも早く登校します）

正答率

1 次の文の（　）内の語を，適当な形に直して書きなさい。
↪ 1

(1) **Yumi :** Our team will play with Hikari Junior High School first.

　　 Mary : I hear that team is the (strong) in the city.

　　 Yumi : That's right. No team has ever won a game with Hikari Junior High School. [長野県]

■□ 64%

差がつく (2) The trip was the (happy) memory of my summer vacation. [茨城県]

(3) **A :** Have you seen the new movie yet?

　　 B : Yes. It was the (good) one I've ever seen. [千葉県]

■□ 63%

2 次の文の（　）に入る最も適当な語句を，あとの**ア〜エ**から１つ選び，記号で答えなさい。
超重要 [神奈川県]
↪ 1
Mt. Fuji is (　　　　) of all the mountains in Japan.

　ア high　　**イ** as high as　　**ウ** higher　　**エ** the highest　　〔　　　　〕

■■ 92%

3 次の文の（　）に入る最も適当な語を書きなさい。ただし，(1)は（　）内に示された文字で書き始めなさい。
↪ 1
差がつく (1) **Hiroshi :** My cat is two years old.

　　 Judy : Oh, my cat is (y　　　　) than yours. She is one year old. [宮城県]

■□ 47%

(2) **A :** What is the (　　　　　) of all the months in Japan?

　　 B : August is. It's sometimes over 35 degrees. [島根県]

(3) **Masato :** We have to come to school at 7:00 for the volunteer work tomorrow morning.

　　 Andy : Oh, today it started at 8:00. Tomorrow, will the work start (　　　　) than that? [山形県]

■□ 28%

4 次の文の（　）内の語句を並べかえて，文を完成させなさい。
↪ 1,2
(1) Playing basketball (than / more / difficult / is) playing volleyball for me. [栃木県]

■■ 71%

超重要 (2) **A :** The city hall looks old.

B : The (in / oldest / is / the / building) our city. [秋田県]

(3) **A :** I visited three cities during the summer vacation. Osaka, Kyoto, and Nara.

B : Wow! Which (like / city / you / do) the best, Ms. Wilson? [愛媛県]

差がつく (4) I did not like math in the first year. But the teacher helped me a lot and now I think it is (most / all / the / of / the subjects / interesting). [兵庫県・改]

難 (5) I believe that experiencing different cultures (as / as / is / studying / languages / important / foreign). [滋賀県]

5 次の会話を読んで，あとの問いに答えなさい。 [茨城県・改]

↪2

John : I *saw you practicing yesterday, and you were great. <u>I'm not a good soccer player like you.</u>

Kenta : No problem. Let's play soccer together.

(注) saw you practicing あなたが練習しているのを見た

問い 下線部を次の英文のように言いかえたとき，（　　）に入る適当な英語1語を書きなさい。

I cannot play soccer as (　　　　　　) as you.　　──────────

6 Satoshiと留学生のNancyが会話をしている。あなたがNancyになったつもりで，□に適当な英語を書きなさい。 [岡山県・改]

思考力

↪2

Satoshi : Japanese people go to *theaters only about once or *twice in a year. But I think some people watch movies at home.

Nancy : ☐ better, to watch movies at home or to see them at theaters?

Satoshi : I like to watch movies at home better.

(注) theater 映画館　twice 2回

13 分詞

出題率 41.7%

入試メモ 現在分詞や過去分詞には，形容詞のように名詞を修飾する用法がある。語順整序問題でよく出るので，しっかりおさえよう。

1 名詞を修飾する現在分詞
出題率 14.6%

現在分詞（動詞の〜ing形）は，名詞を修飾することがある。

|1| 現在分詞が単独で名詞を修飾するとき

〈現在分詞＋名詞〉「〜している…（名詞）」

例 Look at the **running** girl. （走っている少女を見なさい）
現在分詞

|2| 現在分詞のあとに語句が続き，そのかたまりが名詞を修飾するとき

〈名詞＋現在分詞＋語句〉「…で[に，と]〜している…（名詞）」

例 Look at the girl **running** with her friends . （友だちと走っている少女を見なさい）
〈現在分詞＋語句〉

合格ポイント 動詞の〜ing形を使った文のまとめ

① 進行形 例 He is **cooking** dinner now. （彼は今，夕食を調理しています）（→p.20）
〈be動詞＋現在分詞〉
② 動名詞 例 My hobby is **playing** the guitar. （私の趣味はギターを弾くことです）（→p.8）
補語としての動名詞
③ 名詞を修飾する現在分詞 例 Look at the girl **running** with her friends.
〈名詞＋現在分詞＋語句〉

---

2 名詞を修飾する過去分詞
出題率 34.4%

過去分詞は，現在分詞と同様に名詞を修飾することがある。

|1| 過去分詞が単独で名詞を修飾するとき

〈過去分詞＋名詞〉「〜された[される]…（名詞）」

例 My father bought a **used** car. （父は使われた車（＝中古車）を買いました）
過去分詞

|2| 過去分詞のあとに語句が続き，そのかたまりが名詞を修飾するとき

〈名詞＋過去分詞＋語句〉「…で[に，と]〜された[される]…（名詞）」

例 My father bought a car **used** a long time ago . （父は遠い昔に使われた車を
〈過去分詞＋語句〉 買いました）

合格ポイント 過去分詞を使った文のまとめ

① 受け身 例 The tower was **built** ten years ago. （そのタワーは10年前に建てられました）（→p.23）
〈be動詞＋過去分詞〉
② 現在完了 例 I have **been** to Australia once. （私は一度，オーストラリアに行ったことがあります）
〈have[has]＋過去分詞〉 （→p.35）
③ 名詞を修飾する過去分詞 例 My father bought a car **used** a long time ago.
〈名詞＋過去分詞＋語句〉

実力アップ問題

解答・解説 | 別冊 p.18

1 次の文の（　）内の語を，適当な形に直して書きなさい。

↪2
超重要

(1) This summer, I went to New York with my family. This is a T-shirt I bought there. I like the message (write) on it. The message is "Enjoy life."　[茨城県・改]

(2) Hello. Today I'll show you my favorite painting. This is a famous painting (see) in a museum in France.　[長野県]

■□ 58%

2 次の文の（　）に入る最も適当な語句を，あとの**ア〜エ**からそれぞれ1つずつ選び，記号で答えなさい。

↪1,2

(1) This is a *Bunraku* *puppet (　　　　　) a very beautiful *kimono*.
　(注) *Bunraku* 文楽　puppet 人形　[大阪府]
　ア wear　イ wears　ウ wearing　エ is wearing　〔　　〕

■□ 61%

超重要 (2) 〔*After school*〕
　A：Who's this woman in this picture?
　B：This is my sister (　　　　　) in China.　[福島県]
　ア to work　イ works　ウ working　エ worked　〔　　〕

■□ 62%

(3) **A**：How is the salad?
　B：It is very good.
　A：Thank you. I used some vegetables (　　　　　) in our garden.
　B：That's nice.　[岩手県]
　ア grow　イ grows　ウ grew　エ grown　〔　　〕

(4) **Sally**：Who is the man (　　　　　) to our teacher?
　Ichiro：Oh, he is Mr. Smith, our new English teacher.　[宮城県]
　ア talk　イ talked　ウ talking　エ talks　〔　　〕

■□ 69%

3 次の文の（　）に入る最も適当な語を，〔　　〕の中から1つ選び，適当な形に直して書きなさい。

↪1,2

(1) Do you know the city (　　　　　) the Big Apple? — It's New York.
　〔 visit　call　eat　begin 〕　[沖縄県]

差がつく (2) In 2014, two American brothers (　　　　　) in New York City opened a *matcha* *cafe there.　[愛知県]
　(注) *matcha* 抹茶　cafe 喫茶店
　〔 become　eat　give　throw　live 〕

13 分詞　45

文法

正答率

4
↳ 1,2

次の文の（　　）内の語句を並べかえて，文を完成させなさい。

(1)　**Lily：** Wow! It's a beautiful picture of Mt. Fuji!

　　Shin： Thank you. This (taken / by / is / my brother / a picture).

　　Lily： Really? It's very beautiful. I want to see Mt. Fuji.

　　　　　　　　　　　　　　　　　　　　　　　　　　[高知県]

■□ 52%

差がつく (2)　**A：** Excuse me. I'm (written / for / looking / by / a book) Mori Ogai.

　　B： I see. I'll check.　　　　　　　　　　[島根県]

(3)　**A：** Which boy is your brother?

　　B： The boy (left / on / is / your / standing) my brother, Jim.　[千葉県]

■□ 42%

5
↳ 2

次の対話文を読んで，あとの問いに答えなさい。　　　　　　　[東京都・改]

Yuko： I have a *kimono*. It was a gift from my mother. When she was twenty, it was given to her by my grandmother.

Taro： That's great, Yuko.

Yuko： Thank you, Taro. When I wear it, I always imagine my mother's younger days.

John： I understand.

Miho： Do you have any similar experiences, John?

John： Yes. I have a *quilt made by my *great-grandmother. When I see it, I always imagine what kind of person my great-grandmother was.

Yuko： I want to give my *kimono* to my future daughter.

Taro： That's a family treasure, Yuko.

John： You have something nice to pass from *generation to generation, Yuko.

Taro： You, too, John.

(注) quilt キルト　　great-grandmother ひいおばあさん　　generation 世代

問い 次の英語の文を，本文の内容と合うように完成するには，（　　）の中に，どのような1語を入れるのがよいか。

Taro learned that John has a family treasure (　　) by his great-grandmother.

■□ 34%

» 文法

会話表現

出題率 **25.0**%

入試メモ　会話表現を問う問題は，リスニング問題や対話文でねらわれる。特に，「依頼・勧誘・申し出」はさまざまな形で出題されるので，しっかり暗記しよう。

1　電話・買い物

出題率 **6.3**%

覚えよう　電話・買い物でよく出る表現

電話
① **Hello. May I speak to** Ken**?**　（もしもし。ケンをお願いします）
② **Hold on, please.**　（そのまま，お待ちください）
③ Can I **take [leave] a message?**　（伝言をうかがいましょうか [伝言をお願いできますか]）
④ **You have the wrong number.**　（番号が違います）

買い物
① **May I help you?**　（お手伝いしましょうか [いらっしゃいませ]）
　—Yes, please. / No. I'm just looking.　（はい，お願いします／結構です。見ているだけです）
② **May I try** this **on?**　（これを試着してもいいですか）
　— Sure. / Sorry, you can't.　（いいですよ／申し訳ありませんが，だめです）
③ **How about** this one?　（こちらはいかがですか）
④ I'll **take** this one. — Thank you. **Here you are.**
　（こちらをいただきます — ありがとうございます。はい，どうぞ）

2　道案内

出題率 **2.1**%

覚えよう　道案内でよく出る表現

① Excuse me. Please **tell me the way to** the station.　（すみません。私に駅への道を教えてください）
② **How can I get to** City Museum**?**　（市立博物館へはどうしたら行けますか）
③ **Go down this street [Go straight]** , and **turn right [left]** at the second corner.
　（この通りを下っていって [まっすぐ行って]，2つ目の角を右 [左] に曲がってください）

3　依頼・勧誘・申し出

出題率 **10.4**%

覚えよう　依頼・勧誘・申し出でよく出る表現

依頼
① **Will [Can] you** help me**? — Sure [OK / All right]** .　（手伝ってもらえますか — いいですよ）
② **Could [Would] you** carry this bag**? — I'm sorry (, but) I can't.**
　（このかばんを運んでいただけませんか — すみませんが，できません）

勧誘
① **Shall we** go shopping**? — OK. / No, let's not.**
　（買い物に行きませんか — 行きましょう／やめておきましょう）
② **Why don't we** play tennis**? — Sounds good.**　（テニスをしませんか — いいですね）

申し出
① **How about** going to the movies**? — That's nice.**
　（映画に行くのはどうですか — いいですね）
② **Shall I** close the door**? — No, thank you.**　（ドアを閉めましょうか — 結構です，ありがとう）
③ **Why don't you** talk to her**? — I see. I'll try.**
　（彼女に話しかけてみてはどうですか — わかりました。やってみます）

実力アップ問題

正答率

1
↪ 1,3

次の文の（　　）に入る最も適当な英文を，あとの**ア**〜**エ**の中から1つ選び，記号で答えなさい。

■□ 62%

(1) **A**: Oh, you are carrying a big box. Are you all right?
B: No. This is a little difficult. （　　　　）
A: Sure. 　　　　　　　　　　　　　　　　　　　　　　　[長野県]

ア Will you help me?　　**イ** May I help you?
ウ You won't help me.　　**エ** Do you want me to help you?

〔　　　〕

(2) **A**: Excuse me. Do you have any white sweaters?
B: Well ..., how about this one? That's two thousand yen.
A: I like it. （　　　　）
B: Sure. 　　　　　　　　　　　　　　　　　　　　　　　[徳島県]

ア Would you like some more?　　**イ** Will you find it?
ウ Shall I show them to you?　　**エ** Can I try it on?

〔　　　〕

差がつく (3) **A**: May I help you?
B: I like this bag, but I don't like blue. （　①　）
A: We also have green and red.
B: Oh, I like green. Do you have a larger one?
A: Yes, there is a larger size. But we don't have any green ones now. Shall we get one for you?
B: Yes, please. （　②　）
A: Two or three days.
B: OK. I'll come back next week. 　　　　　　　　　　[兵庫県]

① **ア** Do you know my favorite color?
　 イ Do you have any other colors?
　 ウ What color is the most popular?
　 エ What color do you like?

〔　　　〕

② **ア** How much is it?
　 イ How are you going to get it?
　 ウ How big is it?
　 エ How long do I have to wait?

〔　　　〕

2
超重要
↪ 1

次の文の（　　）内の語を並べかえて，文を完成させなさい。 　　[秋田県]

■□ 90%

A: Hello. This is Ken. (to / may / speak / I / Mike), please?
B: Sorry, he's out now. He will come home at six.

3

思考力

↳3

次の英文に対する答えとして，最も適当なものを，あとの**ア**〜**エ**からそれぞれ1つ
ずつ選び，記号で答えなさい。　　　　　　　　　　　　　　　　　　　[岐阜県]

(1)　You are watching a movie at the movie theater. You really want to
enjoy it, but a man sitting next to you starts talking with another
person in a big voice. You want them to stop talking. What do you
say to them?

　ア　I'm sorry. Shall I watch the movie quietly?

　イ　No problem. How can I help you?

　ウ　Excuse me. Would you be quiet please?

　エ　Pardon? Why don't you talk more?　　　　　　　　〔　　　　〕

■□ 67%

(2)　You are now at a famous temple. An old man and an old woman
are trying to take a picture of themselves in front of the temple. But
they cannot do it well. You want to help them. What do you say to
them?

　ア　Could you take a picture of me?

　イ　May I take a picture of another temple?

　ウ　Shall I take a picture of you?

　エ　Will you take me to the temple?　　　　　　　　　〔　　　　〕

■□ 61%

4

↳2

次の文は，健司が英語の授業でおこなったスピーチの一部である。これを読んで，
あとの問いに答えなさい。　　　　　　　　　　　　　　　　　　[香川県・改]

　　The next morning, I went to the *subway station. I looked at a subway
map. There were so many lines that I didn't know where I should go.
Then an old woman came to me and said, "Where would you like to
go?" I said, "I'd like to go to *Yankee Stadium. ①(you / me / to / could /
tell / get / how) to the stadium?" She said to me very slowly, "②まっすぐ
行ってその角を右に曲がりなさい。 Take the No. 4 Line to *161 Street-
Yankee Stadium. Enjoy your trip!" I said, "Thank you very much!
Goodbye!"

(注)　subway 地下鉄　　Yankee Stadium ヤンキー・スタジアム（ニューヨークにある野球場）
　　　161 Street-Yankee Stadium 161丁目－ヤンキー・スタジアム駅

(1)　下線部①の（　　）内の語を並べかえて，文を完成させなさい。

_____

差がつく　(2)　下線部②の日本文を英語に直しなさい。

_____

■ 文の構造 (基本5文型)　文を作る要素：主語 (S) ／動詞 (V) ／目的語 (O) ／補語 (C)

		S	V	O	C	その他
① S + V		I 私は	live 住んでいる			in Tokyo. 東京に
② S + V + C		She 彼女は	is である		a student. 学生	
③ S + V + O		He 彼は	likes 好きだ	movies 映画を		very much. とても
④ S + V + O + O		Ken ケンは	showed 見せた	me a picture 私に　写真を		yesterday. 昨日
⑤ S + V + O + C		They 彼らは	named 名づけた	the dog 犬を	Rocky. ロッキーと	

■ 主な不規則変化動詞

A-B-B型：過去形・過去分詞が同じ			**A-B-C型**：原形・過去形・過去分詞がすべて異なる		
原形	過去形	過去分詞	原形	過去形	過去分詞
buy (買う)	bought	bought	be (〜である)	was / were	been
catch (捕まえる)	caught	caught	begin (始まる)	began	begun
feel (感じる)	felt	felt	break (壊す)	broke	broken
find (見つける)	found	found	do (する)	did	done
have (持つ)	had	had	eat (食べる)	ate	eaten
hear (聞こえる)	heard	heard	fly (飛ぶ)	flew	flown
make (作る)	made	made	give (与える)	gave	given
meet (会う)	met	met	go (行く)	went	gone
say (言う)	said	said	know (知っている)	knew	known
sit (座る)	sat	sat	see (見る)	saw	seen
stand (立つ)	stood	stood	sing (歌う)	sang	sung
tell (伝える, 教える)	told	told	speak (話す)	spoke	spoken
think (考える)	thought	thought	take (持っていく)	took	taken
win (勝つ)	won	won	write (書く)	wrote	written
A-B-A型：原形・過去分詞が同じ			**A-A-A型**：原形・過去形・過去分詞がすべて同じ		
原形	過去形	過去分詞	原形	過去形	過去分詞
become (〜になる)	became	become	cut (切る)	cut	cut
come (来る)	came	come	put (置く)	put	put
run (走る)	ran	run	read (読む)	read*	read*

*発音は [red]

読解

出るとこチェック 読解

次の問題を解いて，読解問題の解き方を確認しよう。

●次の対話文を読んで，あとの問いに答えなさい。

Ms. White : Hi, Emi and Shota. What are you doing?

Emi : Hello, Ms. White. We're reading books about *kabuki* and *noh*.

Ms. White : Oh, why are you reading them?

Emi : Well..., we're reading them to answer Judy's question.

Ms. White : Judy? Who is she?

Emi : ☐　　　　　 She's staying with my family now.

Shota : Yesterday Emi *invited me to her house. Emi, Judy and I talked about many things, for example, her hometown, favorite movies and hobbies.

Ms. White : That's nice. What was Judy's question?

Shota : She has been interested in *kabuki* and *noh* since she watched them on TV in her country. When we talked yesterday, she wanted us to tell her the *differences between *kabuki* and *noh*. But we couldn't answer her question because we didn't know.

Ms. White : I think it's difficult to *explain the differences.

Shota : We're going to meet Judy again tonight. So we're studying *kabuki* and *noh* now to be able to answer her question.

Ms. White : I see. It may be hard, but this is a good chance to learn about your own culture.

Emi : I think so, too. We should know our own culture so that we can understand other cultures.

Ms. White : You are right. I hope you'll have a good time tonight.

(注) *kabuki* 歌舞伎　　*noh* 能　　invite ～を招く　　difference 違い　　explain ～を説明する

┃ 適切な語句・文を補う問題 →p.54

☐ **01** ☐ に入る最も適当なものを，次のア～エから1つ選び，記号で答えなさい。

　　ア I like her very much.　　　　イ She is always smiling.

　　ウ She's a student from Australia.　　エ We know her very well.

　　　　　　　　　　　　　　　　　　　　　　　（　　　　　）

2 内容正誤問題 →p.59

☐ **02** 本文の内容と合っているものを，次のア～エから1つ選び，記号で答えなさい。

　　ア Emi and Shota are reading books about Judy's country.

　　イ Shota invited Emi and Judy to his house yesterday.

　　ウ Judy wants to know the differences between *kabuki* and *noh*.

　　エ Judy taught Shota a lot of things about Japanese culture.　　（　　　　　）

●ゆきおが，英語の授業で，下のグラフを示しながら説明している。次の英文を読んで，あとの問い
に答えなさい。 　[兵庫県・改]

　　　Today I'm going to show you two *graphs from a *survey about our school ___①___.
　　　Graph 1 shows the ___②___ of books students *borrowed each month. In ___③___,
we borrowed the most books because it was just before the summer vacation. Many
students wanted to read books then.
　　　Now, please look at graph 2. <u>It</u> shows what ___④___ of books the students read.
*Novels were read the most, and books about ___⑤___ came next.

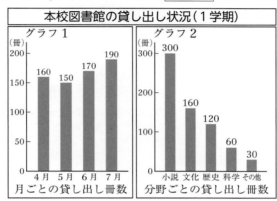

　（注）　graph グラフ　　survey 調査　　borrow 借りる　　novel 小説

3 英語の問いに英語で答える問題 → p.64

□ 03　次の質問に，8語以上の英語で答えを書きなさい。

　　　Why did many students borrow books before the summer vacation?

_____

4 図・表から情報を読み取る問題 → p.69

□ 04　本文中の ___①___ ～ ___⑤___ に，それぞれ適切な英語1語を書きなさい。

　　　①（　　　　　　　）　②（　　　　　　　）　③（　　　　　　　）
　　　④（　　　　　　　）　⑤（　　　　　　　）

5 指示語の内容を答える問題 → p.74

□ 05　下線部のItの示す内容として最も適当なものを，次のア〜エから1つ選び，記号で答えなさ
い。

　　　ア　Our school library　　　イ　Graph 1
　　　ウ　Many students　　　　　エ　Graph 2　　　　　　　　　　（　　　　　　　）

出るとこチェックの答え

| 1　01 ウ　　2　02 ウ　　3　03 例 Because they wanted to read them during the summer vacation. (10語)
| 4　04 ① library　　② number　　③ July　　④ kind　　⑤ culture　　5　05 エ

適切な語句・文を補う問題

出題率 **100**%

(入試メモ) 読解問題では，必ず出題される問題。選択型の出題のほか，記述型の出題も見られる。

Ⅰ 適切な語句を補う問題

出題率 **90.6**%

空所の前後の語句に注目して，空所に何が入るかを考えよう。

(例題) 次の対話中の（　　　）に入る最も適当なものを，あとの**ア～エ**から1つ選び，記号で答えなさい。　　　　　　　　　　　　　　　　　　　　　　　[福島県]

A : It's very cold. There are a lot of clouds in the sky.

B : Yes, I think we can see the first (　　　　　) in this winter.

ア sun　　**イ** time　　**ウ** vacation　　**エ** snow

(ここに注目!) Aの「とても寒い」「たくさんの雲がある」と，Bのthis winterから，**エ** snowを入れて「今年の冬，初めての雪が見られると思う」と答えるのがふさわしい。

(解答) **エ**

---

2 適切な文を補う問題

出題率 **84.4**%

|1|　対話文の補充問題 … だれとだれが，いつ，どこで，何について話しているかなどをつかむ。

(例題) 次の対話中の◻︎◻︎◻︎に入る最も適当なものを，あとの**ア～エ**から1つ選び，記号で答えなさい。

A : Good morning, Haruka. How are you today?

B : ◻︎◻︎◻︎◻︎◻︎◻︎

A : That's great.

ア I'm sad now.　　　**イ** I'm looking for my pen.

ウ I feel fine.　　　**エ** I don't know what you say.

(ここに注目!) 知った人との朝のあいさつだと考えられる。空所のあとでAがThat's great.（それはいいね）と答えているから，Bはよいことを言ったと考えられる。

(解答) **ウ**

|2|　長文の補充問題 … 空所の**前後の文のつながり**に注意しよう。

(例題) 次の文の意味が通じるように，◻①◻，◻②◻に入る文として最も適当なものを，あとの**ア～ウ**からそれぞれ1つずつ選び，記号で答えなさい。

Meg is a high school student in Canada. She and I are friends because she lived next to my house in Japan until last year. ◻①◻ The mail said, "I will go to Japan next month." ◻②◻ I have many things to tell her. I can't wait until next month!

ア I was excited to hear the news.　　**イ** The news made me sad.

ウ Last week, I got an e-mail from her.

(ここに注目!) ①は直後の文のThe mail（そのメール）から，②は本文最後の「来月まで待てない！」から判断する。

(解答) ① **ウ**　　② **ア**

読解

1 次の文の（　　）に入る最も適当な語を，〔　　〕の中からそれぞれ１つずつ選んで書きなさい。　　　　　　　　　　　　　　　　　　　　　　　　　　　　　[北海道]

超重要▶ (1)　The sun comes up in the （　　　　　　）.
　　　　〔 evening　morning　night　noon 〕　　　　　　＿＿＿＿＿＿　■■ 87%

(2)　When we want to know the time, we look at a （　　　　　　）.
　　　〔 bed　table　clock　chair 〕　　　　　　　　　　　　　　　＿＿＿＿＿＿　■■ 87%

2 次の文の（　　）に入る最も適当な語を書きなさい。ただし，答えはすべて（　　）内に示された文字で書き始めなさい。　　　　　　　　　　　　　　　　　　[宮城県]

(1)　Last Sunday, I went to the zoo and watched many kinds of （ a　　　　　　） such as elephants, tigers and lions.

　　　　　　　　　　　　　　　　　　　　　　　　　　　　　　　　　＿＿＿＿＿＿　■ 36%

(2)　At the （ l　　　　　　） in our school, we can borrow books for a week.

　　　　　　　　　　　　　　　　　　　　　　　　　　　　　　　　　＿＿＿＿＿＿　■ 39%

(3)　We use a （ d　　　　　　） when we check the meaning of words.

　　　　　　　　　　　　　　　　　　　　　　　　　　　　　　　　　＿＿＿＿＿＿　■ 50%

3 次の文の（　　）に最も適当な語を入れ，それぞれが自然な会話になるようにしなさい。

(1)　　**Jane :** When is your birthday?　　　　　　　　　　　　　　　　　　　　■■ 64%
　　Takuya : It's very easy to remember.　It's just one day before New Year's Day.
　　　Jane : Do you mean it's （　　　　　　） 31?
　　Takuya : That's right.
　　　　　　　　　　　　　　　　　　　　　　　　　　　　　　　　　[岐阜県・改]

　　　　　　　　　　　　　　　　　　　　　　　　　　　　　　　　　＿＿＿＿＿＿

超重要▶ (2)　**Mr. Suzuki :** Hello.　Welcome to our hotel.　How can I help you?　　■■ 81%
　　　Jenny : I'm going to stay here for two days.
　　Mr. Suzuki : OK.　May I ask your （　　　　　　）, please?
　　　Jenny : Jenny Smith.
　　　　　　　　　　　　　　　　　　　　　　　　　　　　　[岡山県]

　　　　　　　　　　　　　　　　　　　　　　　　　　　　　　　　　＿＿＿＿＿＿

差がつく▶ (3)　**Kevin :** My sister is in Japan now.　　　　　　　　　　　　　　　■ 47%
　　　Aya : That's good.　When did she come?
　　Kevin : Well, on the seventeenth of this month.
　　　Aya : It's the twenty-third today, so she has been in Japan for about one （　　　　　　）.
　　　　　　　　　　　　　　　　　　　　　　　　　　　　　[岡山県]

　　　　　　　　　　　　　　　　　　　　　　　　　　　　　　　　　＿＿＿＿＿＿

4 次の英文を読んで，あとの問いに答えなさい。 [栃木県・改]

　　① letters have you written in your life? Maybe some of you write a few letters in a year and send some e-mails every day. Before people started to use phones, letters were very useful for people.

　Do you know the 18th century is called the *age of letters in *Europe? Today, we write letters to a *particular person. At that time, however, people wrote not only *private letters like this but also public letters. Public letters were read by the receivers and the people living around them. They wanted to get a lot of new information or news from those letters. The writers of the letters knew that too.　② . Some things in public letters were important, so writers sometimes *copied the letters they wrote as *records of the *content.

（注）　age 時代　　Europe ヨーロッパ　　particular 特定の　　private 個人の　　copy 写す　　record 記録
　　　content 内容

差がつく (1)　① に入る適当な英語２語を書きなさい。　　　　　　　　　　　　　　　　　　　　■□ 33%

_____ _____

(2)　② に入る最も適当なものを，次のア～エから１つ選び，記号で答えなさい。　■■ 59%
　　ア So the writers wanted to write a few things
　　イ So the writers wanted to write a lot of things
　　ウ But the receivers wanted to read a few things
　　エ But the receivers wanted to read a lot of things　　　　　〔　　　　　〕

5 次の会話文の　① ，　② に入る最も適当なものを，あとのア～エからそれぞれ１つずつ選び，記号で答えなさい。 [兵庫県]

A： Hello.

B： Hello. This is Kumi. May I speak to Jane, please?

A： Hi, Kumi. Sorry, she's not at home now. Can I give her a message?

B： No, thank you.　①

A： Well, I don't know what time she will come home.

B：　② when she's back?

A： Of course, I will.

B： Thank you. Goodbye.

　①　ア Where did she go?　　　　イ Can I have her phone number?
　　　ウ When will she be back?　　エ Did she go to school?　〔　　　　〕
　②　ア Could you give her the message　　イ Could you ask her to call me
　　　ウ May I call you again　　　　　　　エ Do you want me to call you
　　　　　　　　　　　　　　　　　　　　　　　　　　　　　〔　　　　〕

6 次の(1)〜(3)の各組の対話が成り立つように，　①　〜　④　に入る最も適当な文を，
あとのア〜エからそれぞれ1つずつ選び，記号で答えなさい。　[福岡県]

(1) **Keita :** I'm going to see the soccer game this weekend. Can you come
with me?

Rob : Sure. I love soccer.　①

Keita : Then let's go to the stadium early.

① ア What time will the game start?

イ But I'll have no time to join you.

ウ How about watching the game on TV?

エ I want to watch the game from a good seat.　〔　　　〕

■□ 73%

(2) **Student :** How was my speech?

Teacher : It was great. You speak English very well.

Student : I want to speak English better. Could you tell me how to
practice speaking it?

Teacher :　②　You can speak English better by doing so.

② ア Sorry. I don't have any good ideas.

イ I know you are very busy today.

ウ Keep using it in English class.

エ I can't answer your question now.　〔　　　〕

■□ 65%

(3) **Yumi :** Oh, this bread is so good.

Mr. Brown : Would you like some more?

Yumi :　③

Mr. Brown : I did. I often make bread for breakfast. What do you
usually eat for breakfast?

Yumi :　④

Mr. Brown : That is not good for your health. You should eat something.

③ ア It's nice. How did you make this?

イ Yes, please. Who made this?

ウ I'm hungry. Where did you buy this?

エ You're welcome. Did you make this?　〔　　　〕

■□ 70%

差がつく ④ ア I eat *miso* soup and rice every day.

イ I only have a banana every morning.

ウ I get up late and eat bread quickly.

エ I eat nothing in the morning.　〔　　　〕

■□ 65%

読解

正答率

7 ケン (Ken) とジャック (Jack) が話をしている。これを読んで，①～④に入る最も適当な文を，あとの**ア～エ**からそれぞれ1つずつ選び，記号で答えなさい。

〔千葉県〕

Ken : Hi, Jack. What's up?

Jack : I have been so busy with my new *boss.

Ken : Your new boss?

Jack : Yes, I started working for him two weeks ago. He has changed my life.

Ken : What's he like?

Jack : ①

Ken : Does that make communication difficult?

Jack : Yes. He can't do anything for himself. I always have to take care of him.

Ken : ② Can you ask him to do things by himself?

Jack : No. He never listens to me.

Ken : Then you should enjoy your free time after work. How about doing your favorite things at home?

Jack : That won't work. ③

Ken : What? You live with your boss? What do you mean?

Jack : Yesterday he smiled at me for the first time. It made me really happy.

Ken : Ah. I see. Your boss is ...

Jack : That's right. ④ Here is a picture.

Ken : Oh, he looks just like you. He is so cute. I want to meet him.

Jack : I will do anything for him because I love him.

(注) boss ボス

① **ア** He is always kind to everyone.　**イ** He is always angry or sleeping.
　ウ He always understands me easily.
　エ He is always worried about my job.　〔　　〕　68%

② **ア** Oh, that's too bad.　**イ** I hope you will have a good sleep.
　ウ Sounds good.
　エ You don't have to sleep all the time.　〔　　〕　66%

差がつく ③ **ア** My favorite things need much money.
　イ I moved my house next to my office.
　ウ He cries all day in my house.
　エ He wants to cry for me.　〔　　〕　67%

超重要 ④ **ア** My boss is my new teacher.　**イ** My boss is my new doctor.
　ウ My boss is my new friend.
　エ My boss is my new baby.　〔　　〕　75%

58

2 》読解 内容正誤問題

 入試メモ　選択肢は英文であることがほとんどだが，まれに日本語の文であることもある。正答は1つのときだけでなく，複数選ぶ問題も見られる。

選択肢の英文の中にある**解法のカギとなる語句 (キーワード)** を，本文の中から見つけよう。

(例題) 留学生のケビン (Kevin) とホストファミリー (host family) の春輝 (Haruki) と春輝の母である好恵 (Yoshie) との間であった話を読んで，あとの問いに答えなさい。

[岩手県・改]

　　Kevin is a student from Canada. He loves Japanese culture very much, such as Japanese food, old temples, and Japanese *calligraphy. Now he is staying with Haruki's family.

　　One day, Kevin saw (b)the calligraphy *work Haruki made and said, "Oh, that looks great. You are great at calligraphy." But Haruki only said, "Oh, thank you very much." He continued doing his homework. He was so busy with studying and doing his club activity every day that he didn't have time to spend with Kevin. Kevin wanted to try calligraphy with him, but he couldn't ask Haruki because he looked busy then. It made Kevin very sad.

　　The next Sunday afternoon, when Haruki came back from his club activity, his mother was talking to Kevin in easy English. "You said you like Japanese culture. Do you want to try to cook Japanese food with me?" Kevin looked happy and said, "Yes. I want to try it." He and Yoshie started cooking with *smiles on their faces. After one hour, *tempura was on the table. Kevin said to Yoshie, "Thank you. I really (c)enjoyed cooking with you, and tempura is so *delicious." Kevin felt happy that he could *communicate and *experience Japanese culture with Yoshie.

　　When Haruki saw their smiles, he *regretted that he was (d)not a good host family member. It made Haruki very sad. Haruki thought Kevin was a member of his family and he should spend time with his family. Haruki decided to do something with Kevin.

(注) calligraphy 書道　　work 作品　　smile 笑顔　　*tempura* 天ぷら　　delicious おいしい
communicate 意思を伝達する　　experience 経験する　　regret 後悔する

問い　本文の内容と合っているものを，次の**ア〜エ**から1つ選び，記号で答えなさい。

ア Yoshie asked Kevin to go to (a)Japanese restaurant with her family.
イ Yoshie was very excited to see (b)the calligraphy work Kevin made.
ウ Haruki felt happy to know Kevin (c)enjoyed cooking with his mother.
エ Haruki felt sorry to know he was (d)not a good host family member.

ここに注目!
① 各選択肢を見てキーワードをおさえる ((a)〜(d))。各段落の内容をふまえていることが多い。
② それぞれのキーワードに関する内容を本文中から見つける ((a)のJapanese restaurantのように，本文中にはない場合もある。よって，**ア**は該当しない)。
③ キーワードの前後をしっかりと読み直す。
　イ 本文中には，春輝が作ったとあるので間違い。また，calligraphyを見たのはケビン。
　ウ 次の文に「ケビンはうれしく思った」とある。最終段落でIt made Haruki very sad. とあるので間違い。
　エ regretted (後悔した) を felt sorry (申し訳なく感じた) と言いかえている。

(解答) **エ**

実力アップ問題

解答・解説 | 別冊p.23

正答率

1 次の英文を読んで、あとの問いに答えなさい。 [千葉県]

Jun was five years old. He was very excited to go to the hospital with his father. When Jun entered his mother's room, she was holding a baby in her arms. She said, "Risa, this is your brother. He came to see you." "She has Father's face," Jun said. Then, he took a box of *cookies out of his bag. The cookies were in shapes of different animals. He liked lions the most. He looked for a lion cookie and found it. He tried to give it to his sister. Then, his mother said, "Jun, you are very kind, but she can't eat cookies yet. You'll be a good brother."

（注） cookie クッキー

超重要 **問い** 本文の内容と合っているものを、次のア〜エから1つ選び、記号で答えなさい。 ■□81%
　　ア　ジュンは1人で母親に会いに病院へ行った。
　　イ　ジュンはリサが父親に似ていると思った。
　　ウ　リサはジュンを見てうれしそうに笑った。
　　エ　リサはジュンが持って来たクッキーを食べた。　　〔　　　　〕

2 次のMiyukiのスピーチを読んで、あとの問いに答えなさい。 [鹿児島県・改]

Who makes your *lunch every day? Your mother? Your father? You? In my family, my father makes my lunch.

My parents are very busy with work and they share the *housework. My father usually gets up early in the morning to make my lunch. When I leave home, he always smiles and gives me my lunch. When I eat it, I remember his smile.

Do you remember the *home economics homework for the summer vacation? We had to make our own lunch. It was very hard, and I needed a lot of time.

Now I understand that my father works hard to make my lunch every day. When my father comes home from work, I always smile and say to him, "Thank you for making my lunch." I love the lunch he makes for me every day.

（注） lunch お弁当　　housework 家事　　home economics homework 家庭科の宿題

差がつく **問い** 本文の内容と合っているものを、次のア〜エから1つ選び、記号で答えなさい。 ■□64%
　　ア　Miyuki's father changed jobs and now works at home all day.
　　イ　When Miyuki's father gives Miyuki her lunch, he always looks happy.
　　ウ　It was very easy for Miyuki to make her lunch during the summer vacation.
　　エ　Miyuki makes her lunch when her father is very busy with his work.　　〔　　　　〕

3 次の対話文は，高校生のTomokiが，道で，ある女性と英語で話をしているときのものである。対話文を読んで，あとの問いに答えなさい。 　　　[三重県・改]

A woman : Excuse me. How can I get to Wakaba Hotel?

Tomoki : I'm going to the post office near the hotel. I'll go there with you.

A woman : Thank you.

　　　　　　(They start walking to Wakaba Hotel.)

Tomoki : Are you traveling in Japan?

A woman : Yes. I'm from *Canada. This morning, I arrived in this city. One of my friends lives here. She came to Japan six months ago. I'll see her soon.

Tomoki : Where is she from?

A woman : She's also from Canada. She teaches English at a high school in this city.

Tomoki : Do you know the name of the school?

A woman : She told me the name in her e-mail, but I don't remember it. Well .... The school has *the largest number of students in this city.

Tomoki : Oh, that's my school! Is her name Alice Green?

A woman : Yes! She's your English teacher! She joins the English club after school every Monday, right?

Tomoki : Yes. I'm in the English club. Last Monday, she asked about some restaurants in this city. So I told her about my favorite Japanese restaurant.

A woman : I like Japanese food very much.

Tomoki : She said to me, "I want to go to your favorite Japanese restaurant with my friend."

A woman : Really? I'll enjoy Japanese food there with her.

(注)　Canada カナダ　　the largest number of ~ いちばん多くの~

問い 本文の内容と合っているものを，次の**ア〜エ**から１つ選び，記号で答えなさい。　　■□69%

　ア Tomoki asked the woman the way to Wakaba Hotel, and she showed it to him.

　イ The woman could tell Tomoki the name of his school because Alice told her about it.

　ウ Alice is one of the woman's friends and teaches English at Tomoki's school.

　エ The woman will ask about some Japanese restaurants in the English club at Tomoki's school.

〔　　　　　〕

4 次の文章は，Tim が，家族に送った電子メールの内容である。これを読んで，あとの問いに答えなさい。 [東京都]

Mom and Dad,

　I learned about *kabuki* at school. It started over four hundred years ago, and it has an interesting history. *Kabuki* is played only by men. Yesterday I went to a theater with Hideo to watch a *kabuki* play. I didn't understand what the actors said, but with the help of Hideo, I followed the story. The actors' faces were painted. I could see their faces clearly. It was very exciting.

　While I was watching it, sometimes people in the *audience shouted something in Japanese. I thought that was a bad thing to do, but no one looked angry about such people, and I didn't know why. Later, I asked Hideo about it. He said that those people shout to *encourage the actors. The actors get energy from that, and they like it. I thought that was wonderful. I want you to enjoy a *kabuki* play someday.

　Next month, I will go with Hideo to a *kabuki* lesson held by a city theater. I'm looking forward to it. I want to paint my face like a *kabuki* actor. I'm also interested in *kabuki* dancing. I think I will enjoy the lesson, and I will write to you again soon.

（注）audience 観客　encourage 励ます

問い 本文の内容と合っているものを，次のア〜エから1つ選び，記号で答えなさい。 ■□ 47%

ア Tim learned that *kabuki* has an interesting history in a lesson held by a city theater.

イ Tim painted his face when he went to a *kabuki* play because he wanted to become an actor.

ウ Before watching the play, Tim knew why some people in the audience shouted something in Japanese.

エ Tim learned that actors get energy when some people in the audience shout something in Japanese.

〔　　　　〕

5 次の文章を読んで，あとの問いに答えなさい。 [愛知県・改]

　In 2008, a TV news company in London introduced a short movie on April 1st. In the movie, many *penguins flew from the *Antarctic to the rain forest in Amazon. Of course, the movie was a joke made as an *April fool. However, some people also say that penguins can really "fly." What do they mean?

Actually, most birds fly in the sky. Some kinds of birds fly as fast as the Shinkansen. Some fly more than 1,000 kilometers over the sea without resting. Some fly higher than the highest mountains in the world.

Most birds changed their bodies to make flying possible through *evolution. Now, they have *wings instead of arms. Their *bones are lighter than the bones of other animals. Because of the unique power of flying in the sky, they have had more chances to get away from their enemies, and to find enough food. So, they have *survived in this world.

However, some birds lost this unique power and took different ways of evolution. Penguins are good examples. There are 18 kinds of penguins on the Earth, and most of them live along the sea in the south part of the Earth. They are loved around the world. Their round body with small wings looks cute. Their walking style on short legs also catches the hearts of a lot of penguin fans.

Penguins may look cute or funny on the ground, but if you look at them in the water, you may think they are cool. They swim very well. And you may be surprised to learn these three facts. First, some kinds can swim as fast as 30 kilometers in an hour. They swim much faster than people riding on a bike. Second, the biggest penguins can go deeper than 500 meters under the sea. Third, they can stay under the water for about 25 minutes.

Penguins do not fly in the sky, but they move very fast in the water like birds flying in the sky. So, we can say that penguins can "fly" in the water.

(注) penguin ペンギン　　Antarctic 南極　　April fool エイプリル・フールのいたずら　　evolution 進化
wing 羽　　bone 骨　　survive 生き残る

問い 本文の内容と合っているものを，次の**ア〜カ**からすべて選び，記号で答えなさい。

ア Penguins can fly more than 1,000 kilometers in the sky without resting.

イ No birds can fly over the highest mountains on the Earth.

ウ Because of the power of flying, most birds have survived in this world.

エ All penguins live in the severe environment of the Arctic.

オ Penguins like to live on the ground because it is very cool under the sea.

カ Penguins can swim very fast in the water like other birds flying in the sky.

〔　　　　　　　　〕

英語の問いに英語で答える問題

 英語の問いの答えとして適当な文を選ぶ問題のほか，問いに対する答えの文を書く問題も見られる。文を書く場合は，条件をしっかり確認すること。

質問文にあるキーワードを本文中から探し，**できるだけシンプルな英語で答える**ことを心がけよう。

例題1 次の英文は，高校1年生のまゆ (Mayu) が，和紙 (Japanese paper) をテーマに，英語の授業中に発表したものである。これを読んで，(a)あとの問いに3語以上の英文1文で答えなさい。

[徳島県・改]

I'm interested in Japanese paper. When I was a small child, my grandmother gave me a small beautiful box made of Japanese paper. I have liked the paper since then, and I want to study it in the future.

問い (b)Did Mayu (c)get a small beautiful box from her grandmother?

ここに注目！
① (a)「3語以上の英文1文」という条件を確認。
② (b) 問いの英文は「まゆは彼女の祖母から小さいきれいな箱をもらいましたか」という意味。Did ～? の疑問文なので，Yes, ～ did. / No, ～ didn't. と答える。
③ (c) 疑問文中の get a small beautiful box と her grandmother の2つのキーワードに注目。〈主語＋give＋人＋もの〉は〈人＋get＋もの＋from＋元の文の主語〉と言いかえられる。

解答 **Yes, she did.**

例題2 次の英文は，高校生の香織 (Kaori) が，英語の授業でスピーチをしたときのものである。この英文を読んで，(a)あとの問いに英語で答えなさい。

[宮城県]

There are two large *modern maps in my room. They are a map of Japan and a map of the world. I like to see the maps. When I see them, I always think about the places I have never been to.

(注) modern 現代の

問い (b)What does Kaori (c)think about when she (c)sees the maps in her room?

ここに注目！
① (a) 答える英語について，特に条件がないことを確認。
② (b) 問いの英文は「香織は自分の部屋にある地図を見るとき，何について考えますか」という意味。What ～? の疑問文なので，具体的に答える。
③ (c) 疑問文中の think about と sees の2つのキーワードに注目。本文中の see them の them は，the maps (in Kaori's room) のことを指している。think about のあとにある語句が答えるべき部分だとわかる。本文の「the places I have never been to」のまま答えないように。本文中の I とは Kaori のことなので，答えるときは代名詞や動詞を適切な形に変える必要がある。

解答 例 **She thinks about the places she has never been to.**
または，**The places she has never been to.**

実力アップ問題

1 次の英文を読んで、あとの問いに答えなさい。

[高知県・改]

I'm Naoya. I'm a high school student. I like reading books. I read a book every day. I like reading books better than watching TV. Reading good stories is very exciting to me.

One day, our English teacher, Ms. Tanaka, gave us homework for our summer vacation. It was to read some English books and write a *book report about one of them in English. I thought, "Oh, no! I've never read any English books. They may be difficult." Ms. Tanaka showed us some interesting English books from the city library. Some books looked difficult but other books looked easy because they were written in easy English with many pictures. Ms. Tanaka said, "When you are reading English books, you may find some words you don't know. I think you can understand the story *even if you don't know some words. You can guess the *meanings of these words. Of course, you can use your dictionary, but you don't have to. *Looking up every word is not necessary. I want you to enjoy reading English books. If the book is too difficult for you, choose an easier one. You can also find English books at our school library. So *class, have fun and write an interesting report."

I started to read some books written in easy English. They were the stories about the school life of American students. They had many pictures and I guessed the meanings of some English words. I also read some of the old Japanese stories like *Momotaro* in English. I learned English words from these old stories because I knew these stories. I even read some books about great people. I learned many things from them. I read some other kinds of books like foreign stories or stories about animals. I love dogs, so I liked the story about a cute little dog best of all the stories.

During the summer, I read fifty English books. The books I read were easy and not long, but I was happy to read many English books *by myself. I wrote a book report about my favorite book in English.

(注) book report 読書感想文　even if 〜 たとえ〜だとしても　meaning 意味
look up 〜 〜を調べる　class クラスの皆さん　by myself 自分で

差がつく **問い** 本文の内容から考えて、次の(1)〜(3)の問いの答えとして最も適当なものを、あとの**ア〜エ**からそれぞれ１つずつ選び、記号で答えなさい。

(1) When did Naoya begin to read English books?

　　ア He began to read English books when he was given an interesting English book from his English teacher.

■□ 51%

イ He began to read English books when his English teacher took him to the city library.

ウ He began to read English books when his English teacher told the class to read some English books during their summer vacation.

エ He began to read English books when he found some books written in easy English at home. [   ]

(2) What did Ms. Tanaka want her students to do with English books during their summer vacation?

ア She wanted them to read her favorite English books because they are interesting.

イ She wanted them to use their dictionaries because they need to learn more words.

ウ She wanted them to read the same book many times and write some words from the book.

エ She wanted them to enjoy reading English books and write a report. [   ]

(3) What was Naoya's favorite story that he read in English during the summer?

ア It was a story about American school life.

イ It was an old story about Japan.

ウ It was a story about great people.

エ It was a story about a dog. [   ]

2 高校生のMikaが書いた次の英文を読み，(1)，(2)の質問に対する答えを英文で書きなさい。 [鹿児島県]

My grandfather lives alone. He likes to read and write letters, so he sometimes sends me letters.

When I was seven years old, I wrote my first letter to my grandfather. Three days later, I got a letter from him. In the letter, he said, "I was very happy to get a letter from you." I was happy to know that, so I wrote my second letter. After that, we *continued to *exchange letters.

After I became a high school student, I sometimes got letters from him, but I had many things to do, so I didn't write letters to him for a few months.

When I visited my grandfather last month, I found many old letters in a box. They were all written by me. He said, "When I *miss you, I read your letters. Your letters always make me happy." I said to him, "I haven't written letters *recently. I'm sorry." "That's OK, but please write letters to me again," said my grandfather with a smile. When I was going home, I thought, "I didn't know that my letters were so important to him."

Now I write letters to my grandfather again. I feel happy when I get a letter from him.

(注) continue to ~ ~し続ける　exchange ~をやりとりする　miss ~がいないのを寂しいと思う
recently 最近

(1) When did Mika write her first letter to her grandfather?

_____

難→ (2) What did Mika's grandfather want her to do?

_____

3 次は，中学生の亜美（Ami）がアメリカで体験したチップ（tip）の習慣について，英語の授業で発表したものである。英文を読んで，(1)，(2)の質問に対する答えを，それぞれ主語と動詞を含む英文1文で書きなさい。　　　　　　　　[秋田県]

Last winter I had a homestay in America. One day, I went to a restaurant with my host family. A *waitress came to our table and she did everything we needed during our dinner, so we had a good time there. When we finished the dinner, my host father gave the waitress more money and he didn't receive the change. I was surprised. Then he said, "In my country, we often give more money than the *bill in a restaurant. This is called a tip. We also give a tip in a taxi and many other places. We do that to show our thanks to the people working there."

I learned American culture during my stay.

(注) waitress ウェイトレス，接客係　bill 請求書

難→ (1) Why was Ami surprised after the dinner?

_____

難→ (2) What do the people in America show by giving a tip?

_____

4 次の英文は，中学生のケンタ（Kenta）が書いたものである。この英文を読んで，(1)，(2)の質問に，それぞれ指定された語数の英文で答えなさい。ただし，符号（, . ? ! など）は，語数には含まないものとする。　　　　　　[茨城県・改]

One day in July our teacher said to us, "You are going to have homework during your summer vacation. I want you to know and think about work. Ask anyone in your family to show you their work. You can ask your *parents, grandparents, brothers, or sisters. Visit one of their *workplaces, and write a *report about their work. This will be a good chance to think about your future, too." I was very interested in the homework.

That night, I asked my father to show me his work and he answered, "OK. That will be a good experience for you." He also said, "This morning, your mother told me that you are going to have a soccer game at the end of this month. I will go and watch it." I was so *excited to hear that, and decided to practice harder for the game.

Our team won the game. However, my father didn't come. He came home late at night. When he saw me, he said, "I'm sorry I couldn't go and watch your game. I had work today." When I heard that, I felt *angry. "For you, work is more important than me, right?" I said. He was trying to say something, but I didn't listen to him. I said, "I won't go and see your work." Then I went back to my room. An hour later, my mother came to my room and said, "I know how you feel. But you should go and see his work." I didn't want to go, but I knew I had to.

In August, I visited my father's workplace. It was my first time to see him at his workplace. When I *arrived at his *office, a young man came to me. He said, "Hello, my name is Takeda. I'll show you around our office today." When we were walking around the office, I saw my father. He was working with many people, and he looked busy. Mr. Takeda said, "I work with your father. He always helps me. I have something to tell you. At the end of July, I had a very important meeting, but I was sick and couldn't go. I called your father and asked him to go for me. He said, 'No problem. Take care of yourself.' Later I heard he had a plan to watch your soccer game. I'm sorry." I was surprised and I couldn't say anything. "I'm sorry," he said again. I said to him, "That's all right. Thank you very much for telling me." Another man came and said, "Your father always helps other people. We are glad to work with him." I was happy to hear that and wanted to tell my father how I felt.

(注) parents 両親　workplace 職場　report レポート　excited わくわくした　angry 怒った
　　　arrive 到着する　office 会社

(1) Did Kenta's mother tell his father about his soccer game in July?
（3語以上）

差がつく (2) Mr. Takeda couldn't go to the meeting. Why? （4語以上）

4

» 読解

図・表から情報を読み取る問題

入試メモ 図や表から情報を読み取る問題の出題内容は，語順整序や空所補充や適語選択など，さまざまな説問形式が見られる。

本文中の空所部分や下線部などの**前後**に注目し，**グラフの注目すべき箇所を見きわめる**ようにしよう。

（例題） アメリカに留学しているYukaが，ホームパーティーに関する発表を行った。次は，その発表原稿の一部と発表に使用した**Graph**（グラフ）**1**，**2**である。あとの問いに答えなさい。

［岡山県・改］

Yukaの発表原稿の一部

> American people like to *invite their friends to their home and have a party, but that kind of party is not popular in Japan. Look at Graph 1. About eight thousand Japanese people were asked, "How often do you have a party at home?" ［　（あ）　］% of them (a)don't have a party at all. Only ［　（い）　］% of them (b)have it *once or more than once in a month.
>
> When Japanese people have a party at home, they worry about a lot of things. Look at Graph 2. (c)About half of them worry about cleaning before the party. Almost the same number of people worry about ［　（う）　］.

Graph 1

How often do you have a party at home?

2.5% 8.1%
11.4%
41.9%
36.0%

(b) □ more than once in a month
(b) ☰ once in a month
⊠ once in a few months
▥ less than once in a few months
(a) ▨ never

Graph 2

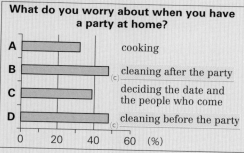

What do you worry about when you have a party at home?

A　cooking
B　cleaning after the party (c)
C　deciding the date and the people who come
D　cleaning before the party (c)

0　20　40　60 (%)

（注） invite ～ to ...　～を…に招く　　once　1回

問1 ［　（あ）　］，［　（い）　］に入れるのに最も適当なものを，次の**ア〜オ**からそれぞれ１つずつ選び，記号で答えなさい。

　ア 2.5　　　**イ** 8.1　　　**ウ** 10.6　　　**エ** 19.5　　　**オ** 41.9

問2 ［　（う）　］に入れるのに最も適当なものを，**Graph 2**の**A〜D**から１つ選び，記号で答えなさい。

ここに注目!
① どのグラフを見ればよいのかを読み取る。
② グラフのどこを見ればよいかをおさえる。
　（あ）グラフ１の「１回もない」((a)の部分) の数値を選ぶ。
　（い）グラフ１の「月１回」と「１回以上」((b)の部分) の数値をたす。表の中で使われている語句や数値がそのまま使えないこともあるので注意。
　（う）グラフ２で約50%のもの ((c)の部分) を読み取る。

（解答）問1　（あ）**オ**　（い）**ウ**　　問2　**B**

実力アップ問題

正答率

■ 49%

1 次の会話を読んで，グラフの内容に合うように（　）内の語句を並べかえなさい。

[鳥取県]

超重要

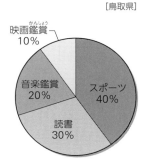

Lucy : This graph shows what students in our school like to do.

John : Interesting! Students like to play sports the best.

Lucy : Yes, and you can see that (popular / is / than / listening to music / more / reading books).

映画鑑賞 10%
音楽鑑賞 20%
スポーツ 40%
読書 30%

2 次は，高校生の洋子(Yoko)が，英語の授業で行ったスピーチの原稿である。彼女が書いた原稿を読んで，あとの問いに答えなさい。

[大阪府・改]

Now, there are many kinds of technologies to keep fresh foods. However, we still use *preserved foods to cook some dishes. Why? We will see some of the reasons by understanding some differences between preserved foods and fresh foods. For example, there are some interesting differences between *dried *shiitake mushrooms and fresh shiitake mushrooms. Please look at the graph. We can see that the vitamin D in dried shiitake mushrooms that are *boiled is

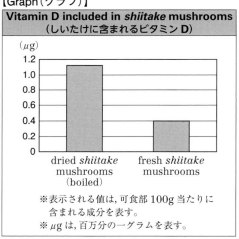

【Graph（グラフ）】

Vitamin D included in *shiitake* mushrooms
（しいたけに含まれるビタミン D）
(μg)

dried *shiitake* mushrooms (boiled)　fresh *shiitake* mushrooms

※表示される値は，可食部 100g 当たりに含まれる成分を表す。
※μg は，百万分の一グラムを表す。

（文部科学省　食品成分データベースにより作成）

(　　　) than the vitamin D in fresh *shiitake* mushrooms. I also hear that dried *shiitake* mushrooms *include more *umami compounds than fresh *shiitake* mushrooms.

（注）　preserve 保存する　dry 乾燥させる　*shiitake* mushroom しいたけ　boil ゆでる　include 含む
umami compound うまみ成分

差がつく **問い** 本文とGraphの内容から考えて，本文中の（　）に入れるのに最も適当な英語1語を，本文中から抜き出して書きなさい。

3
思考力

バス停の前で時刻表を見ながら，外国人の女性とタクヤ（Takuya）さんが話をしている。次の（　①　），（　②　）に入る語句の組み合わせとして正しいものを，あとの**ア〜エ**から１つ選び，記号で答えなさい。

[島根県]

Woman : Excuse me. Which bus goes to Sakura Hospital?

Takuya : Sakura Hospital? Take the bus for （　①　）. It's ten thirteen now. The bus will come in a few minutes.

Woman : I see. Where should I get off?

Takuya : Get off at Sakura-zaka. It takes （　②　） minutes. Walk for five minutes from there, and you will get to the hospital.

Woman : Thank you. I'll get there at eleven.

Timetable				
For Takara University		For Wakaba City Hall		
7	00 15 30 45	7	10 35	
8	00 15 40	8	10 30 50	
9	00 30	9	05 20 40 55	
10	05 35	10	15 30 50	
11	05 35	11	15 30 50	
12	10 40	12	10 45	

ア ① Takara University ② twenty
イ ① Takara University ② forty
ウ ① Wakaba City Hall ② twenty
エ ① Wakaba City Hall ② forty 〔　　　　　〕

4
Tim と Hideo は，歌舞伎（か ぶ き）公演の座席を予約するために相談している。 ① ，および ② の中に，それぞれ入る語句の組み合わせとして正しいものを，あとの**ア〜エ**から１つ選び，記号で答えなさい。ただし，Ⅰ，Ⅱは，それぞれ，２人が見ている歌舞伎公演の料金表と座席表である。

[東京都] ■ 46%

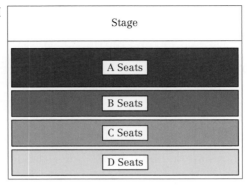

Ⅰ
Seats	*Price	Price for Students
A Seats	8,000 yen	5,000 yen
B Seats	7,000 yen	4,000 yen
C Seats	5,000 yen	2,000 yen
D Seats	4,000 yen	1,000 yen

Hideo : There are four kinds of seats in this theater. Which kind should we get?

Tim : I want to see the faces of the actors *clearly.

Hideo : ① are the nearest to the *stage.

Tim : I don't think we can *afford them. Wait. There are special tickets for students.

Hideo : OK. Then, let's choose among them.

Tim : I think ☐ ② ☐ are the best for us. We can sit closer from the stage than the cheapest ones. I think we can afford them.

Hideo : We need 4,000 yen to buy those two tickets.

Tim : Let's get them.

（注） price 値段　　clearly はっきりと　　stage ステージ　　afford 買う余裕がある

ア ① A Seats　　② C Seats
イ ① A Seats　　② B Seats
ウ ① D Seats　　② C Seats
エ ① D Seats　　② B Seats

〔　　　　〕

5 次の英文は, 公立図書館（public libraries）について述べたものである。これを読んで, あとの問いに答えなさい。

［岩手県・改］

Have you ever been to a public library? Libraries are built to *develop education and culture. Public libraries have important jobs. First, libraries keep books and important local *documents. Second, they give all people the *chance to enjoy reading and to get information. Now, public libraries have another job. They are trying to *attract more *teenagers, especially junior high school and high school students.

*According to these two graphs on the right, elementary school students read more books from 2009 to 2016, but the situation of junior high school students and high school students have only changed a little. In addition, about 57% of high school students read zero books a month in 2016. So, public libraries want more teenagers to visit there.

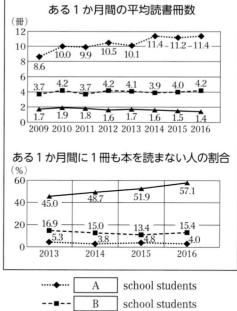

（第62回学校読書調査から作成）

（注） develop education and culture 教育と文化を発展させる　　document 資料　　chance 機会
attract 心をひきつける　　teenager 十代の若者　　according to 〜 〜によると

正答率

差がつく 問い　グラフ中の　A ，　B ，　C に入る英語の組み合わせとして最も適当な
　　　　ものを，次の**ア〜エ**から1つ選び，記号で答えなさい。

	ア	イ	ウ	エ
A	elementary	elementary	junior high	junior high
B	high	junior high	elementary	high
C	junior high	high	high	elementary

〔　　　　〕

6　次の英文は，ある町のゴミ（garbage）の収集日（Collection Days）に関するチラシの
　　一部である。これを読んで，あとの問いに答えなさい。　　　　　　　　〔北海道〕

Collection Days for Garbage

Kinds of Garbage		Collection Days
Things we can recycle	Plastic things	Wednesday
	Cans, *Bottles, PET bottles	Thursday
Things we can *burn 　Examples: Foods waste, Clothes, Used paper		Tuesday Friday
Things we can't burn 　Examples: *Metallic things, *Ceramic things		the first Monday the third Monday

Please *dispose of the garbage by 8:00 a.m.

〔 Please try to *reduce the garbage in your life! 〕

（注）bottle びん，ボトル　　burn 燃やす　　metallic 金属の　　ceramic 陶器の
　　　dispose of 〜 〜を（ゴミ収集所に）出す　　reduce 減らす

問い　次の(1)，(2)の問いに対する答えとして最も適当なものを，あとの**ア〜エ**からそ
　　　れぞれ1つずつ選び，記号で答えなさい。

(1)　When can you dispose of old T-shirts?
　　　ア Monday and Wednesday.
　　　イ Tuesday and Friday.
　　　ウ Thursday.
　　　エ The first Monday and the third Monday.　　　〔　　　　〕

■ 81%

思考力 (2)　Look at the calendar. It's
October sixth today. You broke
a ceramic cup this morning.
When can you dispose of the
broken ceramic cup?

October						
Sun	Mon	Tue	Wed	Thu	Fri	Sat
						1
2	3	4	5	6	7	8
9	10	11	12	13	14	15
16	17	18	19	20	21	22
23	24	25	26	27	28	29
30	31					

■ 68%

　　　ア On October third.
　　　イ On October tenth.
　　　ウ On October seventeenth.
　　　エ On October twenty-fourth.　　　〔　　　　〕

指示語の内容を答える問題

入試メモ 指示語については，英語で具体的に言いかえる問題や日本語で説明する問題，適切な英語を選ぶ選択式の問題も見られる。

指示語は代名詞であることが多い。代名詞はそれよりも**前にある語句を受ける語**なので，指示語の前の内容に注意して読む。**単数**か**複数**か，**もの**を指すか**人**を指すか，に注目する。

 次は，高校生の理恵 (Rie) が英語の授業で行ったスピーチの原稿である。彼女が書いた原稿を読んで，あとの問いに答えなさい。　　　　　　　　　　　　　　　　　　　　　[大阪府・改]

　　I went to Australia last August and stayed there for three weeks. I stayed with my host family and I had a very good time.

　　My host family had a daughter and her name was Emily. I went to a high school with her. She always helped me. For example, when I couldn't understand some English words teachers said, she <u>taught</u> me the <u>meanings</u> of <u>them</u>.

問い　下線部themの表している内容に当たるひとつづきの英語5語を本文中から抜き出して書きなさい。

> **ここに注目!**
> ① 指示語はthemなので，それよりも前にある複数の名詞を探す。
> ② 「ひとつづきの英語5語」と指示があることに注意。taught (教えた) とmeanings (意味) に注目して，それと関係の深い5語を探す。

(解答) some English words teachers said

 香川県の中学生サヤカ (Sayaka) は，外国人旅行者がうどんを楽しめるように，絵を用いた英語の説明書きを作り，それをうどん店に貼ってもらった。次の英文を読んで，あとの問いに答えなさい。　　　　　　　　　　　　　　　　　　　　　　　　　　　　　　[香川県・改]

　　A month later, Sayaka went to the *udon restaurant with her family again. When Sayaka and her family were eating, a lot of foreign people came to the restaurant. At first, they were looking around, but one of them pointed to the *instructions and said, "Look! We can follow the instructions." When they *ordered udon, Sayaka was happy and told her family about the English instructions with some pictures. Her father said, "The number of foreign people who visit Kagawa is increasing." Her grandmother said, "Oh, really? I didn't know <u>that</u>. So the instructions Sayaka made will help people from other countries."　→**So** (それなら，それで) は，前の内容の結果を導く接続詞。

　　(注)　udon restaurant うどん店　　instruction 説明書き　　order 注文する

問い　下線部thatが指しているのはどのようなことか。日本語で書きなさい。

> **ここに注目!**
> ① このthatも代名詞。それよりも前にある名詞や文 (の一部) を受ける。
> ② 前の文のどこからどこまでをthatが受けるのかを考える。あとに続く英文の内容がヒントになる。

(解答) 香川を訪れる外国人の数が増えつつあるということ。

実力アップ問題

正答率

1 次の英文は，博人(Hiroto)が書いたスピーチの原稿である。これを読んで，あとの
問いに答えなさい。

[福島県・改]

Do you often think you know about something that you haven't experienced
*directly? I want to talk about this today.

I went to London during this summer vacation with my family. This was my
first trip to a foreign country, so I was looking forward to it. I wanted to know
about London, so I *searched for information about it on the Internet. I was able
to see many famous things on the Internet before the trip.

(注) directly 直接に　　search for ～ ～を検索する

問い 下線部 it の示す内容として最も適当なものを，次の**ア〜エ**から1つ選び，記号
で答えなさい。

　　ア my family　　　**イ** my first trip
　　ウ information　　　**エ** the Internet　　　　　　　　〔　　　　〕

■■ 75%

2 英語クラブは，文化祭で尊敬する人物について発表することになった。発表者の亜紀
(Aki)がマリー・キュリー(Marie Curie)について書いた発表原稿を読んで，あとの
問いに答えなさい。

[長野県・改]

When Marie was 27, there was a big *change in her life. She *married a
scientist, *Pierre Curie, and started working with him. They always helped each
other. They believed there was a new *element and called it *radium. Many
scientists didn't believe this because they couldn't see it. So, Marie and Pierre
decided to *extract radium. Every day they did *experiments again and again and
never stopped. About four years later, one night, after their daughter went to bed,
they went to the *laboratory. In the dark room they found something blue shining
like *fireflies. It was so beautiful that they watched it for a long time. *Finally
they saw radium! In 1903, they won *the Nobel Prize for *discovering it.

(注) change 変化　　marry 結婚する　　Pierre Curie ピエール・キュリー（人名）　　element 元素
radium ラジウム　　extract 取り出す　　experiment 実験　　laboratory 実験室　　firefly ホタル
finally ついに　　the Nobel Prize ノーベル賞　　discover 発見する

問い 下線部 it の示す内容として最も適当なものを，次の**ア〜エ**から1つ選び，記号
で答えなさい。

　　ア fireflies　　　**イ** radium
　　ウ the Nobel Prize　　　**エ** her life　　　　　　　　〔　　　　〕

■■ 70%

読解

3 次の英文は，高校生の哲也 (Tetsuya) がオーストラリアの大学に留学中の姉の由香 (Yuka) に送った電子メールである。この英文を読んで，あとの問いに答えなさい。

[宮城県・改]

To my sister, Yuka

How are you? I'm fine. And our father and mother are fine, too. When I went fishing with our father last month, he caught a big fish. I *sent you pictures I took then, so please look at them.

I have good news. I'm going to stay in Canada for two weeks next summer vacation. I'm very excited because I've never visited any foreign countries. But I don't know what to do during the homestay. I want to know about that. Please give me your *advice.

I hope I'll *hear from you soon.

From Tetsuya

(注) send ～を送る advice 助言 hear from ～ ～から返信をもらう

問い 下線部 that が示す具体的な内容を，本文中から探して日本語で書きなさい。 ■□ 38%

[　　　　　　　　　　　　　　　　　　　　　　　　　　　　　　]

4 次の英文を読んで，あとの問いに答えなさい。 [新潟県・改]

Some people say, "Animals sometimes look like people." Do you agree? Other people say, "Animals can feel sad and love other animals, too." Do you believe it? You may not believe it but there are some examples.

For example, a dog is happy and *moves its *tail fast when its *owner comes home and is happy to see the dog. Have you ever seen a cat that comes to its owner and tries to *cheer its owner up when the owner is crying? How about a dog that looks sad when its owner is sad? These are some of the examples which show that animals share *feelings with people.

(注) move ～を動かす tail 尾 owner 飼い主 cheer ～ up ～を元気づける feelings 感情

問い 下線部 These について，その内容を 3 つ，具体的に日本語で書きなさい。 ■□ 25%

[　　　　　　　　　　　　　　　　　　　　　　　　　　　　　　]

[　　　　　　　　　　　　　　　　　　　　　　　　　　　　　　]

[　　　　　　　　　　　　　　　　　　　　　　　　　　　　　　]

5 次は，高校生の俊（Shun），ニュージーランド（New Zealand）からの留学生のケイト（Kate），原先生（Mr. Hara）の3人が交わした会話の一部である。会話文を読んで，あとの問いに答えなさい。

[大阪府・改]

Mr. Hara : Hello, Shun and Kate. What are you doing?

Kate : Hello, Mr. Hara. I'm showing Shun a picture and talking with him about sheep.

Shun : Mr. Hara, this is the picture Kate took.

Mr. Hara : Wow, we can see many sheep in ①it. They're very *cute.

Kate : Yes. My uncle *keeps them. He lives in a small city near *Auckland.

Mr. Hara : Auckland? I have been there before. It's a beautiful city.

Shun : When did you go there?

Mr. Hara : Five years ago. Kate, you come from Auckland. Is that right?

Kate : Yes. Auckland is a large city and many people live there.

Mr. Hara : I love that city. When I stayed in New Zealand, I met many people and enjoyed talking with them. They were kind to me.

Shun : Mr. Hara, please tell me more about your trip to New Zealand.

Mr. Hara : OK. I saw *wild penguins at the *beach.

Shun : Oh, great! I've never seen a wild penguin. I want to see one.

Mr. Hara : Shun, how about going to New Zealand in the future?

Shun : ②That sounds nice. Kate, I want to know more about your country and people in your country.

Kate : I'm glad to hear that.

(注) cute かわいい keep 飼う Auckland オークランド wild 野生の beach 海岸

〈難〉→ (1) 本文中の下線部①の表している内容に当たるひとつづきの英語4語を本文中から抜き出して書きなさい。　16%

〈難〉→ (2) 本文中の下線部②の表している内容を述べたところが本文中にある。その内容を日本語で書きなさい。　5%

〔　　　　　　　　　　　　　　　　　　　　　　　　　　　　　　　〕

» 読解
英文を日本語で説明する問題

出題率 35.4%

入試メモ 英文の一部について日本語で説明する問題には，全文を自分の言葉で書く問題のほか，日本文の空所補充型の設問形式も見られる。

下線部の前後の内容から，答えを日本語で考える。**下線部のすぐそばに答えがある**ことが多い。

例題 次の英文は，中学生の健 (Ken) とALT (外国語指導助手) のジャック (Jack) の対話である。これを読んで，あとの問いに答えなさい。

[和歌山県・改]

Jack : Hello, Ken. How are you?

Ken : I'm tired. I finished my homework *late last night.

Jack : What was your homework?

Ken : It was an English *essay. My English teacher, Mr. Tanaka, told me to write an essay about my winter vacation. It was very hard. I needed some *advice to write *sentences.

Jack : I see. I can give you some advice. Have you ever *kept a diary?

Ken : Yes. I keep a diary in Japanese.

Jack : That's good. Then, *why don't you keep a diary in English? Your writing *skills will become better. 省略

Ken : ⓐI don't think I can! Keeping a diary in English takes a lot of time.

Jack : Really? Then tell me what you did last Sunday.

Ken : Well.... I *went fishing with my father and *caught five fish.

Jack : How did you feel when you caught them?

Ken : I felt very happy. They were big and my mother cooked them at home.

Jack : Great! You should write that story in English. You can write about things you did. It's also important to write about your *feelings in your *diary. It sounds difficult at first, but you can write a few sentences every day.

(注) late 遅く　essay 作文　advice 助言　sentence 文　keep a diary 日記をつけている
why don't you ～? ～してはどうですか　skill 技術　go fishing 魚釣りに行く
catch 捕まえる　feeling 感情　diary 日記

問い　下線部ⓐI don't think I can! の理由を，日本語で具体的に書きなさい。

 ここに注目!
① 下線部ⓐの英文は「私にはできるとは思いません (＝できないと思います)」という意味。何ができないのかを前の内容から判断する。
② 下線部ⓐのあとに続く内容から，できない理由として考えられるのは下線部直後の1文だけだと判断できる。

解答 英語で日記をつけることは多くの [長い] 時間がかかるため。

78

1 次の英文を読んで，あとの問いに答えなさい。 [長崎県・改]

  Every year a *summer camp for junior high school students is held in Risa's town. At the camp, they do many things on the *farm. Last year her father said, "Risa, how about joining the camp? You will have a good time there." But she answered, "No, I'm not interested in the camp." This year, Aya, one of her friends, said to her, "I'm going to join the summer camp. I'll be happy if you come with me." But Risa said, "I'm sorry, but I don't want to join it." Aya said, "I know you want to work in Tokyo in the future. Some *university students will come from Tokyo to help us. You can ask them some questions about the life in Tokyo." When Risa heard this, <u>she decided to join the camp</u>.

(注) summer camp サマーキャンプ　farm 農場　university 大学

問い 次は，下線部の理由をまとめたものである。文中の（ ① ）には5字以上10字以内で，（ ② ）には10字以上20字以内で，それぞれあてはまる日本語を書きなさい。なお，句読点も字数に含む。

> 理佐（Risa）は将来（ ① ）と考えており，東京からキャンプを手伝いに来る大学生に，（ ② ）と亜矢（Aya）から聞いたから。

①

②

■□ **69**%

■□ **35**%

2 中学生のタクミ（Takumi）は，介護ロボット（Nursing Care Robot）についての本を読んだ。次の英文はその内容をもとにタクミが書いたスピーチの原稿である。これを読んで，あとの問いに答えなさい。 [島根県・改]

  Today, I'll introduce three kinds of Nursing Care Robots.

  The first one is called "The Power Assist Robot". *Caregivers take elderly people to their beds or to the bathroom every day. This is very hard work for them, but they can carry elderly people more easily if they use this robot.

  The second one is "The Independence Support Robot". Thanks to this robot, elderly people can do many things without anyone's help. For example, this robot can help elderly people when they want to walk to the *restroom or to eat food by *themselves. Some elderly people feel sorry to ask someone for help. So ①<u>they are very happy to use this robot</u>.

The last one is "The Communication Robot". It has an *artificial brain and can speak, sing, and even talk with people. It sometimes looks like a cute animal. So elderly people can be happy with it. Here is ②a story about an elderly *lady and a robot. She stayed in a *nursing home for a long time. She always looked lonely and sad. However, after she met this robot, she often talked and smiled.

（注） caregiver 介護者　restroom トイレ　themselves 彼ら自身, 彼女ら自身　artificial brain 人工頭脳
　　　lady 女性　nursing home 介護施設

(1) 下線部①の理由を次のようにまとめた。(　　　)に入る適当な日本語を答えなさい。

> 高齢者の中には, ほかのだれかに(　　　　　　　　　　)感じる人がいるから。

[　　　　　　　　　　　　　　　　　　　　　　　　　　　　]

(2) 下線部②の内容について次のようにまとめた。(　a　), (　b　)に入る適当な日本語を答えなさい。

> 長い間介護施設にいた高齢の女性は, いつも孤独で(　　a　　)が, このロボットと出会ってからは, よく(　　b　　)ようになった。

a [　　　　　　　　　　　　　　　　　　　　　　　　　　]
b [　　　　　　　　　　　　　　　　　　　　　　　　　　]

3 次の英文は, サッカー部に所属する中学生の直人 (Naoto) が, 祖父とのできごとについて書いたものである。この英文を読んで, あとの問いに答えなさい。 [静岡県・改]

One day at dinner, my grandfather asked, "How's the team?" I said, "Not good. I'm doing my best, but some *members don't practice hard *enough. I don't know why ...." After thinking a little, he said, "Well, you need to talk to understand each other." He continued, "A team can't work well without that."

I decided to listen to his words. The next day, before we practiced, I said to the members, "I want to win the game, but I don't know what to do. Do you have any ideas?" They looked surprised, but one of them said, "Well, I think ...." Then others *followed. We got a lot of ideas. I said, "If we try all of them, we will have to practice all night!" We *laughed.

（注） member 部員　enough 十分に　follow あとに続く　laugh 笑う

差がつく▶ 問い　下線部の中のhis wordsとはどのようなことか。his wordsの内容を, 日本語で書きなさい。 ■□41%

[　　　　　　　　　　　　　　　　　　　　　　　　　　　]

4 中学生の直人 (Naoto) が英語の授業で行ったスピーチ (⬚ 内の英文) と，それに続く英文を読んで，あとの問いに答えなさい。

[福岡県・改]

Today I'm going to talk about my dream. In 2020, we are going to have *the Olympics in Tokyo. I want to become a *volunteer for the Olympics.

In 2012, we enjoyed the London Olympics on TV. We were moved by a lot of great *athletes. But they were not the only people who joined the Olympics. ①About 70,000 people joined the Olympics as volunteers. They did a lot of work. For example, they carried things for the athletes, checked *tickets in the stadium and worked as *guides at the airport. They were called "Games Makers" because they made games with athletes and *fans and supported the *success of the Olympics.

In 2020, I want to be friendly to people from other countries and have good communication with them to support the Olympics.

Naoto talked to his mother about his speech. Then ②she told him about her *experience. When she was a university student in 1995, she worked as a volunteer in the *Universiade in Fukuoka City. She was a guide in the soccer stadium. She said, "Working as a volunteer was hard for me. I had a lot of work to do, and I had to keep standing for a long time in hot weather. But it was a wonderful experience. I met many people from different countries and enjoyed speaking with them."

(注) the Olympics オリンピック volunteer ボランティアとして働く人 athlete 選手
ticket 入場券 guide 案内人 fan ファン success 成功 experience 体験
Universiade ユニバーシアード(国際学生競技大会)

(1) 下線部①について，この人々が "Games Makers" と呼ばれたのはなぜか。その理由を直人のスピーチの中から探し，日本語で書きなさい。　■ 36%

[ ]

(2) 下線部②について，直人の母親が自分のボランティア体験について「大変だと感じたこと」と「すばらしいと感じたこと」をそれぞれ日本語で書きなさい。　■ 54%

大変だと感じたこと
[ ]

すばらしいと感じたこと
[ ]

要約文を完成させる問題

出題率 35.4%

要約文を完成させる問題は，英文を完成させる問題がほとんどだが，まれに
日本語の文を完成させる問題も見られる。

要約文の中に**キーワード**を探す。要約文中の表現が，**本文とは別の表現**になっている場合もあるので注意する。

例題 次の英文はメジャーリーグベースボール (Major League Baseball) で，ピート・ローズ (Pete Rose) 氏の持つ記録 (record) を破ったイチロー選手について書かれたものである。これを読んで，あとの問いに答えなさい。　　　　　　　　　　　　　　　　　　　　　[沖縄県・改]

　　In June 2016, Ichiro Suzuki, a Japanese baseball player, (a)got his 4,257th hit and *broke Pete Rose's record in the Major League Baseball.　But some people say that the record wasn't *official because (b)some of the hits were made in Japan. *In any case, it is *splendid that he broke the record.

　　After playing baseball in Japan for about nine years, Ichiro moved to the Major League in America.　But moving to America didn't mean that everything was going well for him.　He said, "I had many hard experiences in my baseball life."

　　When he was an *elementary school student, he practiced baseball very hard every day because he wanted to be a professional baseball player.　But some people *laughed at him and said, "Is it really *possible?"　He was sad to hear that. So he practiced harder and became a professional baseball player.　He even became the *leading hitter in Japan.

　　In 2000, he decided to move to the Major League.　He said that he wanted to be the leading hitter in America, too.　Some people didn't believe him, but he didn't give up his dream.　(c)He practiced so hard that he also became the leading hitter in the Major League.

　　His next goal is to keep playing as a professional baseball player until he becomes fifty years old. This time when he talks about his dream, people will not laugh at him because he has *achieved everything he said.

> **(注)** break 破る　　official 正式な　　in any case どちらにしても　　splendid すばらしい
> elementary school 小学校　　laugh at ~ ~を笑う　　possible 可能な
> leading hitter 首位打者 (打率の最も高い選手)　　achieve 達成する

問い　次の英文は本文の要約である。（　１　）～（　３　）に入る最も適切な語をそれぞれ本文から1語抜き出し，その単語を書きなさい。

　　In 2016, Ichiro (a)made a new (　１　) by getting 4,257 hits.　But some people say it isn't official in the Major League Baseball because (b)not all of them were hit in (　２　).　At first, some people thought that it would be very difficult for him to achieve his goals, but (c)he did because he (　３　) very hard.

>
> ① 要約文の(a)～(c)の　　部分に近い英文を本文中に探す。
> ② 本文(a)「ピート・ローズの記録を破った」＝「新しい記録を作った」　(b)「そのヒットのいくつかは日本で打った」＝「それら (＝ヒット) のすべてをアメリカで打ったわけではない」
> (c)so ... that ~ は，「…」に原因・理由，「~」に結果の関係。~ because ... で言いかえられる。

解答 (1) **record**　　(2) **America**　　(3) **practiced**

実力アップ問題

正答率

1 次の英文は，コウジ(Koji)が，英語の授業で行ったスピーチである。これを読んで，あとの問いに答えなさい。

[青森県・改]

When we study math, we use math *signs. Two of these are the plus sign and the minus sign. Yesterday I found a book about math sign at a bookstore and read it at home. I will tell you the stories in the book about the plus and minus signs.

The plus sign is from the *Latin word "et." It means "and." More than 500 years ago, a scientist *omitted the word "et" and wrote only "t" in the *equation in his book. Many people read the book and liked the *use of "t" as a sign. So they began to use it, too, and "t" became popular as the plus sign.

How about the minus sign? A long time ago, people working on a *ship kept water in a *barrel. When they used water from it, they *drew a short *line on the barrel to show how much water the barrel lost. Soon people began to use this short line to mean that they lost something, and it became the minus sign.

(注)　sign 記号　　Latin ラテン語の　　omit 省略する　　equation 数式　　use 使い方　　ship 船
　　　　barrel 樽　　draw ～(線)を引く　　line 線

超重要▶ **問い**　次の文章は，コウジのスピーチの内容を同級生がまとめたメモである。スピーチの内容と合うように，（　①　）～（　③　）に入る最も適当な日本語をそれぞれ書きなさい。

【メモ】

> ［＋の記号と－の記号の始まり］
> ・500年以上前，数式の中で，（　①　）が "et" を省略して書いた "t" が，
> 　＋の記号になった。
> ・昔，船で働いていた人々が，樽から（　②　）を使ったとき，樽に
> 　（　③　）が－の記号になった。

① 〔　　　　　　　　〕　② 〔　　　　　　　　　〕　③ 〔　　　　　　　　〕

① ◼◻ **64**%
② ◼◻ **77**%
③ ◼◻ **36**%

2 次の英文は2014年にノーベル賞を受賞した科学者について書かれたものである。これを読んで，あとの問いに答えなさい。

[沖縄県・改]

In October 2014, three *scientists received *the Nobel Prize in Physics. The scientists Isamu Akasaki, Hiroshi Amano and Shuji Nakamura received the prize for making blue *LEDs.

Blue LEDs were *revolutionary. The red and green LEDs were already made about 50 years ago, but it was very difficult to make blue ones. Blue LEDs were important because you need these three colors for making *eco-friendly white LED lights. Many scientists tried to make blue LEDs, but they couldn't. Then, about 20 years ago those three scientists worked very hard and found a way.

Now LEDs are used a lot in our lives for *lighting, computers and TVs. We can use LED lights longer with *less *electricity. About 20-30% of the world's electricity is used for lighting. If we use LED lights for all the lighting, we can save a lot of electricity. One of the scientists, Nakamura, said that he hopes LED lights will *reduce *global warming. LEDs may save *the earth.

（注）　scientist 科学者　　the Nobel Prize in Physics ノーベル物理学賞　　LED 発光ダイオード
revolutionary 画期的な　　eco-friendly 環境に優しい　　lighting 照明　　less より少ない
electricity 電気　　reduce 減らす　　global warming 地球温暖化　　the earth 地球

超重要▶ 問い 次の英文は本文の要約である。（　①　）〜（　③　）に入れるのに最も適当な語をそれぞれ本文から1語抜き出し，その単語を書きなさい。

In 2014, three scientists received the Nobel Prize for making (　①　) LEDs. They were important to make (　②　) LEDs. LED lights are good for our future because they use less electricity. By using LEDs, we may (　③　) the earth.

①＿＿＿＿＿＿＿＿　　②＿＿＿＿＿＿＿＿　　③＿＿＿＿＿＿＿＿

3 次の英文は，中学3年生の夏実（Natsumi）さんが英語の授業で行ったスピーチの原稿である。これを読んで，あとの問いに答えなさい。　　　　［山梨県］

Are you excited when you try something new? I felt so worried before, but now I'm excited and I can't wait to try new things.

I was a member of the basketball team. Last year, we joined the biggest game of the year. Our team played in the *final game. It was going to be the last game for our *seniors. During the game, I *cheered them on, but our team didn't win. Some seniors cried.

The next day, a club *meeting was held. Our *captain said, "Thank you very much for cheering us on. We're going to leave the team today. Now, I will tell you your new captain." Then my name was called. I was very surprised! Everyone on the team looked at me and started *clapping their hands. I wanted to say, "I don't want to be captain," but I said, "I'll do my best." I was really afraid of becoming the new captain. I thought our seniors wanted the new team to win games. I didn't want to make any mistakes for our team. I didn't think I should be the new captain.

A few days after the club meeting, I was still worried. Our teacher, Mr. Mori, talked to me after his class. He said, "Natsumi, you don't look well. Is everything OK?" I told him about my problem. He said, "The seniors asked you to be the new captain because they thought you could do it. I've heard you started playing basketball last year and practiced harder than any other player. To be the best player is not important. The most important thing is that you always do your best, and you're doing that. You should be *proud." The other members started playing basketball four or five years ago, but I started when I became a junior high school student. I decided to go to school early every morning and stay *late to practice without the other members or teachers. Yes! I did my best to play as well as the other members. I was very happy because Mr. Mori knew about my hard work. He also said, "We are usually afraid of things that we have never done before. You don't have to worry. Everything waiting for you in the future will be new. You can get nothing without trying something new."

After talking with Mr. Mori, our classmate, Ayaka, came to me. She said, "I've heard you became the new captain, Natsumi! I'm sure you'll be a good captain. If you need any help, your team will be glad to help you." She also said, "I'm going to *do a homestay in Australia. It will be hard, but I have decided to try." I was very surprised to hear her plan. I asked her, "Are you afraid?" She answered, "Yes, of course. I'll be afraid without my friends and family. I'll miss them, but I really want to make my English better by meeting many people in Australia." The words from Mr. Mori and Ayaka helped me a lot. I decided to be captain and do my best until the end.

This year our team joined the last game. We did our best, but we didn't win. It was a sad day, but it became one of the happiest days of my life. After the game, the other members clapped their hands and said, "Thank you, Natsumi! You did a great job!" This made me sure that I could do new things. Now, I really want to try something new again. It will be hard, but I'll do my best. New things can change our world.

What is one thing that you want to try after junior high school?

(注) final game 決勝戦　　senior 先輩（せんぱい）　　cheer ～ on ～を声援（せいえん）する　　meeting 会議
captain 主将（おそ），キャプテン　　clap ～ hands ～の手をたたく（拍手（はくしゅ）をする）　　proud 誇（ほこ）りに思う
late 遅（おそ）くまで　　do a homestay ホームステイをする

思考力 **問い**　次の英文は，スピーチの内容を要約したものである。（　①　）～（　④　）の中に適当な英語を1語ずつ書きなさい。

Natsumi was a member of the basketball team. When her seniors （　①　） the team, she was told to be the new captain, （　②　） she didn't think she was the right person to be captain. Then Mr. Mori told her to （　③　） doing her best. And Ayaka told Natsumi about her plan. Talking with Mr. Mori and Ayaka helped Natsumi. Now Natsumi is looking （　④　） to trying something new.

①　_____　②　_____

③　_____　④　_____

≫読解
文を並べかえる問題

出題率 **33.3%**

> 入試メモ 長文や対話文の一部，または全体を並べかえる問題。直前・直後の内容や，並べかえる英文の内容に注目すること。

並べかえる文の**内容**をしっかりおさえてから，**本文を読み直そう。**

(例題) 次の英文は，高校1年生の里美 (Satomi) が，英語の授業で，中学3年生のときの合唱コンクール (the chorus contest) の思い出について書いたものである。この英文を読んで，あとの問いに答えなさい。 [宮城県・改]

When we had our practice in the music room, I played the piano for the first time. But I made mistakes again and again. I said to everyone, "I'm sorry." After the practice, one of my classmates said to me, "We'll have the chorus contest soon. We couldn't practice well because of your piano. So you should practice hard." I was *disappointed to hear that. When we went back to the classroom, Nao said to me, "Don't *apologize to us. Everyone makes mistakes. But I know you can always play the piano well. You couldn't play the piano well at the practice, so it *seemed strange to me." I said to her, "⬚⬚⬚⬚ One of them was to make dinner for my father and brother." When she heard that, she said, "I didn't know that. Did your grandfather get well?" I said, "He got better, and my mother came back from his house yesterday." Then, Nao said, "That's good.
→里美の祖父の体調が悪かったことがわかる
→里美のお母さんが家にいなかったことがわかる
Satomi, please try your best. I *believe you can do it. You have enough time to practice the piano." I was *encouraged by Nao's *words, and I practiced hard.

(注) disappointed がっかりした　　apologize to 〜 〜に謝る　　seem 〜のように思われる
　　believe 〜だと信じる　　encourage 〜を勇気づける　　word 言葉

問い 本文中の⬚⬚⬚の中に，次のa〜cの3つの文を入れるとき，それらを並べる順番として最も適当なものを，あとの**ア〜カ**から1つ選び，記号で答えなさい。

> a. And my mother went to his house to take care of him.
> b. My grandfather got sick.
> c. So I had a lot of things to do at home because she was out.

ア a - b - c 　　**イ** a - c - b 　　**ウ** b - a - c
エ b - c - a 　　**オ** c - a - b 　　**カ** c - b - a

> **ここに注目!**
> ① 空所の前後を読む。直前のナオの「奇妙だ」という発言に対する答えの文が入ると考える。
> ② 空所のあとの発言内容から，里美の祖父の体調が悪かったこと，里美の母が家にいなかったことをおさえる。
> ③ 並べかえる文中の代名詞がそれぞれ何を指すのかをおさえる。aのhimはmy grandfatherを，cのsheはmy motherを指す。

(解答) **ウ**

実力アップ問題

解答・解説 | 別冊p.33

1 次の英文は，それぞれある場面での会話文である。2人の会話が交互に自然につながるように**ア〜エ**の文を正しく並べかえ，その並べかえた記号をすべて書きなさい。

[沖縄県]

(1) （電話での会話）

ア OK. I'll call back later.

イ This is Tom Smith. Can I speak to Mr. Brown?

ウ Hello. Mr. Brown's office.

エ I'm sorry, he is busy now.　　　　〔　　　　　　　〕

(2) （看護師と患者の会話）

ア I've been sick since yesterday and I feel cold now.

イ How are you feeling today?

ウ I see. Please wait here. When your name is called, please go to Room 7.

エ Thank you.　　　　〔　　　　　　　〕

差がつく (3) （友人同士の討論）

ア Because I want to wear my own clothes to school.

イ I'm afraid I don't agree with you.

ウ Why do you think so?

エ I think that we should stop wearing school uniforms.

〔　　　　　　　〕

2 次の英文中の□□□には，あとの**ア〜エ**の4つの文が入る。意味の通る文章になるように**ア〜エ**の文を並べかえて，記号で答えなさい。

超重要

[島根県]

Ken was enjoying his homestay in Canada. One day, when he was eating dinner with his host family, his host mother said, "I hear *Washoku* has become very popular around the world. What's good about *Washoku*?" □□□ When he returned home, he *explained to his host family how healthy and beautiful *Washoku* is. After that, they decided to go to a Japanese restaurant near their house.

(注) explain 説明する

ア However, he just said, "It's delicious."

イ The next day, Ken went to the library and prepared to explain it in English.

ウ After he said so, he felt sorry that he couldn't explain it well.

エ He wanted to tell them in English how wonderful *Washoku* is.

〔　　　　　　　〕

3 次の英文中の ☐ に，あとの **a ～ d** の 4 つの文を入れると，意味の通る文章が完成する。このときの **a ～ d** の順序として最も適当なものを，あとの **ア ～ エ** から 1 つ選び，記号で答えなさい。 [高知県]

　I have a dog and his name is Taro. I walk with him every morning. Taking care of pets is a lot of fun. But I have heard a sad story about pets.

　In Japan, people *throw their pets away because they cannot take care of them. Can you guess how many? ☐ I like this idea. People and pets live and *share *happiness together. We should take care of pets during their lives. Before we have pets, we should think about their lives.

(注) throw ～ away ～を捨てる　　share 分かち合う　　happiness 幸福

　　　a　When we look at America, most American people cannot do this.
　　　b　They think that a pet is one of their family.
　　　c　This number is very big.
　　　d　The number of these pets is about 300,000.
　　ア a → b → d → c　　**イ** b → a → c → d
　　ウ c → d → b → a　　**エ** d → c → a → b　　　　〔　　　　　〕

4 勇人 (Yuto) と留学中のアニー (Annie) が会話をしている。次の会話文を読んで，あとの問いに答えなさい。 [愛知県・改]

Yuto : Hi, Annie. What are you doing?

Annie : 【　a　】

Yuto : 【　b　】

Annie : 【　c　】

Yuto : 【　d　】

Annie : 【　e　】

　ア Really? So, have you climbed the mountain many times?
　イ I'll go to Mt. Fuji with my host family.
　ウ I see. Where are you going to visit?
　エ Oh, will you? I climb the mountain every year.
　オ Oh, hi, Yuto. I'm reading a map.

Yuto : Yes, I have. My grandparents live near the mountain and I visit them once a year.

●超重要● **問い**　本文中の枠内の**ア ～ オ**の英文を，会話文中の【　a　】～【　e　】のそれぞれにあてはめて，会話の文として最も適当なものとするには，【　b　】と【　d　】にどれを入れたらよいか，記号で答えなさい。ただし，**ア ～ オ**の英文は，いずれも一度しか用いることができない。

　　　　　　　　　　　　　b 〔　　　　　〕　　d 〔　　　　　〕

5 次の英文は，ALTのヒル先生（Mr. Hill），健（Ken），純子（Junko）が放課後に教室で話をしている場面である。これを読んで，あとの問いに答えなさい。 [佐賀県・改]

Ken : You may know the sports like *wheelchair tennis and wheelchair basketball, but I enjoyed *blind soccer most.

Junko : Blind soccer? Does it mean that the players cannot see anything? How do they play soccer?

Ken : In blind soccer games, only *goal keepers can see, but the other players wear *eye masks. *Imagine that you are running around and playing soccer without seeing anything. Do you think you can do it?

Junko : No, I don't. I have a question, Ken. How do they know where the ball is?

Ken : They know it because they use a special ball which makes *sounds when it is moving.

Mr. Hill : Oh, I see. When a player keeps the ball and players of the other team come to get it, they may *hit each other. It is *dangerous.

Ken : No, it isn't. ☐☐☐☐☐☐

Mr. Hill : Are there any other interesting points?

Ken : Yes. When you go to see a soccer game, it is like a festival because people always sing songs or make sounds to *cheer for their favorite team. But in a blind soccer game, you can't do that. If you make a lot of sounds, the players can't play.

Junko : That's very interesting.

(注) wheelchair 車いす   blind soccer ブラインドサッカー（視覚障がい者のために開発されたサッカー）
goal keeper ゴールキーパー   eye mask アイマスク，目隠し   imagine 〜を想像する
sound 音   hit 〜にぶつかる   dangerous 危険な   cheer for 〜 〜を応援する

問い ☐☐☐☐☐☐ に入る次の英文**a**〜**c**を本文の流れに合うように並べかえるとき，その順序として最も適当なものを，あとの**ア**〜**エ**から１つ選び，記号で答えなさい。

a That means "go."
b When the players try to get the ball, they have to say "voy."
c Then the player who keeps the ball knows that they are coming.

ア a → b → c
イ a → c → b
ウ b → a → c
エ c → a → b

〔　　　　〕

内容に合う英文を完成させる問題

出題率 32.3%

入試メモ 空所補充型の出題がほとんどである。記述式だけでなく選択式の出題も見られる。補う英語は1語だけのもののほか，複数の語句を書くこともある。

完成させる文の中のキーワードと**同じ**，または**意味が近い語句**を本文中から探し，それを**手がかり**にして答えを導こう。

> **例題** 次の英文は，中学生のYokoがスピーチコンテストで東京2020オリンピック (the Tokyo 2020 Olympic Games) のホストタウンプログラム (the "Host Town Program") について行ったスピーチである。この英文を読んで，あとの問いに答えなさい。 [岡山県・改]
>
> There are other events which will help people from the two countries when they learn about each other's culture. I'm excited about a *dance event we are going to have, and I practice (b) our city's traditional dance every Sunday. I want (a) people from *Jamaica to see it. We wear special clothes and have beautiful *umbrellas for our dance. I hope they will like those things. I want to talk with them about many other things, too. Many people speak English in Jamaica, so I'm studying English hard.
>
> (注) dance 踊り Jamaica ジャマイカ (国名) umbrella 傘

問い 次の◯◯◯に適当な英語1語を入れて，下線部においてYokoが望んでいることを説明する英文を完成させなさい。

Yoko hopes (a)people from Jamaica will enjoy ◯◯◯ (b)her city's traditional dance.

ここに注目!
① 完成させる英文を読んでキーワード(a)(b)をおさえる。
② 本文中でキーワード(a)(b)の書いてあるところを読み取る。
③ 空所にあてはまるところを本文から見つけ出し，空所に入れる形に直す。
Yokoが望んでいるのは，「ジャマイカからの人たちにそれ (＝私たちの町の伝統的な踊り) を見てもらうこと」。enjoyのあとに続くようにseeを動名詞にして答える。

解答 seeing

1 次の英文は，中学生のケン（Ken）と，ケンの家に遊びに来ている留学生のトム（Tom）との対話である。この対話文を読んで，あとの問いに答えなさい。 [茨城県・改]

Ken : Ibaraki is famous for its fruits and *vegetables. Many people enjoy eating them.

Tom : That's great. I want to see how your grandfather *grows them. Can I visit him?

Ken : Sure. He works on the *farm near my house. <u>Do you want to go to see him with me next Sunday?</u>

Tom : Yes. I want to help him and eat a lot of *melons. I'm really excited.

（注） vegetable 野菜　grow 〜を育てる　farm 農場　melon メロン

問い 下線部を次の英文のように言いかえたとき，（　　）に入る適当な英語1語を書きなさい。

（　　）don't you go to see him with me next Sunday?

2 放課後，亜子（Ako）とケビン（Kevin）が先輩の沙耶（Saya）と真（Makoto）と話をしている。4人の会話を読んで，あとの問いに答えなさい。 [福島県・改]

Ako : What are you going to make a presentation about?

Makoto : Have you ever heard of *food loss?

Kevin : I've heard of it, but I don't know it well.

Saya : Food that can still be eaten is thrown away. It is called food loss.

Makoto : In fact, it is a big problem. There are many hungry people in the world. However, a lot of food is thrown away in many countries.

Saya : Makoto and I did a *survey to know about food loss around us. We got answers from 80 families and made a *graph.

（注） food loss フードロス　survey アンケート調査　graph グラフ

問い 次の英文は，本文の内容の一部を示したものである。本文の内容に合うように，□□□に入る適当な英語4語を書き，文を完成させなさい。

Though there □□□□□□ in the world, a lot of food is thrown away in many countries.

3 次の対話文を読んで，あとの問いに答えなさい。 [東京都・改]

Haruo, Tetsu, and Yayoi are high school students in Tokyo. Susan is a high school student from London. They are talking in their classroom at lunch.

Haruo : Tetsu, *congratulations! You won a baseball game last Sunday.

Tetsu : Thank you for coming, everyone. I was happy that we won the game.

Yayoi : It was an exciting game. I enjoyed it very much.

Haruo : Me, too. Tetsu, you looked like a professional baseball player.

Susan : You were really cool, Tetsu. You made many difficult catches. You were the hero of the game.

Tetsu : Thank you. I was glad to play on a good *field in the stadium. The groundskeepers were very good.

Haruo : Groundskeepers? Do you mean people who keep the fields in good *condition?

Tetsu : Yes. I thank people like groundskeepers for their work.

Susan : Oh, yes. I remember an experience in London. A famous tennis player said the same kind of thing to me.

Yayoi : Tell us more, Susan.

Susan : I worked as a ball person at a big tennis tournament. I caught balls and passed them to players. Sometimes I needed to pass *towels to players when they needed them.

Haruo : Did you?

Tetsu : I'm sure it was difficult.

Susan : Yes, it was, Tetsu. I had to watch the balls and the players' *facial expressions to see what they wanted me to do. That made me nervous.

Yayoi : I can imagine that was hard.

Susan : Yes. I was happy when one famous woman player said to me, "You are a great ball person. I was able to *concentrate on the match. I never said anything to you, but you passed me a towel many times just when I wanted one. Thank you." It was a great experience.

Yayoi : I understand. Ball persons are very important in a tournament.

(注) congratulations おめでとう field グラウンド condition 状態 towel タオル
facial expression 表情 concentrate on ～ ～に集中する

差がつく **問い** 次の英語の文を，本文の内容に合うように完成するには，（　）の中に，下の
どれを入れるのがよいか。あとの**ア**～**エ**から１つ選び，記号で答えなさい。　■□ 56%

In a tennis tournament, a famous woman tennis player received a towel from Susan many times when she（　　　）Susan to give her one.

ア told　　**イ** wanted　　**ウ** asked　　**エ** taught　〔　　　　〕

92

4 次の英文は，次郎 (Jiro) が，火星 (Mars) について調べたことを，英語の時間に発表したものである。これを読んで，あとの問いに答えなさい。

[愛媛県・改]

When you look up at the *sky at night, you sometimes see a *bright red star. That star *may be Mars. There are many differences between Earth and Mars. Now I will tell you some of them. Mars is a small *planet, and it is smaller than Earth. To *go around the *sun, Earth needs 365 days, and Mars needs 687 days. Like on Earth, there are four seasons on Mars. In each season, it is very cold on Mars and sometimes gets about 100 *degrees below zero at night now. The highest mountain on Mars is about 27,000 *meters high, and it is higher than the highest mountain on Earth. Earth has only one *moon, but Mars has two moons. Scientists say that there were rivers and a sea on it about four *billion years ago. They also say that it looked blue. If that is true, Mars at that time looked different. It is often called "Red Planet" because it looks red. Humans can't live there now.

About fifty years ago, we started to send space *probes to Mars to get a lot of *information about it. We have also sent six *rovers. Some of them *moved around the land of Mars and sent us a lot of information about it. Two of them are still working on Mars. They haven't met any *Martians yet.

In 1969, America sent people to our moon. Now some countries are trying to send people to Mars. But they still have many problems. Sending people there needs a lot of money. Some people don't think that *spending a lot of money to do that is good. They say that we should spend that money for Earth. And there is another problem. We need about seventeen months to go and come back from Mars. Staying in space for a long time often *has some bad effects on us. To know them, scientists have done *experiments. In one experiment, six people were put in one place on Earth for 520 days. This experiment gave them a lot of useful information.

(注) sky 空　　bright 明るい　　may ～かもしれない　　planet 惑星（わくせい）　　go around ～ ～の周りを回る
sun 太陽　　～ degree(s) below zero マイナス～度　　meter メートル　　moon 衛星
billion 10億　　probe 探査機　　information 情報　　rover 探査車
move around ～ ～をあちこち動く　　Martian 火星人　　spend ～を使う
have a … effect on ～ ～に…な影響（えいきょう）を与（あた）える　　experiment 実験

超重要▶ **問い** 本文の内容に合うように，下の英文中の（ ① ），（ ② ）に当てはまる最も適当な英語を，本文中からそのまま抜き出して1語ずつ書きなさい。

Mars has four （ ① ） and two moons, and it is smaller than Earth.
For the trip to Mars, we need much （ ② ）, time, and information.

① ＿＿＿＿＿＿＿＿　　② ＿＿＿＿＿＿＿＿

文を適当な場所に入れる問題 出題率 20.8%

 入試メモ 1つの英文が入る空所を選ぶ問題と，複数の空所に入る適当な英文を選ぶ問題の2パターンが見られる。後者のほうが難易度が高い。

前後の英文に注目して，**話の流れが最も自然になる場所**を選ぼう。

(例題) 次の対話文は，中学生のKeikoと，アメリカから来た留学生のBillとの，学校からの帰り道での会話である。これを読んで，あとの問いに答えなさい。 [香川県・改]

Bill： Hi, Keiko. You're *in a hurry. Why?

Keiko： Because my brother is going to call me from Australia today.

Bill： Oh, really?　　(a)

Keiko： He is studying traditional art in Australia.

Bill： Where is he staying in Australia?

Keiko： 　　(b)　　 He gave me a letter with a few pictures. It says that there are a lot of old houses and churches in Sydney.

Bill： That's right.　　(c)

Keiko： Wow! Why did you go to Sydney?

Bill： I went there to swim. I like beautiful *beaches in Australia.　　(d)

Keiko： For about two years.

Bill： That's a long time. Have you heard about his life in Australia?

Keiko： No, I haven't. He has been very busy since he arrived in Sydney. I want to talk with him a lot today.

Bill： Have a good time!

Keiko： Thank you, Bill.

（注）in a hurry 急いで　　beach 砂浜

問い 本文の内容からみて，文中の (a)〜(d) の　　内にあてはまる英文は，次の**ア〜ク**のうちのどれか。最も適当なものをそれぞれ1つずつ選び，記号で答えなさい。

ア When did he go there?　　　**イ** How long have you been there?
ウ I once visited there.　　　　**エ** What is he doing there?
オ He is staying in Sydney.　　**カ** How long is he going to stay there?
キ He came back from Sydney.　**ク** I have never visited there.

ここに注目！ ① それぞれの　　の前後に注目して，キーとなる文（　　部分）を見つける。
② このキーとなる文と前後の対話の流れが自然になる英文を選ぶ。
それぞれのキーとなる文で注目すべきなのは，(a) He is studying 〜と，彼がしていることを述べている。(b)「場所」をたずねるWhere。(c)「理由」をたずねるWhy。(d)「期間」をたずねる質問に答える文のFor。

(解答) (a) **エ**　　(b) **オ**　　(c) **ウ**　　(d) **カ**

実力アップ問題

正答率

1 次の英文は，台湾に住むチミン(Chimin)が，旅行に関するホームページの投稿欄に書いた文章である。これを読んで，あとの問いに答えなさい。 [徳島県・改]

I'm planning my fourth visit to Japan now. I visited Japan on my high school trip in 2002 for the first time. I went to Tokyo and I enjoyed my stay in the biggest city in Japan with my friends. Three years later, I went to Kyoto. I studied hard at a university there for three months. ___ア___ I loved the temples and shrines in Kyoto. Sometimes I saw my best friend who lived in Nara on the weekend. ___イ___ Then, I enjoyed skiing in Hokkaido last year. I was very happy to ski in deep snow. ___ウ___ During my fourth visit, I'd like to go to a place that I've never visited. I read a book about Tokushima. ___エ___ I was moved by the beautiful pictures taken in front of *Kazura Bashi.

(注) Kazura Bashi かずら橋

超重要▶ 問い 次の英文が入る最も適当な箇所を，本文中の ___ア___ ～ ___エ___ から選び，記号で答えなさい。

It introduced the great nature and the people living there.

〔   〕

2 次の英文を読んで，あとの問いに答えなさい。 [埼玉県]

Tadashi was at the station near his house. He was going to Tokyo to see a movie. He saw a *foreigner in front of a *ticket machine. Tadashi spoke to him and said, "Excuse me, may I help you?" ___ア___ The man said, "Oh, thank you. I want to buy a ticket to Tokyo Station. How much is the ticket?" Tadashi said, "Three hundred and ninety yen. Please put your money in here." The man said, "___イ___ Thank you very much. You are so kind." Tadashi said, "You're welcome. I'm going to go to Tokyo Station too. Let's go together."

The man bought a ticket and they left for Tokyo Station together. They talked about many things on the train. The man's name was Bill. He came to Japan from Australia just a few days ago. ___ウ___ He was interested in old Japanese temples. He wanted to visit Tokyo to buy some books about them. When they arrived at Tokyo Station, Tadashi said, "___エ___ Have a nice day." "You too," said Bill.

(注) foreigner 外国人   ticket 切符

問い 次の英文が入る最も適当な箇所を，本文中の ___ア___ ～ ___エ___ から選び，記号で答えなさい。

I enjoyed talking with you.

〔   〕

76%

3 次の英文を読んで，あとの問いに答えなさい。 〔山口県・改〕

Kazuki is a junior high school student. In *early July, he was looking for something to do during summer vacation. One day, he read about the Little Teacher *Program in the school newspaper. In the program, junior high school students *help young children with their homework. He decided to join this program as a volunteer. ア

On the first day of the program, Kazuki met a boy. His name was Ryo. He was *in the fifth grade. After they talked about their favorite things, Ryo started answering *arithmetic questions. About ten minutes later, he *asked Kazuki for help. Kazuki knew the answer and explained how to get it to Ryo. But Ryo couldn't understand. Kazuki thought he should change his way of teaching.

At home, Kazuki tried to find a better way to teach Ryo, but he couldn't find it for a long time. イ Then he got an idea: to look at his arithmetic notebook that he used when he was in the fifth grade. When he looked at the notebook, he found it had a lot of *figures which explained how to answer arithmetic questions. He thought, "These kinds of figures helped me a lot then. So Ryo will need them to find the answer, too. I should remember he's only eleven years old." Then Kazuki *prepared for Ryo.

On the next day, Kazuki taught Ryo with the figures. Ryo said, "I got the answer! These figures are great!" Then Ryo answered more questions in the same way. Kazuki felt *confident about teaching. ウ At night, Kazuki opened his notebook again.

On the last day, Ryo finished his homework. They were very happy. Then, Ryo's mother came to Kazuki and said, "Thank you very much. エ He always said he liked your way of teaching. You helped him a lot." Kazuki was happy to hear that. The Little Teacher Program was useful for him.

(注) early July 7月上旬　program プログラム　help 〜 with ... 〜が…するのを手伝う
in the fifth grade 小学5年生で　arithmetic 算数の　ask 〜 for help 〜に助けを求める
figure 図，図形　prepare 準備する　confident 自信がある

差がつく 問い　次の英文が入る最も適当な箇所を，本文中の ア 〜 エ から選び，記号で答えなさい。

He also began to enjoy teaching Ryo.

〔　　　　〕

4 次の英文を読んで, あとの問いに答えなさい。

[茨城県・改]

Ayaka is a junior high school student living in a small town. Her town has a traditional festival in summer. At the festival, the most exciting event is the *taiko performance. Her father is one of the taiko players, so he practices the taiko very hard with other players in a *public hall every summer. ｜　ア　｜

Ayaka's father wanted her to practice the taiko, but she did not want to do that. She liked music, but she was not interested in the taiko. ｜　イ　｜

At the end of June, Ayaka's father *broke his right arm and could not practice the taiko. He felt sad because the festival was coming soon and there were not enough taiko players in the town. It was difficult to find a new player, so he *asked Ayaka to play the taiko for him at the festival this year. She wanted to help her father, so she went to the public hall with him.

In the public hall, the taiko players welcomed Ayaka. Their performance was exciting. "How cool!" she thought. After they practiced, one of the players said to Ayaka, "Your father started playing the taiko when he was a junior high school student. Your grandfather showed him how to play it. My father did *the same thing for me. People in our town *have handed down this tradition for a long time." She became interested in the story. Another player said, "These days young people are not interested in playing the taiko and there are not many children in the town." ｜　ウ　｜

Some of the taiko players showed Ayaka how to play the taiko, and she tried it. Playing the taiko wasn't easy, but it was interesting. She decided to play the taiko at the festival, so she practiced it every weekend during the summer. ｜　エ　｜

On the festival day, Ayaka played the taiko *instead of her father. A lot of people in the town looked very happy to watch the taiko performance. Ayaka really enjoyed playing the taiko. The other players were excited to play with her. Her father said to her, "Thank you very much for playing the taiko." Ayaka thought, "I want to learn how to play the taiko from my father."

(注) taiko performance 和だいこの演奏　　public hall 公民館　　break ～を折る
asked Ayaka to ～ アヤカに～するように頼んだ　　the same ～ 同じ～
have handed down ～ ～を引き継いでいる　　instead of ～ ～の代わりに

問い 次の英文が入る最も適当な箇所を, 本文中の ｜　ア　｜ ～ ｜　エ　｜ から選び, 記号で答えなさい。

Ayaka thought, "Who will play the taiko in the future?"

[　　　　　]

» 読解

長い文を読む問題

入試メモ 長い英文では，①出来事が起こった順に選択肢を並べかえる，②筆者が言いたかったことを選ぶ，③英文に適切な題名を選ぶ，などの出題が見られる。

500語以上にもなるような長い英文を読むときは，**①英文を区切りながら意味を取る　②知らない単語があっても止まらないで読み進める**のがコツ。ふだんから英文を区切って意味を取る練習をしよう。

(参考) 次の英文は，カナダでホームステイをした咲 (Saki) が，ホストシスターのメアリー (Mary) と体験したことについて書いたものである。
[福島県・改]

　This summer, / I had a good time / in the city of *Dauphin, Canada. // One day, / Mary and I took a bus / to go to a festival. // When we got off the bus, / we saw many people / at a large gate of the festival. // <u>The festival was very big.</u> // Some people were playing some traditional music. // Some people were dancing / with their friends. // Then, / I found *signs of *BITAEMO* / at the gate, / on the street, / and at food shops. // I asked Mary, / "What does *BITAEMO* mean?" // She said, / "Welcome." // She *continued, / "Everyone in the festival is glad / that you are here!" // "Is it English?" / I asked. // "No, it's *Ukrainian," / said Mary. // I said, / "Why is Ukrainian used? // I don't know Dauphin well, / but I think / that people in Dauphin cannot speak Ukrainian." // Mary said, / "Long ago, / people from different countries / came to live in Dauphin. // Some of them were from *Ukraine. // Then, / the language came to Dauphin." //

(以下省略)

(注) Dauphin ドーフィン　　sign 看板　　continue 〜を続ける　　Ukrainian ウクライナ語
Ukraine ウクライナ

ここに注目！ ★長い英文問題を解くときのコツは次の2つ。
① 1つの文の中で，語句のかたまりを見つけて前から読む。
　　英文の中には，＿＿＿＿のように1つの文の中にいくつか意味の区切れ目 (/) がある文もあれば，＿＿＿＿のように1文全体でひとかたまりの意味を表す文 (//) もある。
　　たとえば1文目ならば，「この夏」「私はよい時間を過ごした」「カナダのドーフィンという市で」というように，意味のかたまりごとに前から訳しながら読み進めると，ずっと速く内容をつかむことができる。
② わからない単語はとばして読む。
　　意味がわからない単語に出会ったときは，そのままとばして読み進める。文を読んでいくとその語の意味が推測できることがあるし，出題の内容からその語の意味がわかることもある。

1 次の英文を読んで，あとの問いに答えなさい。　　［新潟県・改］

I like birds. I have read many books written about birds. I have found an interesting story in a book. Today I will tell you a story about a *mudflat. A mudflat is a good place for birds. There is a man who *saved one mudflat in Japan.

When the man was an elementary school student, he often visited a beautiful mudflat near his house with his friends. He enjoyed catching fish, looking for *crabs and watching birds.

After about twenty years, he visited the mudflat again. _AHe became sad when he saw the mudflat. It was not the mudflat which he remembered. No child was playing there *because of a lot of *litter. There were a lot of old shoes, plastic bottles, broken bikes and other things on the mudflat. He decided to clean the mudflat.　　a

He began to clean the mudflat *alone. He was busy because he had a job. But he came to the mudflat to clean it every day, even on rainy days.　　b　　People never helped him. They said to him, "(　B　)" They couldn't understand him. They thought he could not make the mudflat beautiful again.

One day, he was tired and began to lose *hope. At that time, he found something under the mountain of litter. There was a small crab walking on the *mud. He saw the same kind of crab on the mudflat when he was a child. He was surprised. He never thought that he could see it again on such an *unclean mudflat. "I still have a hope for the future! I will be able to show children the beautiful mudflat again." He thought so and began to work harder.

Also, he walked around the large ground near the mudflat to know how many eggs of birds there were. He _Cdid this for four months, and he found about nine thousand eggs of birds. He found another hope. He thought, "Here, so many birds are living and baby birds are born.　　c　　For birds, I want to save the mudflat as a place to get food." He told people that the mudflat was a very important place for birds.

One day after cleaning the mudflat, he found *a cup of hot tea and a short letter written to him. He was happy to know that there was someone who understood him. Later, some children began to come to the mudflat to play.　　d　　They enjoyed catching crabs and looking for *worms. Their mothers also came to help him. The groups of people came to the mudflat, put the litter on the *trucks and worked together to clean the mudflat. It became more beautiful than before. A lot of people began to visit it to have a good time. The mudflat became famous, and the city also helped him. He kept cleaning the mudflat for about twenty years, and *finally, it *was registered as a *protection zone in an international *convention.

Why was the man able to save the environment? He started working alone, but he wasn't able to save it alone. [e] A lot of people understood and helped him, because they knew he was working hard for many years. He kept working because he had hopes for the future. We can learn from this story that if we have a dream, we can get a strong power and we can do a difficult thing.

(注) mudflat 干潟（潮が引いたときに現れる遠浅の海岸）　save ～を守る　crab カニ
because of ～ ～のせいで　litter ごみ　alone ひとりで　hope 希望　mud 泥
unclean 汚い　a cup of ～ 1杯の～　worm 虫　truck トラック　finally ついに
be registered 登録される　protection zone 保護区　convention 条約

差がつく (1) 次の英文は，文中の a～e の □ のどこに入れるのが最も適当か。当てはまる記号を書きなさい。
He taught them how to enjoy the mudflat. 〔　　　〕　　　■ 58%

(2) 下線部Aについて，彼が干潟を見て悲しくなった理由を，具体的に日本語で書きなさい。　■ 43%

(3) 文中のBの（　）の中に入る最も適当なものを，次のア～エから1つ選び，記号で答えなさい。　■ 54%
ア Don't lose hope. We understand why you are working so hard.
イ You don't have to do it alone because we want to do it with you.
ウ You aren't able to save the mudflat. Why are you doing it every day?
エ We want to help you because you are very tired. What shall we do?
〔　　　〕

(難) (4) 下線部Cについて，その内容を日本語で書きなさい。　■ 17%

(5) 筆者は，干潟を救った男の話から，どのようなことを学ぶことができると述べているか。具体的に日本語で書きなさい。　■ 32%

100

正答率

(6) 次の問いに対する答えを，それぞれ3語以上の英文で書きなさい。

① Did the man stop cleaning the mudflat on rainy days?

■□ 61%

_____

〈難〉→ ② What did the man want the birds to do on the mudflat?

□ 5%

_____

③ Why was the man happy when he saw a cup of tea and a letter to him?

□ 19%

_____

差がつく◀ (7) 本文の内容に合っているものを，次の**ア～オ**から1つ選び，記号で答えなさい。

■□ 40%

ア When the man was in elementary school, the mudflat was already unclean.

イ The environment was so unclean that there were many eggs on the ground.

ウ The groups of people who came to the mudflat by truck didn't help the man.

エ The man kept cleaning the mudflat for twenty years, but it was still unclean.

オ The man was able to save the mudflat because many people came to help him.

〔　　　　〕

読解

入試メモ 英文の内容をメールや手紙などでまとめ直す形式。そのほとんどが空所補充型の出題。補充する語の先頭のアルファベットが示されている場合もある。

メールなどの中に**キーワードを見つけ，それを手がかりにして**答えを導く。

(例題) 直子 (Naoko) が留学生のスティーブン (Steven) に，将来つきたい職業や夢についてたずねている。次の会話文を読んで，あとの問いに答えなさい。　　　　　　　　　[愛知県・改]

Naoko : Tell me about your plans or dreams, please.

Steven : Well, when I was in America, I wanted to (a)be a high school math teacher, because I was interested in math at that time. But now I have a different idea about my future. I'm interested in Japanese culture and history very much.

Naoko : Then, how about being a writer? If you write some books about Japan, everyone will enjoy reading them.

Steven : That sounds nice. Anyway, I want to work for America and Japan. Then, I will (b)work as a bridge between America and Japan.

Naoko : Wow, that's a really big dream!

問い 次の英文は，この会話が行われた1週間後，スティーブンが母国にいるデイブ (Dave) に送ったメールである。会話文に合うように，次の（　X　），（　Y　）のそれぞれにあてはまる語を書きなさい。

Hi, Dave.
These days, I often think of my future.
As I told you, I wanted to (a)（　X　） math at high school before.
But now I'm changing my mind.
I am very impressed with everything in Japan.
You know I love America.
So anyway, I will (b)work for the two （　Y　）.
This is my new dream.
What do you think? Write back.
Steven

 ① 空所補充型のキーワードは，空所の前後にあることが多い。メール中の空所の前後からキーワードを探す。
② (a) 本文中の be a high school math teacher（高校の数学教師になる）を，メールの英文に合わせて「高校で数学を教える」と言いかえる。
(b) 本文中の work as a bridge between America and Japan（アメリカと日本の架け橋として働く）を，メールの英文に合わせて「その2つの国のために働く」と言いかえる。

(解答) X **teach**　　Y **countries**

実力アップ問題

解答・解説 | 別冊 **p.39**

1 次の英文は，光司（Koji）と華（Hana）が，英語の授業にゲストとして来たジョンソンさん（Ms. Johnson）に仕事についてインタビューをしている場面である。これを読んで，あとの問いに答えなさい。 ［福岡県・改］

Koji : Can we ask some questions, Ms. Johnson?

Ms. Johnson : Sure, of course.

Hana : Why did you want to be a *chef at a *Hawaiian restaurant and work in Japan?

Ms. Johnson : It was my dream to have a restaurant in a foreign country. When I was a student, I liked cooking class very much. Which class do you like, Hana?

Hana : Science. I want to be an *engineer in the future.

Koji : That's cool. I like art class. I want to be a movie *director and work in a foreign country like you.

Ms. Johnson : Wow! That's nice. I love Japanese movies.

Hana : What did you do to become a chef?

Ms. Johnson : I learned how to make Hawaiian foods and studied their history. And I am still learning. There are many things I need to learn.

Koji : Really? But your dream has already come true, right?

Ms. Johnson : Yes, but my dream *continues. I want to tell more Japanese people about Hawaiian culture by making good Hawaiian foods.

Hana : Now I understand. Getting a job was not your *goal.

Ms. Johnson : You're right.

Koji : My father is a farmer, and he studies hard to learn more about fruits. He wants to *grow better fruits for people.

Ms. Johnson : That's great. Working for others is important for all jobs. You can find your own way to do something for other people *through your work.

Hana : I hope I can do it.

Koji : Me, too. We've learned a lot from you today. Thank you very much, Ms. Johnson.

（注） chef 料理人　Hawaiian ハワイ料理の，ハワイの　engineer 技術者，エンジニア　director 監督
continue 続く　goal ゴール，目標　grow 育てる　through ～を通して

超重要 **問い** 次の英文は，この会話をした日に光司が書いた日記の一部である。会話の内容に合うように，文中の（ ① ），（ ② ）にそれぞれあてはまる1語を考えて書きなさい。

Today Ms. Johnson, a chef at a Hawaiian restaurant, came to our class. We talked with her about our dreams. I want to be a movie director and go （ ① ） in the future. Now she wants to tell more Japanese people about Hawaiian culture. Her dream has come true, but she doesn't （ ② ） learning. I've learned that working for other people is important.

① _____ ▭ 23%

② _____ ▬ 34%

2 次の英文を読んで，あとの問いに答えなさい。　　　　　　　　　　　　　　　[山口県・改]

Ted was from Canada and stayed with Akira's family. Ted and Akira usually went out together when they were free *on the weekends. They enjoyed playing sports in the park or shopping. Ted *was used to life near their house, but he didn't have any chances to visit *distant places.

One day in December, Akira asked Ted, "Do you want to go to a village with beautiful mountains with me next weekend?" Ted said, "That's nice. I've never visited a place like that in Japan." Akira said, "My *grandparents live there and I hope you'll meet them. I love them and the village."

The next Saturday, Akira's father *drove them to the station. Ted and Akira went to the village by train and bus. When they got to an old house, a man and a woman came out of it. They were Akira's grandparents. They smiled and said to Ted, "Hello, hello. Welcome!" Akira's grandparents *grew *vegetables. They made the dishes with those vegetables for dinner. Ted enjoyed eating those dishes which were very new to him. During the dinner, Akira's grandparents tried to talk to Ted with a lot of *gestures because they couldn't speak English well and Ted's Japanese was not so good. After dinner, all of them went *outside and saw so many beautiful *stars. Ted now understood why the village was Akira's favorite place. The next morning, when the two boys took a bus to go home, Ted said to Akira's grandparents, "I'll come to see you again."

About six months later, Ted and Akira visited them again. When they got to their house, Akira's grandfather came out and said, "Hi, Ted! How are you? I hear you'll go back to Canada soon. I'm so sad." Ted and Akira were very surprised. He was speaking English very well! Ted said, "Why can you speak English so well?" Akira's grandfather said, "I studied English at school many years ago. After your visit, I started studying it again." Then, Akira's grandmother came to them and also started to talk in English. She said, "Hello. How are you? Today, I'll talk with you a lot, Ted." Again, they were so surprised.

When Ted and Akira came into the house, they saw a lot of *textbooks for the English *conversation programs on TV and the radio, and a new dictionary, too. They said, "Wow!" And then, they looked at each other and smiled.

(注)　on the weekends 週末に　　be used to ～　～に慣れている　　distant 遠い　　grandparents 祖父母
drive them to ～　彼らを～へ車で連れて行く　　grow ～を育てる　　vegetable 野菜
gesture 身ぶり, 手ぶり　　outside 外へ　　star 星　　textbook (番組用の)テキスト
conversation 会話

問い　次の英文は，Tedが，帰国して3か月後にAkiraの祖父母に書いた手紙の一部である。本文の内容に合うように，次の下線部①〜③に入る適切な英語を，1語ずつ書きなさい。ただし，（　　）内に与えられた文字で書き始めなさい。

> When I met you in ①(w　　　　), we had a nice dinner and saw stars together. We had a really good time at ②(n　　　　).
> Last summer, you spoke English a lot! Then I learned an important thing from you. We can ③(b　　　　) to study something at any time.
> Thank you very much for the wonderful memories.

①＿＿＿＿＿＿

②＿＿＿＿＿＿

③＿＿＿＿＿＿

3 富山県でホームステイをしている留学生のナンシー（Nancy）は，ホームステイ先の同級生の友希子（Yukiko）と友希子の母親とスーパーマーケットで話をしている。次の会話文を読んで，あとの問いに答えなさい。
[富山県・改]

Yukiko : Wow, we have bought a lot of food. We'll have a big dinner today.

Mother : Yes, Yukiko. I'll try hard to cook. I hope you'll like it.

Yukiko : Mom, I don't think we can put all of the food in one shopping bag.

Mother : No problem, Yukiko. I have three bags with me now.

Nancy : Well, in Toyama, I haven't seen *shoppers with plastic bags very often when I go shopping. There are many people carrying their own shopping bags.

Mother : I'll tell you about it. We had the "Carrying My Bag" *campaign in Toyama. In 2008, about two hundred stores and shops stopped giving plastic bags to shoppers *for free. Toyama was the first *prefecture to start doing it.

正答率

Nancy : I see. So, a lot of people have their own shopping bags with them.

Yukiko : I hear more than one *billion plastic bags were *saved from 2008 to 2014.

Nancy : More than one billion! That's great!

Mother : It means we could save a lot of *crude oil.

Yukiko : I learned that making plastic bags uses too much crude oil. I think it is important for us to think about the environment of the earth.

Mother : Well, now in Toyama, about four hundred stores and shops don't give plastic bags to shoppers for free. I hope more and more stores and shops will stop giving plastic bags to shoppers.

Nancy : I agree. How about other prefectures?

Mother : There are 16 prefectures doing the same thing, and in Toyama 95% of the shoppers carry their own shopping bags. It is the highest of these 16 prefectures.

Nancy : Toyama has been *earth-friendly. I want to have my own shopping bag.

Yukiko : I'm sure shopping without using plastic bags is a small change, but it brings a big *result. Am I right, Mom?

Mother : You are right, Yukiko. OK, girls. We will save three plastic bags right now. Take one shopping bag with each of you.

(注) shopper 買い物客   campaign キャンペーン   for free 無料で   prefecture 都道府県   billion 10億
save 節約する   crude oil 原油   earth-friendly 地球に優しい   result 結果

差がつく **問い** ナンシーは，両親に次のようなメールを送ることにした。会話の内容をふまえて，（ ① ）には数字，（ ② ）と（ ③ ）にはそれぞれ英語（1語）を書きなさい。

In Toyama, there are many shoppers carrying their own shopping bags. Do you know why? About (①) stores and shops don't (②) plastic bags to shoppers for free now. From 2008 to 2014, more than one billion plastic bags were saved in Toyama. Isn't that great? Shopping (③) using plastic bags is good for the environment, so I'll buy a shopping bag!

① _____

② _____

③ _____

英作文

出るとこチェック 英作文

次の問題を解いて，英作文問題の解き方を確認しよう。

1 場面・条件に合う英文を書く問題 →p.110

□ 01 次の英文は，英語の授業でアキが書いた作文の一部である。英文を読んで，（　　）の中に適当な英語を書きなさい。ただし，あとの〈条件〉に従うこと。

My friend Judy told me about her trip to Kyoto. She said, "My mother and I went to Kyoto last Saturday. This time, we enjoyed eating traditional Japanese food there." I asked, "(　　　) Kyoto?" She answered, "Well..., four times. I go to Kyoto every season. Next time, I want to visit temples that have beautiful gardens."

〈条件〉beenを必ず含んで，文末がKyoto?で終わる1文となるように，（　　）内を6語以上で書くこと。

_____ Kyoto?

2 自分の考えを書く問題 →p.113

□ 02 次の〈質問〉に対して，〈条件〉に従い，まとまった内容の文章を2文以上の英文で書きなさい。

〈質問〉What do you usually do on your holidays?

〈条件〉・1文目はI usuallyに続けて，〈質問〉に対する答えを書きなさい。
　　　　・2文目以降は，1文目で書いたことについて，1文以上で具体的に書きなさい。

_____

_____

_____

3 語順整序 →p.116

○次の文の（　　）内の語を並べかえて，文を完成させなさい。

□ 03 Please give (drink / to / me / something).

_____

□ 04 **A：**(come / do / how / school / to / you) every day?
　　B：By bus.

_____

□ 05 My father said that studying abroad will give (to / chances / make / me / many) my English better.

_____

4 和文英訳問題 →p.119

○次の日本文を英語に直しなさい。

□ **06** 彼女がその本を読むのは難しいことでした。

_____

□ **07** 公園の中を走っている男の子は私の友だちです。

_____

□ **08** When I looked at her, she looked very sad. But（私は彼女に何と言えばよいかわかりませんでした）.

_____

□ **09** **A**：I'm going to a department store to buy a birthday present for Miki. But I haven't decided what to buy. Do you have any ideas?
　　B：（彼女にかばんを買うのはどうですか。） She said she wanted a bigger one.

_____

5 絵や図を読み取る問題 →p.122

□ **10** 次の絵を見て，〈絵の説明〉の中の □ に適当な英語を書きなさい。英語は2文以上になってもかまわない。また，文末にはピリオド（.）またはクエスチョンマーク（?）をつけること。

〈絵の説明〉 Ben and his mother were in the kitchen. His mother said, "I'm going to start cooking lunch soon. □ " Ben answered, "A hamburger!"

_____

_____

出るとこチェックの答え

1　**01** 例 How many times have you been to（Kyoto?）
2　**02** 例 I usually play soccer on my holidays. My friends and I go to a park near my house and enjoy playing soccer.
3　**03** me something to drink　**04** How do you come to school　**05** me many chances to make
4　**06** 例 It was difficult for her to read the book.　**07** 例 The boy running in the park is my friend.
　　08 例 I didn't know what to say to her　**09** 例 How about buying her a bag?
5　**10** 例 What do you want to eat?

場面・条件に合う英文を書く問題

> **入試メモ** 場面や条件が言葉で示される場合や，絵で示される場合がある。また，内容については自分の考えを書く問題も出される。

与えられた絵や条件を確認し，**書き終えた英文はあとで必ず読んで**，ミスがないかチェックしよう。

例題1 下の絵の2つの場面では，史哉 (Fumiya) と友人のなつみ (Natsumi) が会話をしている。2つの場面が1つの話になるように，(1)，(2)に適当な英語を入れなさい。　　　[栃木県]

Natsumi : Whose dictionary is this?

Fumiya : I think it's Hiro's. When I saw him, ＿＿＿＿＿＿＿ (1) ＿＿＿＿＿＿＿ .

Natsumi : Oh, I see. I live near his house. So, ＿＿＿＿＿ (2) ＿＿＿＿＿ to take it to him.

> **ここに注目!**
> ① 対話の意味と絵の内容をあわせて考えると，(1)は左側の絵から，(2)は右側の絵から答えることがわかる。
> ② 左の絵の吹き出しの内容から，「彼は辞書を使っていた」「彼は辞書を使って勉強していた」といった過去進行形を使った英文に，右の絵の吹き出しの内容から，「私はそれを彼に持っていく」といった英文にする。(2)は空所のあとにtoがあることに注意する。

(解答) (1) 例 **he was using his dictionary**　　(2) 例 **I'm going**

例題2 あなたは，カナダの中学校を訪問し，授業でスピーチをすることになった。次の＿＿＿にあなたのスピーチの内容を，話の流れに合うように理由や説明を含めて，30語以上の英語で書きなさい。ただし，符号 (. , ? ! など) は語数に含まないものとする。　　　[和歌山県]

Hello, everyone.

I'm from Japan.

Today, I'll talk about one of my favorite things.

＿＿＿＿＿＿＿＿＿＿＿＿＿＿＿＿＿＿＿＿＿＿＿＿＿＿＿＿＿＿＿＿＿

Thank you.

> **ここに注目!**
> ① まず，話の流れを確認する。空所の前の文より，自分の「大好きなこと」についてのスピーチを書く。
> ② 内容は日本語で考えて，それから英語に直す。英語で表しやすい文にするとよい。解答例では，「テニスをするのが好きだ→学校ではテニス部に所属し，毎日練習している→みなさんとテニスがしたい。今日の放課後一緒にしましょう」という組み立てになっている。

(解答) 例 **It is playing tennis. I am in the tennis club in my school and practice hard every day. I want to play tennis with you, so let's play tennis after school today.** (32語)

実力アップ問題

解答・解説 | 別冊 p.42

正答率

1 次の英文は，英語の授業でユウスケが書いた作文の一部である。英文を読んで，
（　　）の中に適当な英語を書きなさい。ただし，あとの〈条件〉に従うこと。 [神奈川県]

■□ 37%

　My friend Tom told me about his trip to Kamakura.　He said, "I went to
Kamakura with my family last week.　We enjoyed eating and shopping there.
In Kamakura, there are some shops that I visit every time."　I asked, "（　　　）
Kamakura?"　He answered, "Five times.　I really like Kamakura.　Next time, I
want to visit *temples that have beautiful flowers."

（注）　temple 寺

〈条件〉

> beenを必ず含んで，文末がKamakura? で終わる1文となるように，
> （　　）内を6語以上で書くこと。
> ※　短縮形（I'mやdon'tなど）や符号（, など）は使わないこと。

2 美絵子（Mieko）は，アメリカでホームステイをすることになった。美絵子は，ア
メリカ出身のアリソン（Allison）先生に，<u>ホストファミリー（host family）にちょっとした贈（おく）り物を持っていきたいので，どのようなものが喜ばれるかを聞いてみる</u>
ことにした。あなたが美絵子なら，下線部の内容を，どのようにアリソン先生に伝
えるか。伝える言葉を，英語で書きなさい。 [静岡県]

差がつく

■□ 38%

3 次のような状況（じょうきょう）において，あとの①～③のとき，あなたならどのように英語で表す
か。それぞれ4語以上の英文を書きなさい。
ただし，I'mなどの短縮形は1語として数え，コンマ（,），ピリオド（.）などは語数
に入れない。 [三重県]

〈状況〉

> あなたは，三重県内のあるバス停で，外国からの旅行者に出会い，
> その旅行者に話しかけています。

超重要 ① どこへ行こうとしているかをたずねるとき。

■■ 68%

② 伊勢（Ise）へは電車を使うと早く着くと伝えるとき。

□ 26%

③ 三重（Mie）での旅行を楽しんでもらいたいと伝えるとき。

■□ 56%

①　_____

②　_____

③　_____

正答率

4 思考力

26%

高校生の美香 (Mika) は，来週の日曜日に留学生のアンナ (Anna) と一緒に出かけることになった。アンナから電子メールでどこに行くか相談を受けた美香は，動物園に行くことを提案しようと思い，アンナに電子メールを送ることにした。

あなたが美香ならば，どのような内容の電子メールを送るか。次の条件1・2に従って，"Hello, Anna. I'm Mika." のあとに20語程度の英語で書きなさい。コンマやピリオドなどの記号は語数に含めないこと。 [大阪府]

〈条件1〉　最初に，自分はアンナと一緒に南動物園 (Minami Zoo) に行きたいということを書くこと。

〈条件2〉　次に，動物園に行きたい理由を考えて書くこと。

Hello, Anna. I'm Mika.

_____

_____

5 超重要

あなたは，町の図書館でボランティア活動をしているときに，「えほんのへや」の前で，外国人の子供から "May I use this room?" とたずねられた。その子供に，「使ってもよいこと」と，「靴を脱ぐこと，静かにすること，飲食禁止であること」という，その部屋のきまりをどう伝えるか，伝える言葉を英語で書きなさい。ただし，文の数や語の数はいくつでもよい。 [徳島県]

_____

_____

_____

6 思考力

49%

英語の授業で，「感謝の気持ちを伝えたい人」についての英文を書くことになった。あなたならどのような英文を書くか。次の〈条件〉に従って書きなさい。 [福岡県]

〈条件〉　・最初の文は，I want to say "thank you" to ___ . を用いること。

　　　　　その際，___ には，適切な語（句）を記入すること。

　　　　・最初の文も語数に含め，35語以上の英語を用いること。

　　　　・理由を含めて書くこと。

_____

_____

_____

» 英作文

自分の考えを書く問題

入試メモ 与えられた意見やテーマについての自分の考えを書く。賛成か反対かを明らかにしてから、その理由を答える問題が多く見られる。

どんなにすばらしい考えを書いても、英語が間違っていたら減点されてしまう。**正しい英語で書くことを優先すること。**

例題1 次の〈質問〉に対して、〈条件〉に従い、まとまった内容の文章を5文以上の英文で書きなさい。

[埼玉県]

> 〈質問〉 Which month do you like the best?
> 〈条件〉 ・1文目はlikeという語を使い、〈質問〉に対する答えを書きなさい。
> ただし、月の名前は省略した形を使わずに書きなさい。
> ・2文目以降は、その理由が伝わるように、4文以上で書きなさい。

ここに注目！
① 1文目は「私は○月が最も好きです。」という文を書く。〈質問〉で与えられた英文を参考にして書くとよい。
② 2文目以降は、1文目の理由を書くが、「4文以上」という条件を忘れないこと。しかし、理由を3つ以上書くのは難しい。そこで、理由を1つか2つ挙げ、残りの文はそれぞれの理由を具体的にした内容の英文を書くと、比較的簡単に条件を満たすことができる。

解答 例 I like April the best. We can see beautiful flowers in the month. My hobby is taking pictures, and I often visit the flower park to take pictures of them in spring. Also, our new school year starts in the month. It is a chance to make new friends. （5文）

（私は4月が最も好きです。私たちはその月に美しい花を見ることができます。私の趣味は写真を撮ることで、春には花の写真を撮るためによくフラワーパークを訪れます。また、私たちの学校の新年度はその月に始まります。新しい友だちを作る機会なのです。）

例題2 次の〈意見〉に対するあなたの考えを、30語以上の英語で書きなさい。2文以上になってもかまわない。ただし、コンマ (,) やピリオド (.) などは語数に含まない。

[佐賀県]

〈意見〉 Studying in a group is better than studying alone.

ここに注目！
① 1文目は、〈意見〉に対する答え、「私は〜よりも…のほうがよいと思う。」という英文を書く。
② 2文目以降は、1文目で書いた英文について、そのように考えた理由を書く。自分の経験や見聞きしたことを例として挙げながら考えると書きやすい。

解答 例 I think studying alone is better than studying in a group because I can study more things when I am alone. Every time I study with my friends, we enjoy talking. （31語）

（私は、1人のとき、より多くのことを勉強できるので、グループで勉強するよりも1人で勉強するほうがよいと思います。私が友だちと勉強するといつも、私たちはおしゃべりを楽しんでしまいます。）

実力アップ問題

解答・解説 | 別冊 p.43

正答率

1
超重要

次の質問に対し，あなたの考えを英語で書き，答えを完成させなさい。
Ⓐは，I think so, too. またはI don't think so. のいずれか一方を選ん
で◯で囲み，Ⓑには，Ⓐを説明する内容の英文を書くこと。ただし，Ⓑにつ
いては，15語程度（ . , ? ! などの符号は語数に含まない。）とし，2文以上になって
もよい。　　　　　　　　　　　　　　　　　　　　　　　　　　　　　[千葉県]

質問　Some people say that it is better for us to learn English and one
　　　more language from other countries. What do you think about
　　　this?

答え　Ⓐ〔　I think so, too.　　　I don't think so.　〕

　　　Ⓑ _____

　　　　_____

2
思考力

あなたは，外国から日本を訪れた人に日本で楽しんでほしいことについて授業で発
表することになった。あなたが，外国から日本を訪れた人に日本で楽しんでほしい
ことを，伝統文化に限らず1つ取り上げ，それを取り上げた理由などを含めて，3
つの英語の文で書き表しなさい。　　　　　　　　　　　　　　　　　　[東京都]

■□ 69%

_____

_____

_____

3
思考力

次のテーマについて，賛成か反対かあなたの立場を決め，その理由を明確にして，
つながりのある5文程度の英語で書きなさい。なお，書き出しは下のどちらかを用
いることとし，書き出しの文も1文と数える。　　　　　　　　　　　　[栃木県]

■□ 78%

テーマ　| Studying in the library is better than studying at home. |

書き出し　（賛成の場合）　I agree
　　　　　（反対の場合）　I don't agree

_____

_____

_____

_____

4 次の文章を読んで，あとの問いに答えなさい。 [愛知県]

思考力

> 映画の中には，原作本をもとに作られたものがたくさんあります。私の友人は，物語を楽しむには映画の方がよいと言いますが，私は，映画よりも原作本の方がよいと考えます。あなたはどう考えますか。

問い この「私」の考えに対し，賛成または反対の立場で，自分の考えを英語で述べなさい。ただし，次に示す答え方で解答すること。

〈答え方〉

I think that _____ ,

because _____ .

なお，下の語句を参考にしてもよい。

〈語句〉

簡単に easily 表現 expression 〜を想像する imagine 〜

映画 movie 原作本 original book 映像 picture

シーン，場面 scene 音 sound 作家 writer

5 次の意見に対して，あなたはどのように思うか。あなたの考えを，賛成か反対かを明らかにする1文を含めて，4文以上の英文で書きなさい。 [高知県]

超重要

■□ 68%

> Studying is the most important part of school life.

_____

_____

_____

6 あなたは，英語の授業で，次のテーマについて議論することになった。賛成，反対のどちらかの立場を選び，その理由を含めて，あなたの考えを英語25語以上，35語以内で書きなさい。 [茨城県]

思考力

テーマ Young people in Japan should visit foreign countries.

〈書き方の注意〉

・あなたの立場を示す文［I agree. か I disagree.］で書き始めることとし，この2語も語数に含めるものとする。

・符号 (, . ? ! など) は，語数には含まないものとする。

_____

_____

_____

英作文

3 » 英作文
語順整序

出題率 58.3%

入試メモ　語順整序の問題は，並べかえて特定の位置にくる語を答える問題や，並べかえた順に記号を答える問題，文を完成させる問題が見られる。

語順整序の英作文は，文法と熟語の基本的な知識が試される。語群の中にカギとなる語(句)を見つけ，**どれがSVOCにあたるかを特定し**，文を組み立てよう。

例題1 次の英文が成り立つように，（　　）内の語句を並べかえて英文を完成させ，その順に記号を書きなさい。

[京都府]

In Africa, the number of children（**ア** at school ／**イ** becoming ／**ウ** than ／**エ** is ／**オ** larger ／**カ** studying）before. However, in the world, there are still more than 57,000,000 children who cannot study at school, and about 54% of them are girls.

ここに注目!

① than と larger があるので，比較の文になることがわかる。
② becoming と studying の動詞の〜ing形が2つあることに注目。is があることから，どちらか1つは現在進行形の一部となる現在分詞で，もう1つは名詞を修飾する現在分詞ではないかと推測する。うまく文が作れないときは，動名詞である可能性もあると考えておく。
③ 現在分詞に修飾される名詞は（　　）の直前の children しかないので，becoming と studying のそれぞれの意味から考えて，studying が children を修飾すると判断する。
④ （　　）を含む文のあとの文中に study at school があるので，現在分詞 studying のあとには at school が続くと考えられる。
⑤ the number of children <u>studying at school</u> <u>is becoming</u> <u>larger</u> than before
　　　　　　　　　　　　　　　　　　　S　　　　　　　　V　　　　　C

（学校で勉強する子供の数は，以前より多くなりつつあります）
という文ができる。あとの内容とも合うことを確認する。

解答 **カアエイオウ**

例題2 次の対話文が完成するように，（　　）内の語を正しく並べかえ，その順に記号を書きなさい。ただし，1つ不要な語があるので，その語は使用しないこと。

A：You know a lot about this city. Were you born in this city?
B：No. But I（**ア** lived ／**イ** for ／**ウ** here ／**エ** in ／**オ** have）ten years.

ここに注目!

① lived と have に注目して，現在完了の文になると推測する。
② （　　）のあとに ten years があるので，for はその前に置くと考えられる。
③ here（ここに）は副詞なので，前置詞 in（〜に）は使わないことをおさえよう。
④ I <u>have lived</u> here for ten years.（私はここに10年間住んでいます）
　 S　　V

という英文ができる。最後に，質問の答えとしてふさわしい文であることを確認すること。

解答 **オアウイ（エが不要）**

実力アップ問題

正答率

1 次の英文が成り立つように，[　　]内の語を並べかえて英文を完成させ，（　①　）
〜（　④　）に入る語の記号を書きなさい。

(1) **A：** Did you finish reading the book?

　　B： Yes. It was so （　　　　）（　①　）（　　　　）（　②　）（　　　　）in a
　　　　day. ［秋田県］

　　　［ ア I / イ that / ウ exciting / エ it / オ finished ］

　　　　　　　　　　　　　　　　　　① [　　　　　　] ② [　　　　　　]

■□ 54%

(2) Today I read a book about a famous scientist. I （　　　　）（　　　　）
（　③　）（　　　　）（　④　）（　　　　）worked hard for many years to
make a *medicine. It has saved a lot of people. ［兵庫県］

　　(注) medicine 薬

　　　［ ア that / イ he / ウ was / エ learn / オ to / カ surprised ］

　　　　　　　　　　　　　　　　　　③ [　　　　　　] ④ [　　　　　　]

2 次の英文が成り立つように，（　　　）内の語句を正しく並べかえ，その順に記号を
書きなさい。

超重要 (1) **A：** I （ ア to / イ want / ウ carry / エ you ） this box with me. Can
　　　　　you help me?

　　B： Sure. ［愛媛県］

　　　　　　　　　　　　　　　　　　　　　　[　　　　　　　　　　　]

■□ 52%

(2) **A：** Will you tell me something about Mt. Fuji?

　　B： Sure. It's （ ア in Japan / イ the highest / ウ the mountains /
　　　　エ of all ）. ［徳島県］

　　　　　　　　　　　　　　　　　　　　　　[　　　　　　　　　　　]

差がつく (3) **Ms. Sato：** How do you like your school life in Japan?

　　Lisa： I am really enjoying it. Speaking Japanese is a little
　　　　　difficult for me, but the students are kind to me and school
　　　　　lunch is delicious.

　　Ms. Sato： What is your favorite food （ ア have / イ which / ウ at /
　　　　　エ eaten / オ you ） school in Japan?

　　Lisa： Today I ate *deep-fried bread with a lot of sugar at lunch
　　　　　time. I really liked it. The students called it "*agepan*."

　　(注) deep-fried bread 揚げパン ［長野県］

　　　　　　　　　　　　　　　　　　　　　　[　　　　　　　　　　　]

■□ 43%

難 (4) Do you （ ア which / イ likes / ウ Kana / エ season / オ know ） the
best? ［栃木県］

　　　　　　　　　　　　　　　　　　　　　　[　　　　　　　　　　　]

■□ 18%

3 次の文の（　　）内の語句を並べかえて，文を完成させなさい。

(1) **A：** Who's (playing / that / in / boy / soccer) the park?
B： That's my brother.　　　　　　　　　　　　　[宮崎県]　■□ 65%

差がつく (2) **A：** Which city (second / has / the / population / largest) in Shimane?
B： Izumo does. About 175,000 people live there.　　[島根県]

(3) **A：** Hi, I'm Nancy. I live in Higashi-machi.
B： That's a long way from here! (do / come / you / how / to) school?
A： By bus.　　　　　　　　　　　　　　　　　[富山県]

(4) **Allen：** Hello. This is Allen. May I speak to David?
Sarah： Sorry, Allen. He is not at home now.
Allen： OK. Could you (me / him / to / call / tell) back?
Sarah： Sure. He'll call back later.　　　　　　　[高知県]　■□ 27%

難 (5) The *garbage is used as *fertilizer in the *soil. That means (better / makes / the garbage / it). Then the vegetables grow well in the better soil.　　　　　　　　　　　　　　　　　[岡山県]　□ 16%
（注） garbage 生ごみ　　fertilizer 肥料　　soil 土

差がつく (6) At first in *Britain, tea could be bought by only a few people, but it became popular among many people because the price went down. Later they (India / a new tea / drinking / started / was found in / that). Since then they have enjoyed tea in their everyday lives.
（注） Britain 英国　　　　　　　　　　　　　　　[愛知県]

難 (7) I always try to be kind to others by thinking about how they are feeling. And as a tour guide, I feel it's very (love / for / Hokkaido / important / everyone / to / visits / who) it! I'm very happy when I see their smiles and hear the words, "I'll come to Hokkaido again!"
　　　　　　　　　　　　　　　　　　　　　　[北海道]　■□ 36%

» 英作文

和文英訳問題

入試メモ 日本文をそのまま英語に直す問題だけでなく，主語などを補って考える問題や，日本語を別の言い方で考える問題も見られる。

英文の中の日本語は，主語や目的語が省略されていることが多い。**省略されている部分を補って英文を作るよう**にしよう。

例題1 下線部(1)，(2)をそれぞれ1つの英文で書きなさい。　　　　　　　　　[青森県]

　*Though I don't have a *great-grandmother, Grandmother lives in the next city. My family will go there next week.　(1) <u>私は数か月間彼女に会っていなかったので，会うことを楽しみにしています。</u>　(2) <u>彼女に美しい花を数本あげるつもりです。</u>

（注）though 〜だけれども　　great-grandmother 曽祖母(祖父母の母)

 ① 主語が何になるかを考えること。(1)は，中心となるのが「会うことを楽しみにしています」の部分だが，主語が示されていない。そこで前の文を確認すると，「私は」が主語になるとわかる。(2)の文も主語が書かれていないが，(1)と同様に「私は」が主語になることを確認すること。
② 目的語が省略されていないか，確認すること。(1)の「会うことを楽しみにしています」の文で，「だれに」会うのを楽しみにしているのか，前の文から確認すること。

解答 (1) 例 **Because I haven't seen her for a few months, I'm looking forward to seeing her.**

(2) 例 **I will give her some beautiful flowers.**

例題2 次のような状況において，あとの(1)〜(3)のとき，あなたならどのように英語で表すか。それぞれ4語以上の英文を書きなさい。ただし，I'mなどの短縮形は1語として数え，コンマ (,)，ピリオド (.) などは語数に入れない。　　　　　　　　　[三重県]

〈状況〉

　　あなたは，オーストラリアでホームステイをしている。あなたは，ホームステイ先の高校生のPeterと話をしている。

(1) 日本に行ったことがあるかをたずねるとき。
(2) Peterの学校について話してほしいと伝えるとき。
(3) オーストラリアの動物を見ることに興味があると伝えるとき。

ここに注目! ① 設問文は長いが，実は，(1)〜(3)で与えられた日本語を英語に直す問題であることがわかる。
② 与えられた日本語で文が書けない場合は，同じ内容を別の言い方で表せないか考えてみる。

解答 (1) 例1 **Have you ever been to Japan?**
例2 **Have you visited Japan?**
例3 **Have you traveled in Japan before?**

(2) 例1 **Please tell me about your school.**
例2 **Can you talk about your school?**
例3 **I want to know about your school.**

(3) 例1 **I'm interested in seeing animals in Australia.**
例2 **It's interesting for me to watch the animals in Australia.**
例3 **Watching Australian animals is interesting for me.**

実力アップ問題

正答率

1 次の(1), (2)の会話において, (　　)内に示されていることを伝える場合, どのように言えばよいか。 ① ～ ③ の中に, 適当な英語を補いなさい。 [静岡県]

差がつく

(1) 母親 (Mother) と息子 (Son) の会話

Son : How will the weather be tomorrow?

Mother : It will be warm and sunny.

Son : | ① |

(出かけるにはもってこいだなあ。)

Mother : Yes... but you have a lot of homework, right?

Son : I know, but | ② |

(息抜きだって必要だよ。)

① _____ 　25%

② _____ 　32%

(2) メアリー (Mary) と賢 (Ken) の会話

Mary : Hi, Ken. What's up?

Ken : We've just bought a dog. He's very cute, but | ③ |

(手がかかるんだ。)

Mary : I have a dog, too. So, I know what you mean.

③ _____ 　42%

2 次の日本文を英語に直しなさい。

(1) バスでそこに行くのはどうですか。 [愛媛県・改]

_____

(2) あなたはそれが何を意味するか知っていますか。 [和歌山県・改]

_____

差がつく (3) 私たちがロボット (robots) について考えることは大切です。 [和歌山県・改]

_____

難 (4) 私はお互いに助け合うことが大切だということを学びました。 [福島県・改] 　17%

_____

難 (5) 私は今まで経験したことのない多くのことをやってみるつもりです。 [福島県・改] 　6%

_____

3 中学生のまさおが，近所に引っ越してきたMs. Brownと話をしている。英文をもとにして，あとの問いに答えなさい。 [大分県・改]

Ms. Brown : Good morning, Masao.

Masao : Good morning, Ms. Brown.

Ms. Brown : Masao, I need your help. I forgot to *take out *cans and bottles yesterday.

Masao : Oh, no!

Ms. Brown : Do you know when I should take out those things next time?

Masao : No, I don't know. Oh, I have a good idea. At school, we have an activity to collect cans and bottles for recycling. We have it once a month. Tomorrow we will collect cans and bottles from 8:00 to 10:00.

Ms. Brown : That sounds nice. ⬚

Masao : To *Nakayoshi* Park near the station.

(注) take out 〜 〜を出す can 缶

問い ⬚ に，「私はそれらをどこへ持っていけばよいか」とたずねる文を英語で書きなさい。

---

4 Akira は，英語の授業で，夏休みの出来事についてスピーチをすることになり，下の原稿を準備した。あなたがAkira なら，①〜③の内容をどのように英語で表すか。それぞれ6語以上の英文を書き，下の原稿を完成させなさい。ただし，I'mなどの短縮形は1語として数え，コンマ（,），ピリオド（.）などは語数に入れない。 [三重県・改]

〈原稿〉

Hello, everyone. I'm going to tell you about my trip to Yamanaka City.

① Yamanaka Cityに電車で家族と行ったこと。

② 晴れていたので，公園を散歩したこと。

③ 毎年，夏にその公園で有名な祭りが開催されること。

Thank you.

① ＿＿＿＿＿＿＿＿＿＿＿＿＿＿＿＿＿＿＿＿＿＿＿

② ＿＿＿＿＿＿＿＿＿＿＿＿＿＿＿＿＿＿＿＿＿＿＿

③ ＿＿＿＿＿＿＿＿＿＿＿＿＿＿＿＿＿＿＿＿＿＿＿

5 » 英作文
絵や図を読み取る問題
出題率 3.1%

入試メモ　図や表から読み取れることや，絵で示された状況を英語で説明する問題が見られる。

絵や図の中に答えのヒントがある。 与えられた情報のすみずみまで目を光らせるようにしよう。

例題　あなたは春休みに，ホームステイで日本に来ているマーク (Mark) と花見に出かける予定である。次の天気予報を見ながら，あなたはマークと下のような会話をしている。会話文が完成するように（　a　），（　b　）にそれぞれふさわしい英語を書きなさい。ただし，（　a　）は3語以上で10語以内，（　b　）は15語以上で25語以内とする。（　a　），（　b　）ともに2文以上になってもかまわない。（. , ? ! などの符号は語数に含めない）　　　[島根県]

〈天気予報〉

	Today Wednesday	March 31 Thursday	April 1 Friday	April 2 Saturday	April 3 Sunday
Weather	☁	☂	☁	☀	☀
Temperature (℃) the low / the high	5 / 15	2 / 11	5 / 16	7 / 17	8 / 18

You : Mark, we can't go to see cherry blossoms tomorrow because it will rain.

Mark : I'm sorry to hear that. Well, when will we go to see them?

You : (　　a　　)

Mark : OK. It's my first *hanami*. What will we do?

You : (　　b　　)

ここに注目！
① （　a　）の直前でマークは，「私たちはいつそれら（＝桜の花）を見に行きますか。」とたずねているので，「○日はどうですか」とか「○曜日はどうですか」という英文が答えとなる。与えられた表から，雨の降っていない4月1日金曜日から3日日曜日のいずれかを提案する文を書く。
② （　b　）の直前のマークの発言（私は花見をするのが初めてです。私たちは何をするのですか）に対する答えを，自分なりに考えて英文を書く。「美しい景色を楽しむ」「桜の花の下で昼食を食べる」「桜の花を写真におさめる」などの答えが考えられる。

解答 (a) 例1 **Why don't we go out on April 2?** （8語）
　　　　 例2 **How about this Sunday? It will be sunny.** （8語）
　　 (b) 例1 **We will go to the park and enjoy the beautiful view. Then we will eat lunch under the cherry trees.** （20語）
　　　　 例2 **You should bring your camera with you. You can take many pictures of beautiful cherry blossoms and show them to your friends.** （22語）

実力アップ問題

解答・解説 | 別冊 p.47

正答率

1

思考力

次の文は，英語の授業で出された課題である。あなたは，この課題に対してどのように答えるか。24語以上の英語で自由に書きなさい。ただし，英文は2文以上になってもよいものとする。

[北海道]

　右のグラフは，ある町において，ボランティアとして活動した高校生の人数を，年度別にまとめたものである。グラフから読み取れることについて説明しなさい。また，あなたがボランティアとして活動するとしたら，どのようなことをするか。その活動と目的について書きなさい。

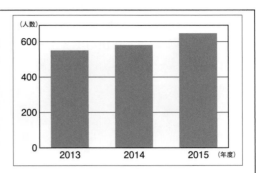

英作文

2

中学生の健太（Kenta）が，すし屋の前で困っている海外からの観光客（tourist）を見かけ，その観光客の手助けをしようと，一緒に店の標示を見ながら，下のような会話をしている。英文を読んで，あとの問いに答えなさい。

[宮城県]

Kenta : Hello.　　① 　

Tourist : Oh, this *guidebook says sushi in this town is very good, so I came here. But there is a *sign on the door. I can't read it.

Kenta : Let's see.　　②　

Tourist : Oh, thank you for your *advice.

[標示] 本日休業

　(注) guidebook ガイドブック　　sign 標示　　advice 助言

(1)　本文中の　①　に入る，困っている人に対して呼びかける内容の英語を1文で書きなさい。

---

(2)　2人の会話が成立するように，健太になったつもりで，本文中の　②　に入る3文以上の英語を書きなさい。

---

3 下の3枚の絵は，連続する場面を表している。どんな場面かを考え，その状況を説明する英文を，"Yesterday Taro saw two boys who were playing soccer in the park." に続けて，4行以内の英文で書きなさい。なお，必要があれば，下の語句を使用してもかまわない。

思考力

[新潟県]

> kick 〜 〜を蹴（け）る　　　go up in 〜 上がって〜に入る
> reach out 〜 〜を伸（の）ばす　　　arm 腕（うで）

Yesterday Taro saw two boys who were playing soccer in the park.

_____

_____

_____

_____

4 あなたは，午前10時30分に大歩危駅（Oboke Station）で，チミン（Chimin）から "Excuse me. I want to go to Kazura Bashi by bus. I know that there are two kinds of buses. Which bus should I take?" とたずねられた。

思考力

〈表〉

バス　バス停	Bus A 料金900円	Bus B 料金600円
大歩危駅	10：40 ↓	12：00 ↓
かずら橋	11：50	12：30

〈表〉を参考にして，　①　には，あなたがチミンに2つのバスのどちらをすすめるかを4語以上の英語で，　②　には，そのバスをすすめる理由を15語以上25語以内の英語で書きなさい。ただし，数を書く場合は数字ではなく英語で書くこととし，文の数はいくつでもよい。また，符号（ふごう）は数に含（ふく）めない。なお，Kazura Bashi, Bus AおよびBus Bは，それぞれ2語と数える。

[徳島県]

I think 　①　.

②

① _____

② _____

_____

_____

リスニング

●各単元の冒頭にある QR コードを読み取って，音声を再生しましょう。

●音声再生アプリ「SigmaPlayer2」を使って音声を再生することもできます。

SigmaPlayer2
リスニングアプリ（音声再生用）

無料アプリで文英堂の参考書・問題集の音声を聞くことができます。音声の速度を3段階に調整できます。

App Store, Google Playで「シグマプレーヤー」を検索！

●通信料は別途必要です。動作環境は弊社ホームページをご覧ください。●App StoreはApple Inc.のサービスマークです。●Google PlayはGoogle LLCの商標です。

出るとこチェック　リスニング

次の問題を解いて，リスニング問題の解き方を確認しよう。

┃ 英語の質問に答える問題 →p.128

🔊1 ○２人の会話とそれについての質問を聞いて，答えとして最も適当なものを，次の**ア〜エ**からそれぞれ１つずつ選び，記号で答えなさい。

☐ 01　**ア** To the museum.　　　　　**イ** Beautiful pictures.
　　　 ウ In front of the museum.　 **エ** At eleven.　　　　　　（　　　　）

☐ 02　**ア** An umbrella.　　　　　　**イ** A station.
　　　 ウ A cap.　　　　　　　　 **エ** Another shop.　　　　　（　　　　）

2 イラスト・図表を選ぶ問題 →p.131

🔊2 ○放送される英文とそれについての質問を聞いて，答えとして最も適当なものを，次の**ア〜エ**から１つ選び，記号で答えなさい。

☐ 03　（　　　　　　）

3 対話の応答を答える問題 →p.134

🔊3 ○エミとジムの対話を聞いて，最後の発言に対する受け答えとして最も適当なものを，次の**ア〜エ**からそれぞれ１つずつ選び，記号で答えなさい。

☐ 04　**ア** No, I'm not.　　　　　　**イ** Let's do the work.
　　　 ウ Yes, I'd love to.　　　　**エ** That's too bad.　　　　（　　　　）

☐ 05　**ア** For about two hours.　　 **イ** Once a month.
　　　 ウ I like movies.　　　　　**エ** 1,500 yen.　　　　　　（　　　　）

4 まとめや表を完成させる問題 →p.137

🔊4 ☐ 06　英文を聞いて，メグが書いた次のメモの(1)〜(3)の（　　　　）に入る適当な英語または数字を書きなさい。

〈メグが書いたメモ〉

> (1)　The concert will be held at the school （　　　　）.
> (2)　The music club will play some （　　　　） music.
> (3)　The concert will be from 2:30 p.m. to （　　　　） p.m.

(1)（　　　　　　　） (2)（　　　　　　　） (3)（　　　　　　　）

5 正しい場所を答える問題 →p.140

5 □ 07 2人の会話とそれについての質問を聞いて，答えとして最も適当なものを，次の**ア〜エ**から1つ選び，記号で答えなさい。 (   )

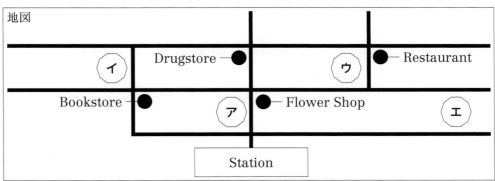

地図

出るとこチェックの答え

1	01 エ	02 ア	2	03 エ	3	04 ウ	05 イ
4	06 (1) gym	(2) famous	(3) 3:30		5	07 エ	

放送文

01 Masato : Hi, Ann. If you're free tomorrow, why don't you go to the museum with me?
Ann : Oh, thank you, Masato. Sure, let's go. I like beautiful pictures.
Masato : OK. Then, meet me at eleven in front of the museum.
Question : What time will they meet tomorrow?

02 Ken : Kate, your umbrella is cute! Where did you buy it?
Kate : At the shop in the station.
Ken : I know that shop. I bought a cap there.
Question : What did Kate buy at the shop?

03 We can see two cups on the table and a bag by the chair. Which picture shows this?

04 Emi : Jim, I've just finished my work.
Jim : OK. Ken and I are going to play tennis at the park. Do you want to come with us, Emi?

05 Emi : What do you usually do on Sundays, Jim?
Jim : I often go out. Last Sunday I went to the movies.
Emi : I see. Then, how often do you go to the movies?

06 We're members of the music club. Today we're going to tell you about our event. We'll have a concert at the school gym next Wednesday. We're going to play some famous music, so we're sure you'll have a good time. The concert will start at 2:30 p.m., and we'll play for an hour. Please come with your friends!

07 Man : Excuse me. Could you tell me how to get to City Hospital?
Woman : Sure. We're at the station now. Go straight and turn right at the flower shop. Then go straight again. You'll see it on your right.
Man : I see. Thank you very much.
Question : Where is City Hospital?

英語の質問に答える問題

入試メモ　質問の答えとして適当なものを選ぶ問題が多いが，英語で答える問題が出されることもある。

02

リスニング問題は，**必ずメモを取りながら聞くこと**。問題冊子に質問や選択肢が書かれている場合は，放送が流れる前に必ず目を通しておこう。

> **例題** これから英文を読み，それについての質問をする。それぞれの質問に対する答えとして最も適当なものを，次の**ア〜エ**からそれぞれ1つずつ選び，記号で答えなさい。 6
> [新潟県]
>
> (1)　**ア** A dictionary.　　　　**イ** A pencil.
> 　　　**ウ** An eraser.　　　　　**エ** A bag.
>
> (2)　**ア** May I help you?　　　**イ** Do you have a bigger one?
> 　　　**ウ** Can I sell it?　　　　**エ** Will you buy it?

> ① リスニング問題は，**必ずメモを取りながら放送を聞くこと**。メモを取る上でのルールを自分で作って，すばやく正確なメモが取れるようにふだんから準備しておくとよい。1回目の放送では話題と質問文をつかみ，2回目の放送では質問の答えとなる箇所を探しながら聞くとよい。
> ② 問題冊子に質問の選択肢が書かれていて，目を通してよいときは，放送を聞く前に必ず目を通し，どのような質問がされるのか予想すること。
> ③ 質問が放送されるタイプの問題では，疑問詞で始まる疑問文が多いので，**質問の先頭の語を特に注意して聞くこと**。

(解答)(1)　**ア**　　(2)　**イ**

放送文と日本語訳

(1)　You are reading an English book. There are some words you don't know. When you want to know the meanings of the words, you use this.
Question：What is this?
あなたは英語の本を読んでいます。知らない語がいくつかあります。その語の意味を知りたいとき，あなたはこれを使います。
質問：これとは何ですか。

(2)　You are in a shop. You find a nice shirt but it's too small for you.
Question：What will you say to the clerk?
あなたは店にいます。あなたはすてきなシャツを見つけますが，それはあなたには小さすぎます。
質問：あなたは店員さんに何と言いますか。

正答率

1 2人の会話とそれについての質問を聞いて，答えとして最も適当なものを，次の**ア**〜**エ**からそれぞれ1つずつ選び，記号で答えなさい。

🔊 7
[秋田県]

超重要 (1) **ア** To study with the boy.
イ To go to the library.
ウ To walk to her house.
エ To take care of her dog.
　　　　　　　　　　　　　　　　　　　　　　　　　　〔　　　　〕

■ 95%

(2) **ア** The boy did.　　　　　　**イ** Miho did.
ウ The boy's father did.　　**エ** Miho's sister did.
　　　　　　　　　　　　　　　　　　　　　　　　　　〔　　　　〕

■ 76%

(3) **ア** At 2:20.　　　　　　　　**イ** At 2:30.
ウ At 2:40.　　　　　　　　**エ** At 3:00.
　　　　　　　　　　　　　　　　　　　　　　　　　　〔　　　　〕

■ 62%

2 2人の会話とそれについての質問を聞いて，答えとして最も適当なものを，次の**ア**〜**エ**からそれぞれ1つずつ選び，記号で答えなさい。

🔊 8
[長野県]

(1) **ア** Oh, thank you.
イ Oh, you don't have a pen.
ウ Well, you're welcome.
エ Well, use this pen.
　　　　　　　　　　　　　　　　　　　　　　　　　　〔　　　　〕

■ 74%

(2) **ア** At 10:15.　　　　　　　　**イ** At 10:35.
ウ At 10:50.　　　　　　　　**エ** At 11:10.
　　　　　　　　　　　　　　　　　　　　　　　　　　〔　　　　〕

■ 50%

(3) **ア** She enjoyed the concert with Bob.
イ She called Bob to go to a concert.
ウ She bought some books in the bookstore near the library.
エ She went to the library to find some books for her homework.
　　　　　　　　　　　　　　　　　　　　　　　　　　〔　　　　〕

■ 75%

3 留学生のメアリー（Mary）と高校生の幸二が会話をする。2人の会話とそれについての質問を聞いて，答えとして最も適当なものを，次の**ア**〜**エ**からそれぞれ1つずつ選び，記号で答えなさい。

🔊 9
超重要
[宮城県]

(1) **ア** On May 7.　　　　　　　**イ** On May 8.
ウ On June 7.　　　　　　　**エ** On June 8.
　　　　　　　　　　　　　　　　　　　　　　　　　　〔　　　　〕

■ 93%

(2) **ア** 12 members.　　　　　　**イ** 22 members.
ウ 24 members.　　　　　　**エ** 44 members.
　　　　　　　　　　　　　　　　　　　　　　　　　　〔　　　　〕

■ 78%

(3) **ア** They are going to write about their activity in the newspaper.
イ They are going to play baseball with Mary.
ウ They are going to talk with old people in their town.
エ They are going to clean the streets near their school.
　　　　　　　　　　　　　　　　　　　　　　　　　　〔　　　　〕

■ 85%

リスニング

4 ある美術館の館内放送とその内容についての質問を聞いて，答えとして最も適当なものを，次の**ア～エ**からそれぞれ1つずつ選び，記号で答えなさい。 [宮崎県]

🔊 10

(1) 　ア One. 　　イ Two.
　　ウ Three. 　エ Four. 　　　　　〔　　　〕　■□ 58%

(2) 　ア At 10 a.m. 　イ At 11 a.m.
　　ウ At 2 p.m. 　エ At 3 p.m. 　　〔　　　〕　■□ 76%

(3) 　ア Get information on the second floor.　　　　　■□ 51%
　　イ Get information on the third floor.
　　ウ Get to the ABC room to tell your name.
　　エ Go to the information desk to tell your name. 〔　　　〕

5 TomokoとJudyについての英文とそれについての質問を聞いて，答えとして最も適当なものを，次の**ア～エ**からそれぞれ1つずつ選び，記号で答えなさい。 [香川県]

🔊 11

(1) 　ア For a day.
　　イ For a week.
　　ウ For a month.
　　エ For a year. 　　　　　　　　〔　　　〕

(2) 　ア Because a big art festival was held around Kagawa.
　　イ Because Tomoko heard about a *bonsai* event.
　　ウ Because Judy's friend talked about Kagawa before.
　　エ Because Judy said that *bonsai* was popular in Europe.
　　　　　　　　　　　　　　　　　〔　　　〕

(3) 　ア She thought that going to Europe was fun.
　　イ She thought that *bonsai* was cool and beautiful.
　　ウ She thought that there were beautiful plants in London.
　　エ She thought that *bonsai* was popular among young people.
　　　　　　　　　　　　　　　　　〔　　　〕

6 ある高校の文化祭で行われた英語でのクラブの紹介を聞いて，次の質問に対する答えを英語で書きなさい。ただし，答えは書き出しのI can get itに続けて1文で書き，文末は「.」(ピリオド)で終わること。 [神奈川県]　□ 5%

🔊 12 ↗難

質問　How can you get a cake as a present in the cooking room?

答え　I can get it _____

2 » リスニング
イラスト・図表を選ぶ問題 出題率 **80.2%**

入試メモ 放送される英文の内容に合うものを選ぶ問題や，内容についての質問の答え
として適当なものを選ぶ問題が出される。

 03

与えられた**絵や表の違いを見分けて**，注意して聞くべきポイントをしぼろう。

例題1 短い対話とその内容についての質問を聞いて，答えとして最も適当なものを次の**ア～エ**から
🔊 13　1つ選び，記号で答えなさい。
[北海道]

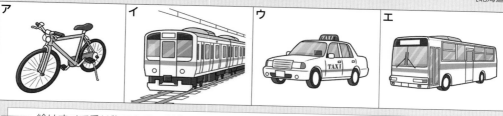

ア　イ　ウ　エ

ここに注目！ 絵はすべて乗り物である。放送される英文の中に，〈**by＋乗り物**〉「**～（乗り物）で**」という表現と交通手段をたずねる表現があることに気づく。質問文がどちらのことを聞いているのかに注意する。

（解答）**イ**

例題2 放送される英文を聞いて，その内容に最もよく合うものを次の**ア～エ**から1つ選び，記号
🔊 14　で答えなさい。
[茨城県]

ア 時間割

	木	金
1	社会	理科
2	体育	英語
3	英語	国語
4	数学	体育

イ 時間割

	木	金
1	理科	数学
2	国語	英語
3	数学	国語
4	英語	音楽

ウ 時間割

	木	金
1	英語	数学
2	社会	英語
3	体育	音楽
4	数学	理科

エ 時間割

	木	金
1	体育	国語
2	英語	数学
3	理科	社会
4	数学	理科

ここに注目！
① それぞれの時間割で注目すべきなのは，**曜日が2つあること**，**教科が異なっていること**，の2点。
② 放送される英文を，**何曜日の何時間目に，何の教科があるのか**に注意して聞くようにする。教科
や月・曜日などの名前をまとめて復習しておこう。

（解答）**エ**

放送文と日本語訳

例題1 **A：** Daiki, how do you come to school every day?

B： I come to school by train. Do you come to school by train, Beth?

A： No, I come to school by bus.

Question：How does Daiki come to school every day?

A：ダイキ，あなたは毎日どのようにして学校に来るの？

B：電車で来るよ。ベス，君は電車で来るの？

A：いいえ，私はバスで来るわ。

質問：ダイキは毎日どのようにして学校に来ますか。

例題2 It is Thursday today. We have science and it is after English and before math.
今日は木曜日です。理科の授業があり，それは英語のあと，数学の前にあります。

リスニング

実力アップ問題

正答率

1 放送される英文を聞いて，その内容に最もよく合うものを，次の**ア～エ**からそれぞれ1つずつ選び，記号で答えなさい。

[奈良県]

超重要

(1) 　ア　　　　　　　　イ　　　　　　　　ウ　　　　　　　　エ

〔　　　　　〕

95%

(2) 　ア　　　　　　　　イ　　　　　　　　ウ　　　　　　　　エ

〔　　　　　〕

98%

2 放送される英文を聞いて，その内容に最もよく合うものを，次の**ア～エ**からそれぞれ1つずつ選び，記号で答えなさい。

[鳥取県]

超重要

(1) 　ア　　　　　　　　イ　　　　　　　　ウ　　　　　　　　エ

〔　　　　　〕

78%

(2) 　ア　　　　　　　　イ　　　　　　　　ウ　　　　　　　　エ

〔　　　　　〕

63%

3 放送される英文とそれについての質問を聞いて，答えとして最も適当なものを，次
🔊 17 の**ア**〜**エ**からそれぞれ１つずつ選び，記号で答えなさい。

[高知県]

(1)

〔　　　〕

〔　　　〕

4 中学生の寛太（Kanta）とカナダ人留学生のジェニー（Jenny）の会話とそれについ
🔊 18 ての質問を聞いて，答えとして最も適当なものを，次の**ア**〜**エ**からそれぞれ１つず
つ選び，記号で答えなさい。

[静岡県]

差がつく (1) ア　　　　　　　イ　　　　　　　ウ　　　　　　　エ

〔　　　〕

(2)

国別　好きな色　ベスト3			
国　名	1　位	2　位	3　位
（　**ア**　）	白	黒	青
（　**イ**　）	白	青	緑
（　**ウ**　）	青	赤	黒
（　**エ**　）	青	赤	緑
アメリカ	青	赤	緑

〔　　　〕

92%

22%

63%

72%

リスニング

3 » リスニング
対話の応答を答える問題

出題率 **58.3**%

入試メモ 英語の対話の，最後の発言に対する応答を答える問題。選択肢から選ぶ問題が多いが，英語で答える問題が出されることもある。

04

放送される最後の1文が，**ふつうの疑問文なのか疑問詞で始まる疑問文なのか**を聞き落とさないこと。

例題1 英語の対話を聞いて，最後の発言に対する受け答えとして最も適当なものを，次の**ア〜エ**から1つ選び，記号で答えなさい。 [大阪府]

🔊 19

ア Yes, I will.　　イ Yes, you did.

ウ No, I haven't.　エ No, you can't.

ここに注目!
① 放送される最後の1文に注意して聞く。**Have you 〜?**という現在完了の疑問文なので，その答えはYes / Noで答える。
② 選択肢の文末に注目して，haveを使っている選択肢を選ぶ。選択肢には必ず目を通しておこう。

解答 ウ

例題2 留学生のJanetとShotaが対話をしている。最後にJanetがShotaに質問する。Shotaの答えをShotaに代わって英語で書きなさい。 [鹿児島県]

🔊 20

ここに注目!
① 放送の最後の文が**what**で始まる疑問文であることをおさえる。Janetの質問は，「あなたはそこ（＝東京）で何をしますか。」という意味。
② 東京ですること・したいことについて，自分の考えを書く。実際に自分がしたいことが書ければよいが，書けそうにない場合は，**知っている単語や表現で書ける内容を選ぶ**とよい。

解答 例 I will go to Tokyo Dome and watch a baseball game.

放送文と日本語訳

例題1　**Ken :** Hi, Jane. I hear you are going to Okinawa this summer.

Jane : That's right, Ken. Have you been there before?

ケン：やあ，ジェーン。この夏に君が沖縄に行くって聞いたよ。

ジェーン：その通りよ，ケン。あなたは以前にそこへ行ったことがある？

例題2　**Janet :** Shota, you are going to Tokyo tomorrow, right?

Shota : Yes. I am looking forward to it.

Janet : What will you do there?

ジャネット：ショウタ，あなたは明日東京に行くんだよね？

ショウタ：うん。楽しみにしているんだ。

ジャネット：あなたはそこで何をするの？

正答率

1 🔊 21 英語の対話を聞いて，最後の発言に対する受け答えとして最も適当なものを，次の
ア～エからそれぞれ1つずつ選び，記号で答えなさい。 [千葉県]

超重要 (1) ア No problem. イ Yes, orange juice, please.
ウ I like banana cake. エ Here you are. 〔　　　〕 ■ 94%

(2) ア Twice. イ Last week.
ウ No, I haven't. エ For a long time. 〔　　　〕 ■□ 62%

2 🔊 22 英語の対話を聞いて，最後の発言に対する受け答えとして最も適当なものを，次の
ア～エからそれぞれ1つずつ選び，記号で答えなさい。 [和歌山県]

超重要 (1) 友人との対話

ア Well, I want to buy basketball shoes.
イ Well, I want to play the piano at home.
ウ Well, I want to watch a soccer game.
エ Well, I want to play tennis in the park. 〔　　　〕

(2) 友人との対話

ア Really? You should stop looking for it.
イ Really? I also want to read it.
ウ Let's see. I'll also give it to you.
エ Let's see. You'll get to the library soon. 〔　　　〕

(3) 電話での対話

ア Oh, I see. Please tell him my message.
イ Oh, I see. I want him to go out now.
ウ Don't worry. Please speak to Fumiya now.
エ Don't worry. I'll tell him to call you later. 〔　　　〕

3 🔊 23 英語の対話を聞いて，最後の発言に対する受け答えとして最も適当なものを，次の
ア～エからそれぞれ1つずつ選び，記号で答えなさい。 [山口県]

(1) ア I haven't seen anyone there.
イ My friend said it was nice.
ウ We're eating now.
エ It's an old restaurant. 〔　　　〕

(2) ア Really? I'm not at home.
イ I know. You can walk here.
ウ That's easy. I'll do it now.
エ I see. You'll know the dog. 〔　　　〕

正答率

(3) ア OK. Let's play it later.
　　イ I haven't finished lunch yet.
　　ウ Great. I'll get a racket, too.
　　エ Shall we eat lunch and rest?　〔　　　　〕

(4) ア I don't think so. Is it hot here?
　　イ So, I'll go to the classroom.
　　ウ Yes. Is it going to rain?
　　エ Then, just open it a little.　〔　　　　〕

4 英語の対話を聞いて，最後の発言に対する受け答えとして最も適当なものを，次の
ア～エからそれぞれ1つずつ選び，記号で答えなさい。　[栃木県]

◁))24
超重要

(1) ア Cheap.　　　　イ Large.
　　ウ Short.　　　　エ Yellow.　〔　　　　〕　■95%

(2) ア Good luck.　　イ Thanks.
　　ウ Me, too.　　　エ Here you are.　〔　　　　〕　■84%

(3) ア So, have a good time.
　　イ So, come after school.
　　ウ Thank you for your time.
　　エ Don't be late for school.　〔　　　　〕　■62%

(4) ア Half an hour.　　イ Just once.
　　ウ Math and English.　エ Several meters.　〔　　　　〕　■57%

差がつく (5) ア Yes. It's on the right side.
　　イ Yes. I left the convenience store.
　　ウ I said, "Turn left," not "Turn right."
　　エ I said, "You left the convenience store."　〔　　　　〕　■47%

5 中学生のMarikoと留学生のJasonが対話をしている。あなたがMarikoなら，最
後の発言に対して何と答えるか。対話の流れに合うように内容を考えて，英語で書
きなさい。　[群馬県]

◁))25
思考力

_____

6 マイクの質問に対して，あなたならどのように答えるか。あなたが話す内容を3文
程度の英語で書きなさい。　[福井県]

◁))26
差がつく
_____
_____
_____

》リスニング

まとめや表を完成させる問題

出題率 **39.6%**

05

入試メモ 放送される英文の内容についてのまとめを完成させる問題。表などの一部に入る適当な日本語や英語，数字を書く問題が出される。

問題冊子にある**英文や表**は，**聞き取るポイントを事前に教えてくれる**。放送を聞く前に，必ず目を通しておこう。

（例題） アメリカのある学校で，Sam先生が，初めて学校に来た留学生たちに，学習内容などについて説明しているときの英文を聞いて，説明の内容に合うように，次の表の（ ① ）～（ ⑤ ）に入る最も適当な日本語または数字を書きなさい。

◁)) 27

[三重県]

学校が建てられた時期	（ ① ）年前
この教室にいる留学生の数	（ ② ）人
翌日の1時間目の授業で，留学生が話す内容	自分の（ ③ ）と，その理由について
翌日の2時間目の授業で，留学生が持ってくるもの	自分の（ ④ ）
翌日の2時間目の授業が始まる予定の時刻	10時（ ⑤ ）分

ここに注目！
① 表中の（ ）の前後の日本語に注目し，注意して聞く。右の（ ）の前後だけでなく，左の列の日本語も参考にするとよい。
② 長めの英文が放送されることが多いので，**キーワードと思われる箇所を必ずメモする**ようにしよう。
③ ②は計算が必要な問題。聞き取った数字をうのみにせず，冷静に判断しよう。

（解答） ① 13　② 30　③ 宝物　④ 辞書　⑤ 40

放送文と日本語訳

　Hello, everyone. I'm Sam. Welcome to our school. Our school was built thirteen years ago. At this school, you'll have two classes in the morning and one class in the afternoon. You'll study for ninety minutes in each class. In this classroom, there are fourteen students from Japan and sixteen students from China. You'll be classmates and study together.

　Tomorrow I'll teach you two classes in the morning. In the first class, please talk about your treasure and why it's important to you. In the second class, you'll write about your dream. So bring your dictionaries. The first class will start at nine and the second class will start at ten forty. Please come to this classroom.

　こんにちは，みなさん。私はサムです。私たちの学校へようこそ。私たちの学校は13年前に建てられました。この学校では，あなたたちは午前中に2つの授業，午後に1つの授業があります。それぞれの授業は90分間です。この教室には，日本出身の生徒が14人，中国出身の生徒が16人います。あなたたちはクラスメートになって，一緒に勉強します。

　明日，私は午前中に2つの授業をします。最初の授業では，あなたたちの宝物となぜそれがあなたにとって大切なのか話してください。2つ目の授業では，あなたたちの夢について書いてもらいます。ですから，自分たちの辞書を持ってきてください。最初の授業は9時に，2つ目の授業は10時40分に始まります。この教室に来てください。

実力アップ問題

解答・解説 | 別冊 p.54

正答率

1 放送される ALT（外国語指導助手）からのお知らせを聞き，次の〈メモ〉の（ ① ）
〜（ ③ ）に入る適当な日本語または数字を書きなさい。 [長崎県]

◁)) 28
超重要

〈メモ〉

〈映画の上映会について〉

上 映 日 ： 来週の（　　① 　　）曜日
場　　所 ： 学校の（　　② 　　）
開始時刻 ： 午後 4 時30分
終了時刻 ： （③　午後　　　時　　　分）

① 〔　　　　　　　　　　　　　〕 ■□ 83%

② 〔　　　　　　　　　　　　　〕 ■□ 89%

③ 〔　午後　　　時　　　分　〕 ■□ 56%

2 次の文は，中学生の美佳子が英語の時間に行ったスピーチの内容をまとめたもので
ある。内容を聞き取って，（ ① ）〜（ ⑤ ）に入る適当な日本語または数字を
書きなさい。 [和歌山県]

◁)) 29

○ 美佳子は，（　①　）日間，ボランティアに行った。
○ 美佳子は，（　②　）を幸せにするために何かしたいと思った。
○ 美佳子は，林さんに（　③　）について話をした。
○ 林さんは，（　④　）と話をする機会があまり多くないと言った。
○ 美佳子は，来週の日曜日，（　⑤　）ことを望んでいる。

① 〔　　　　　　　　　〕　② 〔　　　　　　　　　〕

③ 〔　　　　　　　　　〕　④ 〔　　　　　　　　　〕

⑤ 〔　　　　　　　　　〕

3 英語の授業で行う活動について，先生が説明をしている。説明の要点がわかるよう
に，（ ① ），（ ② ）にそれぞれ英語 1 語を入れなさい。 [岡山県]

◁)) 30
難

Two useful things to do in today's activity
・Give important （　①　）.
・Use （　②　） language.

① ＿＿＿＿＿＿＿＿＿＿＿ □ 21%

② ＿＿＿＿＿＿＿＿＿＿＿ □ 5%

正答率

4 DJバード(DJ Bird)によるイベント情報を聞き，ケイト(Kate)が書いた次のメ
🔊31 モの(1)〜(3)の(　)に入る適当な英語または数字を書きなさい。

[鳥取県]

超重要 〈ケイトが書いたメモ〉

(1)	The concert will be from next Friday to next (　　　).
(2)	I have to go to the city (　　　) to get a special card.
(3)	The telephone number is 1 ― 800 ― (　　　) ― (　　　).

(1) ＿＿＿＿＿＿＿＿＿＿　　■■77%

(2) ＿＿＿＿＿＿＿＿＿＿　　■42%

(3) 〔　　　　　　〕 〔　　　　　　〕　　■72%

5 次の〈メモ〉は，Nozomiが学校新聞の記事を書くために，新しく着任したMr.
🔊32 Youngにインタビューしながら書いたものの一部である。インタビュー中の2人
思考力 の対話を聞いて，下線部①，③には対話の中で用いられた英語1語を，下線部②に
は与えられた文字で始まる適当な英語1語を，下線部④には，適当な英語を4語以
上で書きなさい。

[山口県]

〈メモ〉

Questions	Mr. Young's Answers
〜〜〜〜〜	〜〜〜〜〜〜〜〜〜〜〜
Things he wants to try	・To join some Japanese ＿①＿ because they are so cool
Places he wants to visit	・Mt. Fuji because it's beautiful and ②(f 　　) in the world ・Traditional buildings to feel Japanese ＿③＿
Things he wants to say to us	・He wants us ＿＿＿④＿＿＿ we see him in school.

① ＿＿＿＿＿＿＿＿＿＿

② ＿＿＿＿＿＿＿＿＿＿

③ ＿＿＿＿＿＿＿＿＿＿

④ ＿＿＿＿＿＿＿＿＿＿＿＿＿＿＿＿＿＿＿＿＿

» リスニング

正しい場所を答える問題

出題率 12.5%

(入試メモ) 放送を聞いて，地図やイラスト上の正しい場所を答える問題。路線図を見て
正しい場所を答える問題も出される。

06

聞いて得た情報を，順次問題冊子の中の**地図に書きこみながら聞く**ようにしよう。特に，**位置を表す前置詞**には
注意しよう。

(例題) 中学生の恵理 (Eri) が，新しく来たALTのボブ先生に，地図を示しながら学校付近の様子を説
 33 明する。その内容に合うように，①〜③の建物の位置を，地図上の**ア〜エ**からそれぞれ１つ
ずつ選び，記号で答えなさい。 [秋田県]

① 花屋
② 郵便局
③ 本屋

〈地図〉

グラウンド		公園		ア	病院	
学校		イ	映画館	ウ	スーパーマーケット	エ

(ここに注目!)
① **放送が始まる前に，ア〜エの位置関係をつかんでおくこと。少なくとも，隣に何があるかはおさ**
えておこう。
② 放送を聞いて得た情報を，**問題冊子の中の地図に書きこみながら聞く**とよい。
③ ①〜③の意味を表す英語 (①flower shop，②post office，③bookstore) には，特に注意を払
うこと。また，in front of 〜（〜の前に，〜の正面に），along 〜（〜に沿って），next to 〜（〜の
隣に），between 〜 and ...（〜と…の間に）など，位置を示すヒントとなる前置詞 (句) もおさえる。

(解答) ① **ア** ② **イ** ③ **エ**

放送文と日本語訳

Please look at the map. We can see a post office in front of the school. We have a park
along the street. My brass band had a concert in the park last fall. There is a hospital next
to a flower shop. In front of the hospital, there is a bookstore next to a supermarket. We
have a coffee shop between the supermarket and a movie theater. You can enjoy nice
coffee at the shop.

地図を見てください。学校の正面に郵便局が見えます。通り沿いに公園があります。私のブラスバン
ドはこの前の秋にその公園でコンサートを開きました。花屋の隣に病院があります。病院の正面には，
スーパーマーケットの隣に本屋があります。スーパーマーケットと映画館の間にはコーヒーショップが
あります。その店ではおいしいコーヒーを楽しむことができます。

実力アップ問題

正答率

1 ◁)) 34 【超重要】

BeckyがHiroshiに，コンピューターを置く場所とギターを置く場所を言う。よく聞いて，絵の中にある**ア～カ**の場所のうち，コンピューターとギターを置く場所として最も適当なものをそれぞれ1つずつ選び，記号で答えなさい。 [香川県]

コンピューターを置く場所 〔　　　　　〕

ギターを置く場所 〔　　　　　〕

2 ◁)) 35

2人の会話とそれについての質問を聞いて，答えとして最も適当なものを次の**ア～エ**から1つ選び，記号で答えなさい。 [北海道] ■■■73%

〔　　　　　〕

3 ◁)) 36 【超重要】

2人の会話とそれについての質問を聞いて，答えとして最も適当なものを次の**ア～エ**から1つ選び，記号で答えなさい。 [兵庫県]

Namboku Line

イ
Izumi
ア Asahi ／ Chuo ／ ウ エ Tozai Line
← Nishi-machi Higashi-machi →
Aoba
Seto ← You are here.

〔　　　　　〕

正答率

4 🔊 37

差がつく

2人の会話とそれについての質問を聞いて，答えとして最も適当なものを次の**ア〜エ**から1つ選び，記号で答えなさい。　　　　　　　　　　　　　［埼玉県］

77%

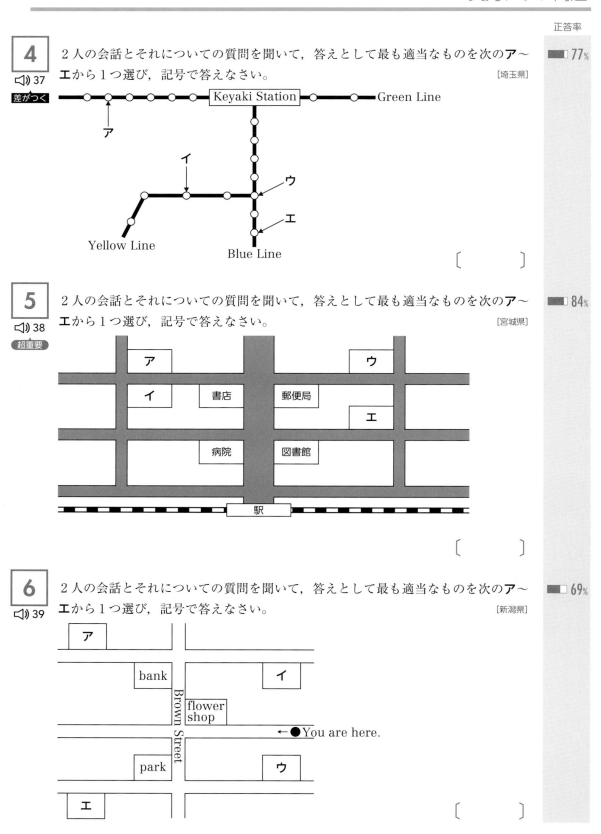

5 🔊 38

超重要

2人の会話とそれについての質問を聞いて，答えとして最も適当なものを次の**ア〜エ**から1つ選び，記号で答えなさい。　　　　　　　　　　　　　［宮城県］

84%

6 🔊 39

2人の会話とそれについての質問を聞いて，答えとして最も適当なものを次の**ア〜エ**から1つ選び，記号で答えなさい。　　　　　　　　　　　　　［新潟県］

69%

模擬テスト

- 実際の入試問題と同じ形式で，全範囲から問題をつくりました。
- 入試本番を意識し，時間をはかってやってみましょう。

07

＊ 1 と 2 は，音声を聞いて答える問題です。英文と質問は，それぞれ 2 回ずつ読まれます。

1 2 人の会話とそれについての質問を聞いて，答えとして最も適当なものを，次の**ア～エ**からそれぞ
📢 40 れ 1 つずつ選び，記号で答えなさい。　　　　　　　　　　　　　　　　　　　　　　（各4点）

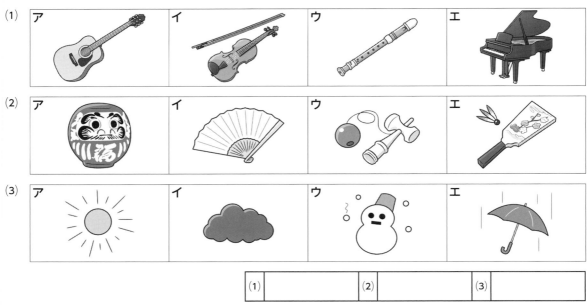

(1)		(2)		(3)	

2 英語のスピーチとそれについての質問を聞いて，答えとして最も適当なものを，次の**ア～エ**からそ
📢 41 れぞれ 1 つずつ選び，記号で答えなさい。　　　　　　　　　　　　　　　　　　　　（各5点）

(1) 　**ア**　A boy who is staying in Australia.
　　イ　A boy who has been in Japan for two years.
　　ウ　A boy who has never done *hanami*.
　　エ　A boy who doesn't want to do *hanami*.

(2) 　**ア**　Cherry blossoms tell Japanese people that spring has come.
　　イ　Cherry blossoms are important for people in Australia.
　　ウ　It is one of the things that Japanese people like to do.
　　エ　They have lunch near the cherry trees.

(1)		(2)	

3 日本語の意味を表す英文になるように，（　　）に入る最も適当な語句を，あとの**ア～エ**からそれぞれ1つずつ選び，記号で答えなさい。　　　　　　　　　　　　　　　　　　　　（各4点）

(1) 私に何か読むものをください。　　Please give me something（　　　　　）.

　　ア read　　　**イ** reads　　　**ウ** reading　　**エ** to read

(2) アキラが撮った写真はとてもすてきでした。　　The photo（　　　　）by Akira was very nice.

　　ア take　　　**イ** took　　　**ウ** taken　　　**エ** taking

(3) 彼らの2人とも，その問題を解くことができました。

　　（　　　　）of them could solve the problem.

　　ア Other　　　**イ** None　　　**ウ** Both　　　**エ** Either

(1)		(2)		(3)	

4 次の日本語と同じ意味を表すように，（　　）内の語句を並べかえ，その順に記号を書きなさい。ただし，それぞれ不要な語が1語ある。　　　　　　　　　　　　　　　　　　　　　　　（各5点）

(1) 私はそのとき彼に何と言うべきかわかりませんでした。

　　I didn't（**ア** should / **イ** what / **ウ** say / **エ** know / **オ** to）to him then.

(2) ピアノを弾いている女の子は私のクラスメートです。

　　The（**ア** is / **イ** playing / **ウ** girl / **エ** the piano / **オ** who）my classmate.

(3) 彼に兄弟が何人いるのか知りません。

　　I don't know（**ア** much / **イ** brothers / **ウ** he / **エ** how / **オ** many）has.

(4) 彼が宿題をするのは大切なことです。

　　It is（**ア** important / **イ** he / **ウ** to / **エ** him / **オ** for）do his homework.

(1)		(2)	
(3)		(4)	

5 次のような状況のとき，英語でどのように言うか。指示された語句がある場合は，その語句を使って書きなさい。　　　　　　　　　　　　　　　　　　　　　　　　　　　　　　　（各6点）

(1) 山田先生（Ms. Yamada）にたずねてみたらどうかと友だちに提案するとき。

(2) 自分のかばんを運んでくれるように，人にお願いするとき。（willを使って）

(3) ドアを開けたままにしないでと伝えるとき。（keepを使って）

(1)	
(2)	
(3)	

145

6 次の文は，中学3年生のユカ (Yuka) が，地区の英語スピーチ大会で発表した英文である。これを
読んで，あとの問いに答えなさい。 ((1)6点, (2)完答6点, (3)(4)各8点)

There are five people in my family: my grandfather, father, mother, brother, and I.

My grandfather, Yoshio, is seventy-five years old. He worked at a *factory for about fifty years and *retired from his work about ten years ago. Now he *makes it a rule to clean in and around our house every day. My brother, Masato, is twenty-three years old. He has been interested in cooking since he was a child, so he decided to become a *cook after graduating from high school. Now he works at a restaurant as a cook.

When Masato started working, his work was only to clean the restaurant and wash the dishes. ⬚⬚⬚⬚⬚, but he worked hard because he thought he would be able to learn how to cook soon. But, one year later, he was still doing the same work. He was very *disappointed and wanted to stop working at the restaurant.

Masato's restaurant isn't opened on Wednesdays. One Wednesday morning, Masato was watching TV in the living room. Then Yoshio came and started cleaning the room. As Masato saw him, he thought, "Why does *Grandpa clean every day?" Then he said, "Grandpa, do you like cleaning?" "Not at all. I'm just doing the thing I have to do," said Yoshio. Masato couldn't understand his words and thought, "Why does Grandpa do something he doesn't like every day?"

In the evening, Masato talked with him to find out why he cleaned every day. Yoshio said, "When I worked at my factory, we had to clean the factory every day. It was important to keep the factory clean to work *safely. I cleaned the factory for fifty years, so, even today, cleaning is like a *duty for me." When Masato heard Yoshio's words, he talked about his job at the restaurant. Then Yoshio said, "Masato, do you understand why you have to wash the dishes and clean the restaurant?" Masato didn't say anything. Yoshio also said, "You should think about it. All work has meaning."

One Saturday evening, Masato had to *serve because one of the waiters was sick. At around eight, a man with a woman came to the restaurant to have dinner. Masato was very *nervous, but he did his best. When they finished their dinner and were leaving the restaurant, the man said to Masato, "Thank you for the delicious dinner. I like this restaurant because it is always clean. It makes the food better." When he heard that, he knew the answer; his work was to make people happy without food. If the floor or the dishes are not clean, people won't be able to enjoy their dinner *even if the food is delicious. From that night, he worked much harder than before, and he became a cook a few years later.

Through this story, I learned one *phrase. That is, "All work has meaning." When we work, we have to think about why we do it. If we understand the purpose of our work, we will be able to understand how interesting it is.

（注）　factory 工場　　retire from ～ ～を引退する　　make it a rule to ～ ～することにしている　　cook 料理人
　　　　disappointed がっかりした　　Grandpa おじいちゃん　　safely 安全に　　duty 義務　　serve 食事を提供する
　　　　nervous 緊張して　　even if ～ たとえ～でも　　phrase 一節，表現

(1)　　　　　に入る最も適当なものを，次のア～エから1つ選び，記号で答えなさい。

　　ア　He was very happy to be given his work

　　イ　The work was not interesting for him

　　ウ　He liked cleaning and washing the dishes

　　エ　All the dishes in the restaurant were expensive

(2)　次の質問に対する答えになるように，それぞれの（　　　）に入る最も適当な英語1語を書きなさい。

　　Why did Masato want to become a cook?

　　— Because he was（　　　　　）（　　　　　）cooking.

(3)　このスピーチを聞いたスミス先生（Mr. Smith）は感動して，ユカにメールを送った。次の英文はその
　　一部である。下線部の語の内容を，日本語で具体的に書きなさい。

Dear Yuka,

I was very impressed with your speech. I especially liked the words you learned
from your Grandpa. I really think so, too.

Today, I often hear that many young people are losing their purposes of working.
Your speech will be a great help for them.

---

(4)　本文の内容と合っているものを，次のア～エから1つ選び，記号で答えなさい。

　　ア　After Masato stopped working at the restaurant, he talked with Yoshio about his
　　　　work.

　　イ　Yoshio cleaned his factory hard because the people around the factory told him to
　　　　do so.

　　ウ　When Yuka's grandfather was around sixty-five years old, he gave up his job.

　　エ　Yoshio said to Masato, "You should move to another restaurant, if you want to
　　　　become a cook soon."

(1)	
(2)	
(3)	
(4)	

08

*　1　と　2　は，音声を聞いて答える問題です。英文と質問は，それぞれ2回ずつ読まれます。

1 英語の対話を聞いて，最後の発言に対する受け答えとして最も適当なものを，次のア～エからそれ
🔊42　ぞれ1つずつ選び，記号で答えなさい。 (各4点)

(1) ア　You should bring your coat because it'll be cold tomorrow.
　　イ　I hear the park won't open tomorrow.
　　ウ　Oh, really?　Then, we'll go to the movies.
　　エ　I bought a nice racket last Sunday.

(2) ア　Then, will you tell her to call me back?　　イ　I'll tell her your message.
　　ウ　I think you have a wrong number.　　エ　Shall I tell her to call you?

(3) ア　About 200 sick people.　　イ　You need a lot of money.
　　ウ　Really?　It's very far from here.　　エ　The bus stop is over there.

(4) ア　How much was the umbrella you bought?
　　イ　The doctor lives near my house.
　　ウ　You should not see the school doctor.
　　エ　Oh, no.　Maybe you have a cold.

(1)		(2)		(3)		(4)	

2 次のメモは，明日の学校の遠足について先生が話した英語をまとめたものである。内容を聞き取っ
🔊43　て，（　①　）～（　④　）に入る適当な日本語を書きなさい。 (各5点)

【明日の朝】	【持ち物】
・午前8時：中央駅に集合　　　　　↓《電車》　・午前（　　①　　）：東駅に到着（とうちゃく）　　　　　↓《徒歩》　・午前9時30分ごろ：登山口に到着　【昼食をとる時刻と場所】　（　　②　　）ごろ，山頂で。	1．たくさんの水　2．（　　③　　）　【注意事項】　1．今晩は早く寝（ね）る！　2．明日は，新しい（　④　）はダメ！

①		②		③		④	

3 次の文の（　　）内の語句を並べかえて，文を完成させなさい。ただし，下線部の語は文に合う形に直して書きなさい。

(各4点)

(1) (my country / not / in / is / <u>see</u> / this animal).

(2) (the / of / soccer / I / <u>well</u> / like / all sports).

(3) (Australia / to / he / twice / <u>be</u> / has).

(1)	
(2)	
(3)	

4 正しい対話になるように，（　　）に入る最も適当な語を書きなさい。

(各4点)

(1) **A**: I can't eat *natto*. How about you?

　　B: Me, (　　　　　　　). But I can eat *umeboshi*.

(2) **A**: How often do you go to the city library?

　　B: I go there once (　　　　　) week.

(3) **A**: What do you want to be in the future?

　　B: I want to be a teacher.

　　A: Great! What (　　　　　) do you want to teach?

　　B: Science. I want to tell students how interesting science is.

(1)		(2)		(3)	

5 帰宅したばかりのベン（Ben）のお母さんが，ベンに話しかけている。1〜5の会話の流れに合うように，絵の中の（　①　），（　②　）に入る英文を，それぞれ3語以上の1文で書きなさい。　(各5点)

1　I'm home, Ben.
　（　　①　　）

2　No, I haven't. I want to eat dinner with you, mom.

3　Oh, sorry for waiting. I'll cook dinner soon.

4　I want to help you.
　（　　②　　）

5　Thanks.
　Then, please go and buy some eggs.

①	
②	

6 次の英文は，高校1年生のシン (Shin) がクラス対抗スポーツ大会 (interclass sports event) が終わったあとで，中学時代の同級生で現在は同じ高校の別のクラスに通うメグ (Meg) と交わしている会話である。この英文と下の表を見て，あとの問いに答えなさい。 （各5点）

Shin : Hi, Meg. How was today's interclass sports event?

Meg : It was a lot of fun! I played *handball for the first time. ☐ ア ☐

Shin : This high school has this event every April. This year, the boys played basketball, and the girls played handball. I heard the boys played soccer and the girls played volleyball last year.

Meg : I see. ☐ イ ☐

Shin : It gives us a chance to get to know our new classmates. When we play a team sport, all the teammates have to communicate with each other, right? ☐ ウ ☐

Meg : *Actually, I talked a lot with my classmates today. They were nice and kind. I made friends with some of them. ☐ エ ☐

Shin : I'm happy to hear ①that. Good friends will make your school life better.

Meg : I think so, too. By the way, how many games did your class win at this event? I know you're a good basketball player.

Shin : Well …, we won only one game. I did my best, but the other players were much better than me. The *winner of the basketball tournament was class 1-B. They won three games and lost one game. But the class that *beat 1-B was my class. How did you do?

Meg : Our class won more games than class 1-B, but we weren't the winner of the handball tournament. There were two classes which won more games than our class.

Shin : Your class was third *place, right?

Meg : Right. I'm disappointed that we didn't win the tournament, but I thought playing handball was fun. I want to play it again someday.

Shin : This high school has a girls' handball team. One of my classmates is a member of the team.

Meg : Really? I want her to tell me about ②it. Shin, will you introduce her to me?

Shin : Sure. Come to my classroom during our lunch break tomorrow!

*Result of Basketball

	1-A	1-B	1-C	1-D	1-E	won	lost
1-A		●	●	○	○	2	2
1-B	○		○	○	●	3	1
1-C	○	●		●	○	2	2
1-D	●	●	○		○	2	2
1-E	●	○	●	●		1	3

○ : won   ● : lost

Result of Handball

	1-A	1-B	1-C	1-D	1-E	won	lost
1-A		●	○	○	○	3	1
1-B	○		●	●	●	1	3
1-C	●	○		●	●	1	3
1-D	●	○	○		●	2	2
1-E	●	○	○	○		3	1

○ : won   ● : lost

（注） handball ハンドボール   actually 確かに   winner 勝者   beat 負かす   ～ place（順位が）～位   result 結果

(1) 次の英文が入る最も適当な箇所を　ア　〜　エ　から選び，記号で答えなさい。

By the way, why is this event held?

(2) Shinが在籍しているクラスとMegが在籍しているクラスの組み合わせとして最も適当なものを，次のア〜エから1つ選び，記号で答えなさい。

　　ア　Shin：1-A　　　Meg：1-C
　　イ　Shin：1-A　　　Meg：1-D
　　ウ　Shin：1-E　　　Meg：1-C
　　エ　Shin：1-E　　　Meg：1-D

(3) 下線部①that，下線部②itが指すものを，それぞれ日本語で書きなさい。

(4) 次の英文は，本文のShinとMegの会話をまとめたものです。本文の内容に合うように，（　A　），（　B　）に適切な英語1語を書きなさい。

Shin and Meg took part in their high school's interclass sports event. The boys played basketball and the girls played handball. The event is held so that students can learn more about their new classmates. Shin is good at playing basketball, but his class won only one game. That was the first (　A　) for Meg to play handball, and she liked it. Thanks to the event, Meg made some new (　B　).

(1)		
(2)		
(3)	①	
	②	
(4)	A	B

□ 編集協力　㈱アポロ企画　㈱オルタナプロ　木村由香
□ DTP　㈱明友社
□ 図版作成　㈱明友社
□ イラスト作成　今田貴之進

シグマベスト
高校入試
超効率問題集 英語

本書の内容を無断で複写（コピー）・複製・転載することを禁じます。また，私的使用であっても，第三者に依頼して電子的に複製すること（スキャンやデジタル化等）は，著作権法上，認められていません。

編　者　文英堂編集部
発行者　益井英郎
印刷所　中村印刷株式会社
発行所　株式会社文英堂
　　　　〒601-8121　京都市南区上鳥羽大物町28
　　　　〒162-0832　東京都新宿区岩戸町17
　　　　（代表）03-3269-4231

©BUN-EIDO　2023　　　　Printed in Japan

●落丁・乱丁はおとりかえします。

高校入試

超効率問題集

英語

解答・解説

文英堂

文法

┃ 不定詞・動名詞

---

1 (1) **ウ** (2) **イ** (3) **イ** (4) **イ**

解説

(1) **stop** は**目的語に動名詞をとる**。エの rainy（雨の）は形容詞で，動詞の目的語になれない。

全訳
雨がやんだので，私は買い物に行きました。

(2) **不定詞の副詞的用法**を使って「～するために」（目的）の意味を表す。

全訳
A：この休みの間のあなたの計画は何ですか。
B：家族と一緒にスキーをするために北海道に行きます。

(3) 〈**what ＋ to ～**〉で「**何を～したらよいか**」の意味。動詞の目的語として用いられている。**B** の Why don't you ～? は提案する表現。

全訳
A：ミチコの誕生日プレゼントに何を買ったらよいかわかりません。
B：花を買うのはどうですか。

(4) **finish** は**目的語に動名詞をとる動詞**の1つ。look for ～ は「～を探す」の意味。

全訳
A：インターネットで何をやっているの？　もう2時間ぐらいたつよ。
B：ええと，宿題のために情報を探しているんだ。
A：インターネットは役に立つけど，今日は長く使いすぎているよ。
B：わかった。すぐに使うのをやめるよ。

---

2 (1) she liked reading short stories written for small children
(2) can help you understand it
(3) you many chances to make
(4) do something for others is

解説

(1) この **reading** は**動名詞**で，**動詞 like の目的語**になる。written 以下は〈過去分詞＋語句〉で，short stories を後ろから説明する。（→本冊 p.44 13 分詞）

全訳
子供のとき，彼女は小さな子供のために書かれた短いお話を読むのが好きでした。

(2) 〈**help ＋人＋動詞の原形**〉で「（人）が～するのを手伝う」。this one の one は book を指す。

全訳
〔図書館で〕
A：すみません。私たちの市の歴史を学ぶのによりよいのはどの本ですか。
B：ええと。この本はあなたがその歴史をよりよく理解する手助けになると思いますよ。

(3) **give** は2つの目的語をとることができるので，give you many chances とする。そのあとに，**前の many chances に説明を加える** to make 以下を続ける。

全訳
デービス先生：やあ，アキコ。君は1年間海外留学すると聞いたよ。
アキコ：はい。その通りです。
デービス先生：どこに行くの？
アキコ：高校で学ぶためにカナダに行きます。
デービス先生：それはすごい。留学することで君の英語が上達する機会がたくさんできると思うよ。
アキコ：そう願っています。

(4) 最初の **To** に続くのは**動詞の原形**である。To do something for others が主語，is が動詞。

全訳
ほかの人のために何かをするのは私にとってとてもおもしろい。

---

3 (1) is proud of working on
(2) for me to speak
(3) told me to stop using （must が不要）

解説

(1) be proud of ～で「～を誇りに思う」の意味。動名詞は**前置詞の目的語**になる。

全訳
A：彼女はなぜそんなに一生懸命に働くのですか。
B：彼女は農場で働くことを誇りに思っているからです。

(2) 〈**It is ...（for ＋人）＋ to ～.**〉の表現を使った文。

全訳
多くの人の前で話すのは私にとって大変です。

(3) 〈**tell ＋人＋ to ～**〉で「（人）に～するように言う」。

母は夕食のときにスマートフォンを使うのをやめるよう私に言いました。私に言いました。

---

4 (1) 例 My dream is to become a doctor like him.
(2) 例 Don't stop trying to do new things.
(3) 例 How about going there by bus?

解説
(1) **名詞的用法の不定詞**が文の補語になる文。動名詞も文の補語になるが，ここでは将来のことを述べるので，不定詞のほうが適切。
(2) 「〜することをやめる」は〈**stop＋動名詞**〉で表す。「〜しようとする」は**try to 〜**と表す。「新しいこと」はnew thingsと複数にする。 助動詞を使ってYou must not stop trying 〜. と表すこともできる。
(3) 「〜するのはどうですか。」は **How about 〜ing?** を使って表す。

---

5 (1) エ (2) take, care

解説
(1) 文脈から「彼を手伝うためにときどきそこに行く」とする。「〜するために」は**不定詞の副詞的用法**を使って表す。
(2) 〈**It is ...（for＋人）＋to 〜.**〉の表現を使った文。「〜の世話をする」は**take care of 〜**。to のあとなので，動詞の原形を入れる。

全訳
ケイト：こんにちは，俊。この写真を見て。
俊：わあ！ たくさんのヒツジが見えるよ。どこでこの写真を撮ったの？
ケイト：ニュージーランドの牧場で撮ったの。私のおじがそこでたくさんのヒツジを飼っているのよ。私の国にいるときは，おじを手伝うためにときどき牧場へ行くの。
俊：ヒツジの世話をすることは難しいの？
ケイト：ええと，簡単ではないけど，私は好きよ。

---

2 前置詞・接続詞

1 (1) ア (2) ウ (3) ア

解説
(1) **時刻を表す前置詞**は**at**。

全訳
A：あなたはふつう，何時に朝食を食べますか。
B：6時30分です。

(2) 空所の**前が理由，あとが結果**を表しているので，**接続詞so**を選ぶ。

全訳
ナオコ：これはあなたにとって，日本文化を体験するよい機会になるでしょう。あなたがその茶会で日本の心を見つけられることを望みます。
キャシー：あなたはそれをよく知っていますか。
ナオコ：はい。私は日本の学校で茶道部にいたので，それについてあなたに教えることができます。

(3) 「私が驚いた」のは，「**私たちがそこに到着したとき**」なので，接続詞**when**を選ぶ。

全訳
私の家族と私は先週，温泉地のホテルに泊まりました。私たちがそこに到着したとき，たくさんの外国人観光客がいたので，私は驚きました。

---

2 (1) if (2) by (3) without

解説
(1) 空所のあとの部分が，Let's play soccerの条件を表しているので，「もし〜なら…」という意味の**if**を入れる。

全訳
A：午後の天気はどうなりますか。
B：雨になりそうです。
A：何てことだ。明日はどうですか。
B：わかりません。
A：明日もし晴れたら，サッカーをしましょう。
B：いいですね！

(2) 「電車で」となるので，**手段を表す前置詞のby**をtrain の前に入れる。

全訳
タケシ：映画館へはどうすれば行けますか。
スティーブ：電車に乗るのが簡単な方法です。
タケシ：もう一度言ってくれませんか。
スティーブ：ええと，あなたはそこへ電車で簡単に行くことができます。

(3) ジェーンの発言から，シンジは朝食を食べないで学校に来たことがわかる。空所のあとは動名詞のeatingなので，**前置詞のwithout**を入れる。without 〜ingで「〜しないで」の意味。

解説

導入の文に続くのは**ウ**。自分の地域の問題を伝えている。**but**は「**しかし**」という意味の**接続詞**で，**文と文を逆接的に結ぶ**。**ア**と**イ**は内容が対立していて，**イ**がBut で始まるので，**ア→イ**の順になる。

全訳

それぞれの地域社会には，それぞれに特有の問題があります。現在，私の地域にもまた，いくつかの問題があります。もし私が1人でそれらを解決しようとしたら，おそらく私はわずかなことしかできないでしょう。しかし，もし私が何人かの人々に一緒にやろうと頼めば，私たちはもっと多くのことができると思います。

3 熟語

| 1 | (1) ① able ② such (2) all
(3) front (4) example
(5) between (6) for |

解説

(1) ① **be able to ～**は「**～できる**」の意味。
   ② **such as ～**は「**～のような**」の意味。

全訳

この写真を見てください。これは私の父です。彼はいくつかの外国語を話します。彼はギターをとても上手に弾くことができます。彼はまた，サッカーやテニス，バスケットボールのようなたくさんのスポーツも楽しみます。私は彼がとても好きです。

(2) **all day**は「**一日中**」の意味。

全訳

A：あなたはこの前の日曜日に何をしましたか。
B：その日はとても寒かったので，私は一日中家にいました。

(3) made a speechやnervousなどから，「クラスメートの前で英語を話さなければならなかった」となると推測できる。「**～の前で**」は**in front of ～**で表す。

全訳

私はスピーチをしました。私はクラスメートの前で英語を話さなければならなかったので，緊張しました。

(4) 空所のあとでイベントの内容を具体的に話しているので，「たとえば」という意味の**for example**となることがわかる。

| 3 | (1) girls in red dresses
(2) home before it gets dark
(3) be happy if you join the soccer team
(4) know what to do as　(shouldが不要) |

解説

(1) この**in**は「**～を着ている[身につけている]**」という意味の前置詞。inのあとに身につけるものを表す名詞を続ける。

全訳

A：赤いドレスを着たあの女の子たちを見てください。
B：おお，彼女たちはとてもきれいですね。

(2) **before**は「**～する前に**」という意味の接続詞。〈get＋形容詞〉で「～になる」の意味。

全訳

母：どこへ行くの，マーク？
マーク：マコトとテニスをするために公園へ行くんだ。
母：宿題はもう終わらせたの？
マーク：うん，やったよ。
母：いいわ。暗くなる前に家に帰ってきてね。
マーク：もちろん，そうするよ。

(3) **if**は「**もし～なら**」という意味の接続詞。ifのあとは，条件を表す文が続く。

全訳

ケンタ：やあ，ジョン。君は日本で部活に参加するの？
ジョン：うん。ぼくはオーストラリアでテニス部に入っていたけど，この学校にはテニス部がないんだ。
ケンタ：そうだね。ほかのスポーツに挑戦してみたらどう？
ジョン：ほかのものに挑戦してみたいけど，どの部に参加したらいいか決められないんだ。
ケンタ：サッカーはどう？　もし君がサッカー部に入って一緒にプレーをしてくれたら，ぼくはうれしいな。

(4) この**as**は「**～として**」という意味の前置詞。あとにa volunteerが続くようにする。**what to ～**で「**何を～したらよいか**」の意味。knowの目的語になっている。

全訳

A：あなたは今日の午後，ボランティアとして何をしたらよいか知っていますか。
B：はい。私たちは公園を掃除する必要があります。

(冒頭)

全訳

シンジ：今朝，朝食を食べないで学校に来たんだ。だから，お腹がすいているんだよ。
ジェーン：今朝，朝食を食べなかったのね。それはよくないわ。

全訳

ハルコ：ええと，アメリカの図書館ではどんなイベントがありますか。

スミス先生：それぞれの図書館で異なるイベントがあります。たとえば，私の家の近くにあるチェリーヒル公立図書館では，私たちは映画を見たり，コンピューターの使い方や料理のしかた，物語の書き方を習ったりできます。

(5) 生徒が「水曜日」と答えているので，先生は「火曜日と木曜日の間の曜日」をたずねていることがわかる。「AとBの間に」は **between A and B** で表す。

全訳

先生：一週間の中で，火曜日と木曜日の間の曜日は何ですか。

生徒：水曜日です。

(6) 「～で有名だ」は **be famous for ～** で表す。

全訳

長野はみそでとても有名です。

2　(1) are you looking for
　(2) want them to be interested in
　(3) looking forward to trying
　(4) be afraid of asking questions if

解説

(1) 「～を探す」は **look for ～** で表す。進行形の疑問文なので，疑問詞Whatのあとは，〈be動詞＋主語＋動詞の～ing形〉の語順。

(2) 「(人) に～してもらいたい」は〈want＋人＋to ～〉，「～に興味を持つ」は **be interested in ～** で表す。

(3) to, forward, lookingがあるので，「～を楽しみにする」という意味の **look forward to ～** を使った文だと推測できる。amのあとにlookingを続けて進行形の文にする。toは前置詞なので，動名詞のtryingをとる。

全訳

私は来年，それらに挑戦するのを楽しみにしています。

(4) Don'tで始まる否定の命令文なので，あとに動詞の原形が続く。**be afraid of ～** で「～をおそれる」の意味。askingは動名詞でofの目的語。

全訳

私たちはあなたたちがこの高校でたくさんのことを学ぶのを望みます。授業中，もし何か理解できないことがあったら，質問することをおそれないでください。

3　(1) イ
　(2) 例 I began to take care of them

解説

(1) 〈help＋人＋with ...〉で「(人) の…を手伝う」の意味。

(2) 「～の世話をする」は **take care of ～** で表す。「～し始めました」はbegan toのほかに〈began＋動名詞〉の形にしてもよいし，beganのかわりにstartedを使ってもよい。

全訳

昼食のあと，原田さんが私に「私たちの仕事を手伝ってください。」と言いました。私たちはお年寄りの方たちの部屋に入りました。それから，私は彼らの世話をし始めました。

4　① so, that　② do, best

解説

① 1つ目の空所がbe動詞と形容詞の間にあること，2つ目の空所のあとに〈主語＋動詞～〉の形が続くことなどがヒントになる。**so ～ that ...** で「とても～なので…」という意味。

② 2つ目の空所はmyのあとなので，名詞が続くと考えられる。また，for the team「チームのために」も手がかりになる。**do one's best** で「最善を尽くす」という意味。1つ目の空所はwanted toのあとなので，動詞の原形。

全訳

賢治：やあ，カール。ぼくたちは勝ったよ。よくがんばったね。

カール：ありがとう，賢治。ぼくが勝ったなんて，まだ信じられないよ。

賢治：よくやったよ！　君はすべてのアンカーの中でいちばん速く走ったね。

カール：実際，ぼくはとても興奮していたから，そのことに気づかなかったよ。

賢治：君がバトンを受け取ったとき，ぼくたちは最後だった。

カール：覚えてるよ。そして，ぼくが途中で2人の走者を追い越したんだ。

賢治：それから，君はみんなを追い越したね！　君は走っている間，何を考えていたの？

カール：ぼくはただ，チームのために最善を尽くしたかったんだ。

賢治：わあ，それはかっこいいね！

4 助動詞

イ

解説

「〜してもいいですか」という許可を求める文は，助動詞の**can を使った疑問文**にする。

(1) must not drink
(2) can help each other when
(3) had to ask them to be
(4) can't decide where we should go
(5) was so excited that I couldn't
(6) I have to tell　(mustが不要)

解説

(1) 助動詞の否定文は，〈**主語＋助動詞＋not＋動詞の原形**〉の語順。**must not は強い禁止**を表す。

全訳
A：すみません。
B：どうしました？
A：この部屋では飲みものを飲んではいけません。
B：ああ，私はそれを知りませんでした。

(2) 助動詞 can のあとは**動詞の原形**。each other で「お互いに」という意味。

全訳
A：新しい学校生活が不安だよ。
B：心配しないで。何か問題があったら，お互いに助け合えるから。

(3) 〈**had to ＋動詞の原形**〉で「〜しなければならなかった」の意味。もう1つのto は不定詞の to。〈ask ＋人＋to 〜〉で，「(人)に〜するように頼む」となる。

全訳
私はそのとき，彼らのホストファミリーになりたいと思いました。私は両親にホストファミリーになるように頼まなければならなかったので，家でホストファミリーについて両親と話しました。

(4) 助動詞 can't や should のあとは**動詞の原形**。decideの目的語を，間接疑問〈where ＋主語＋助動詞＋動詞の原形〉で表す。

全訳
A：来週，1人の女の子がアメリカから来て，私の家族のところに滞在します。私たちは週末にどこへ行くべきか，私は決められません。

B：土曜日の町のお祭りに来たらどうですか。それはとても歴史があるので，彼女はそれを見て気に入ると思います。

(5) **could は can の過去形**。so 〜 that ...で「とても〜なので…」の意味。

全訳
ベン：サム，今日の午後，君の初めての野球の試合があるね。
サム：昨日の夜，ぼくはとても興奮していたので，よく眠れなかったよ。
ベン：大丈夫？　試合を楽しんでね。

(6) do 〜を使った疑問文では助動詞のmust は使えないので，〈**have to ＋動詞の原形**〉にする。

全訳
A：自分の部屋を掃除しなくちゃだめだと，私は何回あなたに言わなければならないの，メアリー？
B：ごめん，お母さん。今やるから。

3 例 I will be able to show you around

解説

「〜でしょう」という未来の文なので，will を使う。can はほかの助動詞と一緒に使えないので，「〜できるでしょう」は will can ではなく **will be able to 〜**で表す。「〜を案内する」はshow 〜 around で表す。

全訳
もしあなたたちが私と一緒にニューヨークを訪れる機会があれば，私があなたたちを案内できるでしょう。

4 例 You should make many new friends.

解説

What should I do 〜?（私は何をするべきですか）に対する答えなので，**You should 〜.（あなたは〜すべきです。）** と答える。空所のあとのウェイの発言につながるように，外国で暮らすことが楽しくなるようなことを提案すればよい。助動詞should のあとは動詞の原形。

全訳
タクマ：私は外国に住んでいる間に，何をするべきですか？
ウェイ：あなたは新しい友だちをたくさん作るべきです。そうすれば，あなたはそこでの生活を楽しめるでしょう。
タクマ：わかりました。助言をありがとうございます。

　① 例 Where should I take them in Tokyo?
　② 例 you can eat Japanese food.

解説

① ①に対するミキの返答に注目する。「あなたは彼らを国技館へ連れていくべきです。」と答えているので,「私は彼らをどこへ連れていくべきですか。」とたずねる文にすればよい。「〜するべき」は助動詞の should で表す。
② ②を含む文の前半に注目する。「その近くにはたくさんの日本料理店があるので」に続くような文にする。

全訳

こんにちは, ミキ。
私は宿題を終えました。あなたは宿題を終えましたか。もし時間があるなら, 私にメールをください。　　ベス

こんにちは, ベス。
私も宿題を終えました。ところで, 何か私に話したいことがあるの?　　　　　　　　　　　　　　　ミキ

はい。私の家族がこの冬休みに私に会うために青森を訪れます。しかし, 実は彼らは東京にも行きたがっています。だから, 私は彼らをそこへ連れていくつもりです。彼らは日本の文化, 特に, すもうと食べ物に関心があります。私は彼らを東京のどこへ連れていくべきですか。　ベス

あなたは彼らを国技館へ連れていくべきです。あなたは家族と一緒にすもうを見て楽しめます。
その近くにはたくさんの日本料理店があるので, あなたたちは日本食を食べることができます。　　　ミキ

わかりました。　　　　　　　　　　　　　　　　ベス

5 未来／進行形

1 　smiling

解説

すぐ前の語が be 動詞なので, smile を〜ing 形に変えて, **現在進行形**の文にする。

全訳

この絵の中の女性は悲しそうに見えるという人がいますが, 私はそう思いません。彼女はほほえんでいると思うので, 幸せそうに見えます。あなたの考えを教えてください。

2 　エ

解説

疑問文で, 〈be 動詞＋主語〉のあとなので, 動詞の〜ing 形を入れて**現在進行形の疑問文**の形にする。

全訳

やあ, みなさん。調子はどうですか。私の名前はティファニーです。

3 　(1) watching　(2) showing
　　(3) were

解説

(1) マサキの発言から, 彼らはダンスを見ていたことがわかる。空所の前に were があるので, watch を〜ing 形にして**過去進行形**の文にする。

全訳

私たちがほかの学校のダンスを見ていたとき, マサキが私に,「あの男の子を見て!　彼のダンスはとても上手だよ。」と言いました。彼は正しかったです。その男の子の動きはとても速かったです。

(2) 空所のあとに「人」を表す Mike と「もの」を表す this telescope の 2 つの目的語があることから,「マイクにこの望遠鏡を〜」という文になる。語群から, show が最も適当。空所の前に be 動詞があるので, 〜ing 形の **showing** にして**現在進行形**の文にする。

全訳

青木先生:こんにちは, ユカ, マイク。何をしているのですか。
ユカ:こんにちは, 青木先生。私はマイクにこの望遠鏡を見せています。

(3) 空所のあとが動詞の〜ing 形なので, 進行形の文だと考えられる。主語が They で, 文の後半に visited があるから, be を **were** に変える。

全訳

私たちが彼らを訪ねたとき, 彼らはテレビを見ていました。

4 　(1) is studying math
　　(2) What are you going
　　(3) were taking care of small children
　　(4) your dream will come true
　　(5) using clean energy is becoming more important

解説

(1) 現在進行形の文なので，〈be動詞＋動詞の〜ing形〉の語順にする。

(2) 最後にtomorrowがあるので，**未来の疑問文**だと考えられる。be動詞のareやgoing, toがあるので，〈**疑問詞＋be動詞＋主語＋going to＋動詞の原形〜?**〉の文にする。

全訳
あなたは明日，何をするつもりですか。

(3) be動詞と動詞の〜ing形があるので，**進行形の文**だとわかる。take care of 〜で「〜の世話をする」の意味。

全訳
体育館では，多くの人々が一緒に働いていました。何人かの生徒はお年寄りの人たちと話していました。何人かの生徒は小さな子供たちの世話をしていました。

(4) 〈will＋動詞の原形〉で**未来を表す**。come trueで「実現する」の意味。

全訳
アキコ：私は佐藤先生のような教師になりたいです。
マサオ：おお，それはすばらしい！　みんな佐藤先生のことが好きです。
ミラー先生：私は彼女のプロ意識を尊敬しています。彼女はよい授業を準備したり，生徒やほかの先生とよく理解し合ったりするために，いつも熱心に働きます。私はあなたの夢が実現することを望みます，アキコ。
アキコ：ありがとうございます，ミラー先生。

(5) 動詞の〜ing形が2つあるが，becomingは進行形，usingは動名詞である。using clean energyが主語，is becomingが動詞になる。importantは補語である。

全訳
A：私は昨日，科学に関する本を読みました。
B：何かおもしろいことを見つけましたか。
A：はい。クリーンエネルギーを使うことが，以前よりも重要になっていることを学びました。

5 (1) looking
(2) 例 will go there on Sunday

解説

(1) 空所の前がbe動詞なので，動詞の〜ing形を入れる。look at 〜で「〜を見る」の意味。

(2) 〈疑問詞＋will〉で始まる**未来の疑問文**なので，〈主語＋will＋動詞の原形〜〉で答える。ケリーの「日曜日はどう？」という提案に対して，キャシーも直子も賛同しているので，3人がお

全訳
直子：こんにちは。何をしているの？
キャシー：ケリーと私は，ミシガン公園の日本庭園でのお茶会のちらしを見ているの。
直子：興味があるの？
キャシー：とっても！　一緒に行きましょう。
ケリー：いい考えね。私は土曜日は忙しいの。日曜日はどう？
キャシー：問題ないよ。直子は大丈夫？
直子：それでいいよ。

全訳
直子とキャシー，ケリーは，いつ日本のお茶会に行くつもりですか。
彼女たちは日曜日にそこへ行くつもりです。

6 受け身

1 (1) seen　(2) held

解説

(1) seeを過去分詞のseenにして，受け身の文にする。

全訳
アヤ：兄［弟］と私はいくつかの種類の花を見に，こまち公園へ行きました。それらはこの季節にしか見られません。
ボブ：それらは有名なのですか。
アヤ：はい。

(2) holdはここでは「（祭りなど）を開催する」という意味。this festivalが主語ですぐ前にbe動詞のisがあるので，受け身の文だとわかる。**holdの過去分詞はheld**。

全訳
ローラ：日本の若者はふつう着物を着るのですか。
エミ：私はそう思いません。特別な日にだけそれを着ます。たとえば，私はそれを，この祭りが開かれるときにのみ着ます。

2 (1) イ　(2) イ

解説

(1) **受け身は〈be動詞＋動詞の過去分詞〉**。「1年前」のことなので，be動詞は過去形のwas。

全訳

Ａ：このホテルはとても新しく見えます。

Ｂ：はい。それは１年前に建てられました。

(2) 主語が「食べ物」なので，**ア，ウ，エ**は不自然になる。〈**should be ＋動詞の過去分詞**〉で「**〜されるべきだ**」の意味。

全訳

あなたが昨日買った食べ物は１週間以内に食べられるべきです。

---

3 (1) used (2) written

解説

(1) ２つ目の文で「資金の問題を抱えている」と言っているので，「**多くの人々に利用されていない**」という意味になると考えられる。空所の前後にisやbyがあるので，**use**を**過去分詞**にして受け身の文にする。

全訳

その鉄道は田舎を通って走り，そしてそれは多くの人々に利用されていません。だから，その鉄道会社は資金の問題を抱えています。

(2) 空所の前にあるwhichは主格の関係代名詞で，先行詞はone book。**write**を**過去分詞written**にして，「**100年以上前に書かれた本**」とする。

全訳

昔は，火星に火星人がいると考えている人もいました。100年以上前に書かれたある本では，タコのような見た目の火星人が地球にやって来ます。そして，その本では火星人と地球の人々との間で戦争が起きます。

---

4 例 are used [spoken]

解説

「英語とフランス語」が主語なので，受け身の**are used**（使われている）とすると会話が成り立つ。are spoken（話されている）でもよい。

全訳

サクラ：私は先週カナダに行って，とても驚きました。

ジョーンズ先生：なぜですか。

サクラ：そこでは，英語とフランス語が使われているのです！

ジョーンズ先生：はい。カナダの多くの人は学校で両方の言語を学びます。

---

5 (1) When was it built

(2) can be found in many

(3) of rice and eaten by

解説

(1) **A**の答えより，When 〜?の疑問文にする。主語になるのはit（= that old temple）なので，「**いつ建てられましたか**」という受け身にする。

全訳

Ａ：あの古いお寺を見て。

Ｂ：おお，すごいですね。いつ建てられたのですか。

Ａ：890年前です。

(2) 〈**can be ＋動詞の過去分詞**〉で「**〜されうる**」の意味。foundはfindの過去分詞。

全訳

ナオト：日本での生活はどうですか。

ベル先生：すばらしいです。まるでマンガの中の世界のようです。私の周りの多くの場所で，有名なキャラクターが見られます。

(3) **be made of 〜**で，「**〜でできている**」の意味。①It's made of rice and ②eaten by many peopleと，２つの受け身を含む文になる。②の〈主語＋be動詞〉にあたるのは①と同じIt'sで，andのあとで省略されている。

全訳

〔アキラの家で〕

エミリー：あなたのおばあさんとお父さんは何をしているのですか。

アキラ：彼らはもちを作っています。それは米でできていて，お正月休みの間に多くの人によって食べられます。

---

6 エ

解説

発表の最初の文を参照する。問いの英文の**is used**は受け身で，「**使われる**」の意味。

全訳

ピクトグラムはメッセージを示す絵です。私たちは日本のあちこちでピクトグラムを見ることができます。多くの日本人は，それらを簡単に理解することができます。しかし，外国の人にとって理解するのが難しいものがいくつかあります。

全訳

ピクトグラムはメッセージを伝えるために使われます。

7 文の構造

1 (1) ウ (2) エ

解説

(1) **B**がHi, Mike.と答えているので，**A**は「マイクと呼んでください」と言ったと考えられる。空所のあとに目的語のmeと補語のMikeが続くので，動詞のcallを入れて，**(S)VOC**の形にする。

全訳

A：お名前を聞いてもいいですか。
B：私の名前はユミです。
A：やあ，ユミ。私はマイケルです。マイクと呼んでください。
B：こんにちは，マイク。初めまして。

(2) 最初の空所は〈**make us ＋形容詞**〉で「**私たちを～にする**」という意味の**SVOC**の文。次の空所は〈**become ＋形容詞**〉で「**～になる**」という意味の**SVC**の文。文脈から考えて，sickを選ぶ。

全訳

世界ではたくさんの人々が果物や野菜を育てています。私たちは毎日それらを食べますが，もしそれらが安全でなかったり，清潔でなかったりすれば，それらはときに私たちを病気にします。安全な食べ物を手に入れられないために，毎年多くの人が病気になって死んでいます。

2 (1) 例 nice (2) feel sleepy

解説

(1) 〈**That sounds ＋形容詞.**〉の**SVC**の文にする。niceのほかにも，good，funなどでもよい。

全訳

リサ：あなたの学生時代について私に教えてください。
佐藤さん：ええと，私は学校へ歩いて行っているときに，友だちとおしゃべりしたことを覚えています。私たちは毎日，およそ1時間歩きました。私たちは学校の部活や好きな歌手，テレビ番組について話して楽しみました。
リサ：それはいいですね。
佐藤さん：はい。私は学生時代をとても楽しみました。

(2) コウタは「昨夜はあまり眠れなかった」と言っている。また，空所の前にstillがあるので，「まだ眠い」という意味になると考えられる。「眠い」という意味の形容詞は**sleepy**。主語のあとにstillがあるので，be動詞は使わずに一般動詞のfeelを使って表す。

全訳

メアリー：おはよう，コウタ。目が赤いわね。大丈夫？
コウタ：おはよう，メアリー。元気だけど，昨日の夜，あまり眠れなかったんだ。だから，まだ眠いよ。

3 例 taught [showed] us how to

解説

「～が(人)に(もの)を教えてくれました」という文なので，〈～ taught ＋人＋もの〉という**SVOO**の形にする。「人」にあたる部分は「私たちに」なのでusにする。「もの」にあたる部分の「人形のあやつり方」は，〈疑問詞＋to ～〉を利用してhow to operate the puppetとなるようにする。

4
(1) can keep your body well
(2) my friends call me Hiro
(3) you tell me what to see
(4) send me the book after　(mine が不要)

解説

(1) 〈**keep ＋ A ＋ B**〉で，「**AをB(の状態)に保つ[しておく]**」という意味。このwellは「健康な」という意味の形容詞。

全訳

みそがあなたにとってとてもよいことを知っていますか。みそにはたくさんのたんぱく質，ビタミン，ミネラル，そしてそのほかにも人間の体にとってよいものが含まれています。みそはあなたの体を健康に保つことができます。

(2) 〈**call ＋ A ＋ B**〉で，「**AをBと呼ぶ**」という意味。

全訳

A：私の名前はヒロタカですが，友だちは私をヒロと呼びます。
B：わかりました。やあ，ヒロ。初めまして。

(3) 〈**tell ＋人＋もの**〉の**SVOO**の文。2つ目の目的語をwhat to see(何を見るべきか)にして，tell meのあとに続ける。

全訳

A：その美術館はとても大きく，あなたが見るべきおもしろいものがたくさんあります。それらをすべて見るには，2日以上必要でしょう。
B：でも，私には1日しかありません。そこで何を見るべきか私に教えてくれませんか。

(4) 〈**send ＋人＋もの**〉で，「**(人)に(もの)を送る**」という意味。

A：その本を読み終えたあとで，私にそれを送ってくれませんか。
B：いいですよ。来週まで待ってください。

---

5 例 My grandmother bought me his CD [bought his CD for me] last month.

解説
「(人) に (もの) を買った」は，〈bought ＋人＋もの〉か，〈bought ＋もの＋ for ＋人〉で表す。

全訳
こんにちは，みなさん。この写真を見てください。この男性は私の大好きな歌手です。
先月，祖母が私に彼のCDを買ってくれました。
彼の歌は多くの人に愛されています。
私は彼のような歌手になりたいです。
ありがとうございました。

---

8 関係代名詞／仮定法

1 (1) エ (2) ア (3) エ (4) エ

解説
(1) 空所の前の名詞 (a lot of people) が，空所のあとの動詞 (speak) の主語になっているので，空所には**主格の関係代名詞**が入る。**先行詞が「人」**なので，適する関係代名詞は**who**。

全訳
私の周りにはスペイン語を話す人がたくさんいます。

(2) 助動詞の過去形wouldから**仮定法**の文とわかるので，空所には**動詞 [助動詞] の過去形**が入る。**could**を入れると「もし過去に戻れるなら，〜」となり，文脈に合う。**B**のeverything you want to doは，everythingが先行詞で，そのあとに**目的格の関係代名詞が省略**された形。

全訳
A：もし過去に戻れるなら，あなたは何をしますか。
B：自分自身に「あなたがしたいことを何でもすべきだ。」と言います。

(3) 選択肢が〈関係代名詞＋be動詞〉なので，**主格の関係代名詞を使った文**である。先行詞The membersは「人」で複数形，また，ateより過去の文だとわかるから，**who were**が適する。

全訳
A：修学旅行はどうでしたか。
B：よかったよ！ 京都に関心のあるメンバーは，有名なお寺で豆腐を食べました。

(4) areasがare importantの主語なので，空所には**主格の関係代名詞which**が入る。

全訳
マリコ：その場所は多くの生き物のために保護されています。それはラムサール条約に登録されています。
ジョージ：ラムサール条約？ 私はそれはよくわかりません。
マリコ：ラムサール条約には，湿地に住んでいる鳥にとって重要な場所を保護するための多くのルールがあるそうです。この場所はそういった湿地の１つです。現在，多くの鳥が毎年この場所にやってきます。そして，ここにはたくさんの種類の生き物がいます。

---

2 (1) the book that I have to read
(2) I wish I lived in Hyogo
(3) is a picture that I (been が不要)
(4) cake that your mother made is (who が不要)

解説
(1) このthatは**目的格の関係代名詞**。〈名詞＋ that ＋主語＋ have to ＋動詞〉の語順にする。

全訳
ハリー：あなたは何を読んでいますか。
ワタル：これは宿題のために私が読まなければならない本です。

(2) 〈I wish ＋主語＋動詞の過去形〜 .〉で「〜ならなあ。[〜ならいいのに。]」と現実とは異なる願望を表す。

全訳
A：あなたは今までに甲子園に野球の試合を見に行ったことがありますか。
B：いいえ。私が兵庫に住んでいたらいいのに。毎年夏に野球の試合を見に行くでしょう。

(3) このthatは**目的格の関係代名詞**。〈名詞＋ that ＋主語＋動詞〉の語順にする。

全訳
ポール：私はこの写真の中にはいません。これは私が撮った写真です。
ミカ：ああ，なるほど。

(4) (　) の中にcakeがあり，そのあとがdelicious（おいしい）なので，The cake is deliciousが文の骨格になると考えられる。

The cakeを先行詞として，そのあとに**目的格の関係代名詞that**，そしてyour mother madeを続けて，「あなたのお母さんが作ったケーキ」とする。whoは先行詞が「人」の場合なので，ここでは使えない。

3　例 some good points that fresh foods

解説
文全体の主語がPreserved foodsで動詞がhaveなので，日本文を「保存された食品は，新鮮な食品が持っていないいくつかの良い点を持っています」として考えるとわかりやすい。下線部がhaveのあとに続く。「いくつかの良い点」を「新鮮な食品が持っていない」が修飾しているので，some good pointsのあとに**目的格の関係代名詞**を置き，そのあとにfresh foods don't haveを続ける。関係代名詞はwhichにしても，省略してもよい。

4　(1)　例 The books she wrote are read in many countries.
　　(2)　**ウ**

解説
(1)　「彼女が書いた本」は**目的格の関係代名詞**を使って表す。the booksを先行詞にして，あとに関係代名詞（that [which]），そして「彼女が書いた」にあたるshe wroteを続ける。目的格の関係代名詞は省略してもよい。「読まれている」は受け身なので，〈be動詞＋過去分詞〉で表す。（→本冊 p.23 6 受け身）
(2)　悟の発言より，悟は「1人で暮らしているお年寄りのために働く」医者についての本を読んだ。

全訳
美咲：あなたは読書が好きですか，スミス先生。
スミス先生：はい，好きですよ。私のお気に入りの作家はアガサ・クリスティーです。彼女はとても有名です。彼女が書いた本は多くの国で読まれています。あなたは読書が好きですか，美咲？
美咲：はい，もちろん。
スミス先生：悟，あなたはどうですか。
悟：私もです。私は毎日寝る前に本を読みます。昨夜，小さな村で働いている医者についての本を読み終えました。彼は1人で暮らしているお年寄りのために働いています。彼はいつも彼らを助けるために最善を尽く

し，夜であっても熱心に働きます。

全訳
昨夜，悟は1人で暮らしているお年寄りを助ける医者についての本を読みました。

9 名詞・代名詞／形容詞・副詞

1　stories

解説
one of ～なので，**story を複数形**にする。語尾のyをiにして-esをつけ，**stories** とする。

全訳
これは私の好きな話の1つです。

2　(1)　**エ**　(2)　**イ**　(3)　**ア**　(4)　**ア**
　　(5)　**ア**　(6)　**ウ**　(7)　**ア**

解説
(1)　**A**のさそいに対して，**B**が予定があることを伝えたあと，「～な日に行こう」と提案している。よって，「別の」という意味の**形容詞another**が適する。Why don't we ～?は「～しよう。」という会話でよく使われる表現。

全訳
〔学校で〕
A：日曜日はひま？　一緒に買い物に行こうよ。
B：ごめん，兄［弟］と一緒に映画を見に行くんだ。別の日に行こう。

(2)　主語はTwo girlsなので，**3人称複数の代名詞の所有格their**を用いる。homeworkは数えられない名詞なので，-(e)sをつけない。

全訳
2人の女の子が宿題をしています。

(3)　「日本語を話せます」と言ったあとなので，「スペイン語**も**話せます」となる。canとspeakの間なので，**副詞also**が適する。tooはふつう，文末で用いる。

全訳
母が私に日本語を教えてくれたので，私はそれを話すことができます。私はスペイン語も話すことができます。

(4)　〈**How＋形容詞［副詞］**～?〉の形で程度をたずねる疑問文。**ア**～**エ**は，それぞれ頻度，高さ，数，

距離をたずねる文になる。**How often ～?**と頻度をたずねる疑問文にする。tea は数えることができないので，How many ～? と聞くことはできない。

<u>全訳</u>
あなたは一日にどれくらい緑茶を飲みますか。

(5) 文の後半で study with students from other countries とあることから，**go abroad**「**海外へ行く**」とする。

<u>全訳</u>
今，タカオは医学生になったあとに海外へ行く計画を立てていて，ほかの国々からの学生と一緒に勉強することを望んでいます。

(6) 空所を含む文の後半で，and others となっていることに注目する。〈some ＋動詞～ , and others ＋動詞 ...〉で「**～する人もいれば…する人もいる**」という意味。この some は代名詞。

<u>全訳</u>
A：あなたは元日に何をするつもりですか，ビル。
B：まだ決めていません。日本の人たちはふつう何をするのですか。
A：祖父母を訪ねる人もいれば，神社へ行く人もいます。私は神社へ行くつもりです。私と一緒に行きませんか。
B：もちろん。楽しみにしています。

(7) ミカの発言から，介助犬はさまざまなことができることがわかるので，「**賢い**」という意味の**形容詞 smart** が適する。

<u>全訳</u>
ミカ：私は，介助犬は飼い主がベッドから起きることや，靴を脱ぐこと，そして飼い主の家族に電話をかけることさえ手伝うことができると本で読んだよ。
ヒロシ：わあ！ 介助犬は本当に賢いんだね。

---

3 (1) favorite (2) mine

<u>解説</u>
(1) B が「理科が大好き」と答えているので，A は「**好きな教科は何か**」をたずねていることがわかる。よって，**形容詞の favorite** を入れる。

<u>全訳</u>
A：あなたの好きな教科は何ですか。
B：私は理科が本当に好きです。それはおもしろいです。

(2) マイクの発言から，内側に Mike と書いてある帽子はマイクのものであることがわかる。店員の yours という発言もヒントになる。

<u>全訳</u>
店員：ここに帽子があります。これはあなたのものですか。
マイク：ええと，私は自分の帽子の内側に，小さい文字で Mike と自分の名前を書いています。もし内側に私の名前が書いてあれば，この帽子は私のものです。そこに私の名前はありますか。
店員：はい！ わかりました。これはあなたのものです。どうぞ帽子を持っていってください。

---

4 (1) have enough time to
(2) taught me something interesting

<u>解説</u>
(1) **enough** は「**十分な**」という意味の**形容詞**。形容詞は名詞 time の前に置く。

<u>全訳</u>
あなたにはピアノを練習する十分な時間があります。

(2) something のような -thing のつく代名詞を説明する形容詞は，そのあとに続けて〈**-thing ＋形容詞**〉の形にする。

<u>全訳</u>
それから，彼は私におもしろいことを教えてくれました。

---

5 (1) エ (2) few

<u>解説</u>
(1) 拓哉が「そう思います」と答えたあとに，日本で多くの人がボウリングを楽しんでいることを説明しているので，バーバラは「ボウリングは**日本で人気がありますか**」とたずねていることがわかる。

(2) 下線のついた文は「しかし，私は～回だけそれをしたことがあります」という意味。バーバラは「私はよいボウリングの選手ではありません」と言っているので，彼女はあまりボウリングをしたことがないと考えられる。空所の前に a があるので，few を入れて a few times「**2，3回**」とする。a little は数えられない名詞を説明する語句なので，ここでは使えない。

<u>全訳</u>
バーバラ：日本でボウリングは人気がありますか。
拓哉：そう思います。日本人は150年以上もの間，ボウリングを楽しんでいるそうです。現在，ボウリングは男女ともあらゆる年代に楽しまれています。私の家族はみな，祖父や祖母でさえ，ボウリングをして楽しみます。あなたの国はどうですか。私は日本よりもあなたの国のほうが，ボウリングは人気があると思います。

バーバラ：ええと，たぶんその通りです。でも，私は2，3回しかそれをしたことがありません。だから，私はよいボウリングの選手ではありません。

10 現在完了

1 (1) changed (2) left (3) used

解説

(1) 後半の文で「内気だったが，今は話すのを楽しんでいる」と言っているので，「変える」という意味のchangeを過去分詞にして，**完了**を表す現在完了の文にする。

全訳

ダンスが私を変えたと思います。私は内気でしたが，今では，人と話すことを楽しんでいます。

(2) 主語のThe busに適した動詞はleave。**完了**を表す文なので，**過去分詞のleft**にする。

全訳

何てことだ！ バスがちょうど出発してしまった。次のバスまで40分待たなければならないよ。

(3) 「電気を作るために川を」に関係するのは，「利用する」という意味のuse。**継続**を表す文なので過去分詞にする。

全訳

日本では多くの川で水が速く流れるので，人々は発電するために川を利用してきました。

2 (1) been (2) seen

解説

(1) hasとsinceがあるので「～からずっと…」という**継続**を表す現在完了の文。空所のあとが形容詞のsickなので，**be動詞の過去分詞のbeen**が入る。

全訳

ジョン：アヤはどこにいるの？
リサ：ここにはいないよ。彼女は先週からずっと具合が悪いの。
ジョン：いつ学校に戻るかわかる？
リサ：来週来られればいいけど。

(2) 〈Have you ever＋動詞の過去分詞～?〉で「あなたは今までに～したことがありますか。」という意味。空所に入るのはthe mapを目的語

にする動詞。直後の文のI saw itより，「見たことがありますか…私は見ました」という文になる。**see**の過去分詞は**seen**。

全訳

あなたは伊能忠敬を知っていますか。彼は江戸時代に日本の地図を作った人物です。あなたは今までに彼が作った地図を見たことがありますか。私は小学生のときに，初めてそれを見ました。

3 ago

解説

「～の間，ずっと…していない」という文を，「～前に…して，それ以来ずっと…していない」という文に言いかえる。「～前」はago。

全訳

私は6か月前に彼女に電子メールを送りましたが，それ以来，電子メールは送っていません。

4 (1) Have you cleaned your room
(2) have been practicing judo since
(3) have been good friends for
(4) How many times have you been

解説

(1) **完了**を表す現在完了の疑問文。**Have you ～ yet?**で，「あなたはもう～しましたか。」の意味。

全訳

A：あなたはもう自分の部屋を掃除しましたか。
B：いいえ。すぐに終わらせます。

(2) **現在完了進行形〈have [has] been＋動詞のing形〉**で「動作」の継続を表す。

全訳

A：あなたは何のスポーツが好きですか。
B：柔道です！ 実際，私は5歳のときからずっと柔道を練習しています。

(3) **have been**は「ずっと～である」という**継続**の意味を表す現在完了。

全訳

私の父は若いころにポピーに会って，彼らは長い間親友です。

(4) Aは「3回」と答えているので，**How many times ～?**と回数をたずねる文にする。そのあとは，疑問文の形。この**have you been ～**は，「～へ行ったことがありますか」という意味。

A：私は京都を訪れるのが好きです。
B：あなたはそこに何回行ったことがありますか。
A：3回です。それはとても歴史的な場所なので，まだ見るべきものがたくさんあります。

---

5 (1) how has green tea become popular
(2) ウ

解説

(1) ①は疑問文で**how**があるので，〈**how has ＋主語＋動詞の過去分詞〜**〉の形にする。この becomeは過去分詞（原形と同じ形）。

(2) カレンはお茶漬けを見て，これは何かと聞いているので，これまでに食べたことがないと考えられる。neverは経験を表す現在完了でよく使われる副詞。〈**have never ＋動詞の過去分詞**〉で，「**一度も〜したことがない**」の意味。

全訳

カレン：お茶は客をもてなすために出されますよね？
春子：はい，そして私たちは，それを水のようにとても頻繁に飲みます。
カレン：まあ，緑茶は日本でどのようにして一般的になったのですか。
春子：ええと，お茶は，もとは約1200年前に中国から来ました。最初，それはとても高価だったので，特別な人だけが手に入れることができました。一般の人々がそれを飲み始めるまでに数百年かかりました。
カレン：なるほど。それには長い歴史があり，今ではあなたたちの生活の一部になっているのですね。
（いくつかの食べ物のあと，お茶漬けが出される。）
カレン：これは何ですか。
春子：それはお茶漬けです。私たちはご飯にお茶，つまり緑茶を注いで，一緒に食べます。
カレン：これはとてもおいしいです。ご飯を緑茶と一緒に食べるなんて，今まで一度も考えたことがありません！

11 いろいろな文

1 (1) **ウ** (2) **エ** (3) **ウ**

解説

(1) **It**が主語の，天候を表す文。文の後半で「傘を持っていきなさい」と言っているので，**rainy**を入れる。

全訳

午後は雨が降るから，傘を持っていきなさい。

---

(2) Do you know 〜? の文の中に**疑問詞で始まる疑問文**が入った間接疑問。「それはトムのものです」と答えているので，「**だれのものですか**」とたずねる**whose**を入れる。

全訳

A：どうしたのですか，スミス先生。
B：ええと，教室で弁当箱を見つけたのです。これがだれの弁当箱かわかりますか。
A：それはトムのものです。
B：ああ，ありがとうございます。

(3) Can you tell 〜? の文の中に疑問詞で始まる疑問文が入った間接疑問。ベル先生は日本に来た**理由**を答えているので，**why**が適する。

全訳

ナオト：あなたがなぜ日本に来たのか私に教えてくれませんか。
ベル先生：私は日本のマンガが大好きで，日本の生活に興味があります。私は日本語を学びたいとも思っています。外国の人の生活を理解したり外国の言語を学んだりするいちばんよい方法は，外国に住むことだと私は思います。だから，私は日本に来ました。

---

2 (1) we (2) who

解説

(1) **B**がYes, let's! と答えているので，**Shall we 〜?** と**誘う文**にする。

全訳

A：今週末，スキーをしに行かない？
B：うん，行こう！ 私は今までにスキーをしたことがないけど…。大丈夫かな？
A：ああ，大丈夫だよ。私のお父さんが来て，手助けしてくれるよ。

(2) ケイコは「アキコが作りました」と答えているので，「**だれが**作ったか」となるように，疑問詞の**who**を入れる。

全訳

ジム：見て，ケイコ。だれかがこのかわいい折り紙を作りました。だれがこれを作ったのか知っていますか。
ケイコ：はい。私の友だちのアキコが作りました。

---

3 (1) Be kind to other
(2) know what they are
(3) tell me what happened
(4) you know how long it is
(5) how the weather will be （isが不要）

解説

(1) 主語になるような語がなく，be動詞の原形のbeがあるので，〈Be＋形容詞〉で始まる**命令文**にする。引用符（" "）に入っているので，大文字で始める。

全訳
A：山田先生のスピーチはとてもよかったです。
B：彼はスピーチの中で何と言いましたか。
A：「他人に親切にしなさい。もしあなたが彼らを助ければ，彼らはいつかあなたを助けるでしょう。」と，彼は言いました。

(2) Do you ～?の文の中に疑問詞のwhatがあるので，間接疑問になると考えられる。**whatのあとは〈主語＋be動詞〉の語順**にする。

全訳
サキ：こんにちは，ジェーン。何を読んでいるの？
ジェーン：こんにちは，サキ。木についての本を読んでいるの。私は今日，学校の図書館の近くでいくつかの大きな木を見つけたの。それらが何か，あなたは知ってる？

(3) 主語をたずねる疑問文が間接疑問になるので，〈疑問詞（＝主語）＋動詞〉の語順にする。「私に～を教えて」となるので，tellのあとに「人」を表すme，そのあとに「こと」を表す間接疑問の部分を続ける。（→本冊**p.26 7文の構造**）

全訳
昨夜何が起きたのか，私に教えてくれませんか。

(4) Do you knowのあとに間接疑問が続くようにする。**how longのあとは間接疑問**なので，〈**主語＋be動詞**〉の語順にする。

全訳
A：この写真を見てください。これは日本でいちばん長い川です。
B：あなたはそれがどれくらい長いか知っていますか。
A：すみません，知りません。

(5) 天候をたずねるときは，ふつうHow will the weather be ～?となるが，ここでは間接疑問なので，〈疑問詞＋主語＋助動詞＋動詞〉の語順となるように，how the weather will be ～とする。

全訳
A：明日は天候がどうなるか，あなたは知っていますか。
B：はい。晴れて暖かくなります。

---

4 (1) 例 Do you know what it means?
(2) 例 There are many words with *cha* in Japanese.

解説

(1) まず，①「あなたは～を知っていますか。」（＝Do you know ～?）と，②「それは何を意味しますか。」（＝What does it mean?）とに分けて考える。そして，②を〈疑問詞＋主語＋動詞〉のwhat it meansと表して，①のknowの目的語にする。

(2) 「～があります。」という文なので，**There is [are] ～.**で表す。

---

5 例 It snows a lot. / It is very cold. / There is a lot of snow.

解説

冬の青森の様子を答える。空所のあとで，「しかし，楽しいことがたくさんあります」と続くので，空所には「雪がたくさん降る」や「とても寒い」など，冬の大変な面を答える。

全訳
青森は海に囲まれているので，私たちはたくさんの種類の海産物を食べることができます。さらに，みんな私に親切にしてくれます。しかし，私には1つ心配なことがあります。青森の冬はどのような感じですか。　　　　サム

雪がたくさん降ります。しかし，楽しいことがたくさんあります。たとえば，私たちはスキーやほかのウィンタースポーツを楽しむことができます。また，雪合戦をすることもできます。あなたもここで冬を楽しむことを望みます。ありがとう。　　　　ユウジ

12 比較

1 (1) strongest (2) happiest
(3) best

解説

(1) strongの前にtheがあるので，**最上級**にする。

全訳
ユミ：私たちのチームは最初に，光中学校と試合をします。
メアリー：そのチームが市でいちばん強いそうですよ。
ユミ：その通り。これまでに光中学校との試合に勝ったことのあるチームはありません。

(2) happyの前に the があるので，最上級にする。**happyの最上級は happiest。**

<u>全訳</u>
その旅は，私の夏休みの中でいちばん幸せな思い出でした。

(3) good の前に the があるので，最上級にする。**goodの最上級は best。**

<u>全訳</u>
Ａ：あなたはもうその新しい映画を見ましたか。
Ｂ：はい。それは私が今まで見た中で，最もよい映画でした。

2	エ

<u>解説</u>
空所のあとに of all ～ と続くので，「**すべての～の中で最も…**」という最上級の文になる。

<u>全訳</u>
富士山は日本のすべての山の中で，最も高いです。

3	(1) younger (2) hottest
	(3) earlier

<u>解説</u>
(1) ヒロシのネコが2歳でジュディーのネコが1歳なので，ジュディーのネコのほうが若い。〈**比較級＋than ～**〉で「～より…」の意味。

<u>全訳</u>
ヒロシ：ぼくのネコは2歳だよ。
ジュディー：まあ，私のネコはあなたのネコより若いの。彼女は1歳よ。

(2) **B**の発言より，「最も暑いのは何月ですか」とたずねられたことがわかる。**hotの最上級は hottest。**

<u>全訳</u>
Ａ：日本のすべての月の中で，最も暑いのは何月ですか。
Ｂ：8月です。ときに35度を超えることがあります。

(3) 明日は今日より1時間早く始まるので，**early の比較級の earlier** を入れる。

<u>全訳</u>
マサト：私たちは明日の朝，ボランティア作業のために7時に学校に来なければなりません。
アンディ：おお，今日は8時に始まりました。明日，作業はそれよりも早く始まるのですか。

4	(1) is more difficult than
	(2) building is the oldest in
	(3) city do you like
	(4) the most interesting of all the subjects
	(5) is as important as studying foreign languages

<u>解説</u>
(1) difficult は前に **more** を置いて比較級にする。

<u>全訳</u>
私にとっては，バレーボールをするよりもバスケットボールをするほうが難しい。

(2) 最上級の oldest があるので，〈**the＋最上級＋in ～**〉の形にする。

<u>全訳</u>
Ａ：その市役所は古く見えます。
Ｂ：その建物は私たちの市で最も古いです。

(3) **Which ～ do you like the best?** で，「**どの～がいちばん好きですか。**」とたずねる文になる。

<u>全訳</u>
Ａ：私は夏休みの間，3つの都市を訪ねました。大阪，京都，そして奈良です。
Ｂ：へえ！ どの都市がいちばん好きですか，ウィルソン先生？

(4) most や all，interesting があるので，最上級の文だと考えられる。**of ～** で比較する範囲を表す。

<u>全訳</u>
最初の年，私は数学が好きではありませんでした。しかし，先生が私をたくさん助けてくれたので，私は今では，それがすべての教科の中で最もおもしろいと思っています。

(5) as が2つあるので，**～ is as … as ―**（～は―と同じくらい…だ）という文になる。as と as の間には形容詞の原級 important が入る。experiencing different cultures（異なる文化を経験すること）と studying foreign languages（外国の言語を勉強すること）を比較する文にする。

<u>全訳</u>
私は，異なる文化を経験することは，外国の言語を勉強することと同じくらい重要だと信じています。

5 well

解説

「あなたのようなよいサッカー選手ではない」を「あなたほど上手にサッカーをすることはできない」と言いかえる。「上手に」という意味の副詞はwell。**as**と**as**の間なので，**原級**を入れる。

全訳

ジョン：ぼくは昨日，あなたが練習しているのを見たけど，すばらしかったよ。ぼくはあなたのようなよいサッカー選手ではないね。
ケンタ：問題ないよ。一緒にサッカーをしよう。

全訳

私はあなたほど上手にサッカーをすることはできません。

6 Which do you like

解説

「**A**と**B**ではどちらが好きですか。」は，**Which do you like better, _A_ or _B_?** でたずねる。

全訳

サトシ：日本人は1年に1回か2回しか映画館に行きません。しかし，私は家で映画を見る人がいくらかいると思います。
ナンシー：あなたは家で映画を見るのと映画館で見るのとでは，どちらが好きですか。
サトシ：私は家で映画を見るほうが好きです。

13 分詞

1 (1) written (2) seen

解説

(1) writeを**過去分詞**の**written**にして，「そこに**書かれた**メッセージ」とする。

全訳

今年の夏，私は家族と一緒にニューヨークへ行きました。これは私がそこで買ったTシャツです。私はそこに書かれたメッセージが好きです。そのメッセージとは「人生を楽しめ」です。

(2) seeを**過去分詞**の**seen**にして，「～で**見られる**有名な絵」とする。

全訳

こんにちは。今日，私はあなたたちに私の大好きな絵をお見せします。これはフランスのある美術館で見られる有名な絵です。

2 (1) ウ (2) ウ (3) エ (4) ウ

解説

(1) **現在分詞**の**wearing**を入れて，「～を**着ている**文楽人形」とする。wearing ～ _kimono_ のかたまりが，a _Bunraku_ puppet を後ろから修飾している。

全訳

これはとても美しい着物を着ている文楽人形です。

(2) 「中国で**働いている**姉[妹]」となるので，**現在分詞**が適する。

全訳

〔放課後に〕
A：この写真の中の，この女性はだれですか。
B：これは中国で働いている私の姉[妹]です。

(3) some vegetables を主語として考えると，「（庭で）**育てられた**」となるので，**過去分詞**の**grown**を使って修飾する。

全訳

A：サラダはどうですか。
B：とてもおいしいです。
A：ありがとう。私はうちの庭で育てられた野菜を使いました。
B：それはいいですね。

(4) 「私たちの先生に**話しかけている**男性」となるように，**現在分詞**の**talking**を入れる。

全訳

サリー：私たちの先生に話しかけている男性はだれですか。
イチロウ：ああ，彼はスミス先生で，私たちの新しい英語の先生です。

3 (1) called (2) living

解説

(1) 「～と**呼ばれている**都市」となるように，callを**過去分詞**にする。

全訳

ビッグ・アップルと呼ばれている都市を知っていますか。― それはニューヨークです。

(2) 空所のあとのin New York City につながるのはlive。前の名詞two American brothers を修飾するので，**現在分詞**にする。

全訳

2014年，ニューヨーク市に住む2人のアメリカ人兄弟がそこに抹茶カフェを開きました。

4
(1) is a picture taken by my brother
(2) looking for a book written by
(3) standing on your left is

解説

(1) be動詞と過去分詞のtakenがあるからといって，受け身の文にしないように注意する。名詞のa pictureがあるので，それを〈過去分詞＋語句〉で後ろから修飾する形にする。

全訳
リリー：わあ！　富士山の美しい写真ですね！
シン：ありがとう。これは私の兄[弟]が撮った写真です。
リリー：本当に？　それはとてもきれいです。私は富士山を見たいです。

(2) 過去分詞のwrittenと現在分詞のlookingがあることに注意する。〈主語＋be動詞〉のI'mのあとにはこのどちらかが続くことになる。主語がIなのでwrittenでは意味が通らないから，lookingを続けて進行形の文にする。look for 〜で「〜を探す」の意味。目的語のa bookのあとにwritten by 〜を続けて，「〜によって書かれた本」とする。

全訳
A：すみません。私は森鷗外によって書かれた本を探しています。
B：わかりました。調べてみます。

(3) The boyのあとにstanding on your leftを続けて主語とする。The boy is standing on your leftと進行形にしてしまうと，あとのmy brotherに続かない。

全訳
A：どちらの男の子があなたのお兄さん[弟さん]ですか。
B：あなたの左側に立っている男の子が，私の兄[弟]のジムです。

5 made

解説
ジョンにとってのfamily treasureはキルトで，それはひいおばあさんによって作られたものだから，過去分詞のmadeを入れる。

全訳
ユウコ：私は着物を持っています。それは母からの贈り物でした。それは彼女が20歳のときに，祖母から彼女に贈られました。
タロウ：それはすごいですね，ユウコ。

ユウコ：ありがとう，タロウ。私はそれを着ると，いつも母の若いころを想像します。
ジョン：わかります。
ミホ：あなたには似た経験がありますか，ジョン。
ジョン：はい。私はひいおばあさんが作ったキルトを持っています。私はそれを見るといつも，ひいおばあさんはどんな人だったのかと想像します。
ユウコ：私は将来の娘に私の着物をあげたいです。
タロウ：それは家族の宝物ですね，ユウコ。
ジョン：あなたは世代から世代へと受け渡すすばらしいものを持っているのですね，ユウコ。
タロウ：あなたもですね，ジョン。

全訳
タロウはジョンが彼のひいおばあさんによって作られた家族の宝物を持っていると知りました。

14 会話表現

1 (1) ア　(2) エ　(3) ① イ　② エ

解説

(1) 大きな箱を運んでいるBが「難しい」と言っており，あとでAが「もちろん」と答えているので，Aに対して手伝うように頼んだことがわかる。相手に依頼する表現は，アのWill you 〜？

全訳
A：おや，大きな箱を運んでいるね。大丈夫？
B：いいえ。ちょっと難しいな。手伝ってくれる？
A：もちろん。

(2) セーターを探している客と店員との会話。try 〜 onで「〜を試着する」の意味。Can I 〜？で許可を求める表現になる。

全訳
A：すみません。白いセーターはありますか。
B：ええと…，こちらはいかがですか。2,000円になります。
A：気に入りました。試着してもいいですか。
B：もちろん。

(3) ① 直後にAが「緑色と赤色もある」と答えているので，「ほかの色はありますか。」とたずねるイを選ぶ。買い物をしているときに使われるhaveは，「（店に）ある」という意味のことが多い。
② 直後にAは日数を答えているので，How long 〜？と時間の長さをたずねるエを選ぶ。

全訳

A：いらっしゃいませ。
B：このかばんが気に入ったのですが，青色は好きではないんです。ほかの色はありますか。
A：緑色と赤色もあります。
B：ああ，私は緑色が好きです。より大きいものはありますか。
A：はい，より大きいサイズがあります。しかし，現在緑色のものはありません。お取り寄せしましょうか。
B：はい，お願いします。どれくらい待たなければなりませんか。
A：2，3日ですね。
B：わかりました。来週また来ます。

---

2 May I speak to Mike

解説

Hello. のあとに自分の名前を This is ～. と言っていることから，電話での会話だとわかる。**May I speak to ～?（～をお願いします。）**で，電話をつないでほしい相手を告げる。

全訳

A：もしもし。ケンです。マイクをお願いします。
B：ごめんなさい，彼は今，外出中です。6時に帰宅します。

---

3 (1) **ウ** (2) **ウ**

解説

(1) 静かにするように頼む表現にすればよい。**ウ**の **Would you ～?** は，相手に**依頼する**表現。

全訳

あなたは映画館で映画を見ています。あなたはそれを本当に楽しみたいと思っていますが，あなたの隣に座っている男性がほかの人と大声で話し始めます。あなたは彼らに話すのをやめてほしいと思っています。あなたは彼らに何と言いますか。

(2) 「写真を撮りましょうか」と申し出る表現にすればよい。相手に**申し出る**ときに使うのは，**ウ**の **Shall I ～?**

全訳

あなたは今，有名なお寺にいます。そのお寺の前で，お年寄りの男性と女性が自分たちの写真を撮ろうとしています。しかし，彼らはそれがうまくできません。あなたは彼らの手助けをしたいと思っています。あなたは彼らに何と言いますか。

---

4 (1) Could you tell me how to get
(2) 例 Go straight and turn right at the corner.

解説

(1) 健司はヤンキー・スタジアムへの行き方がわからなくて困っている。①のあとで，女性がヤンキー・スタジアム駅への行き方を説明しているので，スタジアムへの行き方をたずねていることがわかる。could があるので，**Could you ～?** という**依頼する**表現にする。また，to や how があるので，「～への行き方」を how to get to ～ で表す。「（人）に（こと）を教える」は〈tell ＋人＋こと〉。

(2) 命令文なので，動詞の原形で文を始める。「**まっすぐ行く**」は **go straight**，「**右に曲がる**」は **turn right** で表す。

全訳

翌朝，私は地下鉄の駅へ行きました。私は地下鉄の地図を見ました。あまりにもたくさんの路線があり，私はどこへ行くべきかわかりませんでした。そのとき，年配の女性が私のところに来て，「あなたはどこへ行きたいの？」と言いました。私は，「ヤンキー・スタジアムへ行きたいです。スタジアムへの行き方を教えてくれませんか。」と言いました。彼女はとてもゆっくりと「まっすぐ行ってその角を右に曲がりなさい。4番線に乗って161丁目－ヤンキー・スタジアム駅まで行きなさい。旅を楽しんで！」と私に言いました。私は「どうもありがとうございます！さようなら！」と言いました。

┃ 適切な語句・文を補う問題

解説

(1) in the **morning**「朝に，午前中に」

全訳
太陽は朝に昇ります。

(2) When 〜 time の内容から，**「時計」**が答えだとわかる。look at 〜「〜を見る」

全訳
私たちは時刻を知りたいとき，時計を見ます。

---

2 (1) animals　(2) library
　　(3) dictionary

解説

(1) such as 〜は「〜のような」の意味を表す。「〜」には動物の名前があるので，空所にはanimals **「動物」**が適する。**複数形**にすることに注意。

全訳
この前の日曜日に，私は動物園に行って，ゾウやトラやライオンなどの，多くの種類の動物を見ました。

(2) we 〜 week の内容から，**「図書館」**が適する。

全訳
私たちの学校の図書館では，本を1週間借りられます。

(3) when 〜 words の内容から，**「辞書」**が適する。

全訳
私たちは言葉の意味を調べるときに，辞書を使います。

---

3 (1) December　(2) name
　　(3) week

解説

(1) タクヤの最初の発言の2文目から，**彼の誕生日が12月31日**だとわかる。

全訳
ジェーン：あなたの誕生日はいつですか。
タクヤ：覚えるのはとても簡単だよ。元日のちょうど1日前だよ。
ジェーン：12月31日ってこと？

タクヤ：その通り。

(2) ジェニーが最後に自分の名前を告げているので，空所を含む文は，**相手の名前をたずねる疑問文**になると考えられる。

全訳
鈴木さん：こんにちは。私たちのホテルへようこそ。ご用件は何でしょうか。
ジェニー：2日間こちらに滞在したいのですが。
鈴木さん：かしこまりました。お名前をおうかがいしてもよろしいでしょうか。
ジェニー：ジェニー・スミスです。

(3) アヤとケビンのやり取りから，ケビンの姉[妹]は今月の**17日**に来日したことがわかる。今日が**23日**なので，ケビンの姉[妹]は日本に「**7日間**」＝「**およそ1週間**」滞在している。

全訳
ケビン：ぼくの姉[妹]は今，日本にいるんだ。
アヤ：それはいいね。彼女はいつ来たの？
ケビン：ええと，今月の17日に来たよ。
アヤ：今日は23日だから，彼女はおよそ1週間日本にいるんだね。

---

4 (1) How many　(2) **イ**

解説

(1) あとに続く文の内容から，**数をたずねる疑問文**になることがわかる。

(2) 空所の前の2つの文に「たくさんの新しい情報やニュースを得たかった」「手紙の書き手もそのことを知っていた」とあるから，空所には**イ「だから手紙の書き手は多くのことを書きたいと思った」**が適切である。

全訳
　あなたたちは人生で何通の手紙を書きましたか。たぶんあなたたちの中には，1年に2，3通手紙を書き，毎日何通か電子メールを送る人がいるでしょう。人々が電話を使い始める前は，手紙は人々にとってとても役に立つものでした。
　あなたは，18世紀はヨーロッパで手紙の時代と呼ばれていることを知っていますか。今日，私たちは特定の人に手紙を書きます。しかし当時，人々はこのような個人の手紙だけでなく，公表する手紙も書きました。公表する手紙は，受取人やその周辺に住む人たちによって読まれました。彼らはたくさんの新しい情報やニュースをそれらの手紙から得たかったのです。手紙の書き手もそのことを知っていました。したがって，彼らは多くのことを書きたいと思いました。公表する手紙の中には重要なものもあったので，手紙の書き手はときどき内容の記録として，自分の書いた手紙の写しを作っておきました。

5 ① ウ ② イ

解説

① 空所のあとでAが「ジェーンはいつ帰宅するかわからない」と言っているので，Bは**ジェーンがいつ帰宅するのかをたずねた**ということがわかる。

② 「彼女が戻ったら，| ② |」という文。選択肢のそれぞれの意味は，ア「彼女にそのメッセージを伝えてもらえますか」，イ「私に電話するように彼女に言ってもらえますか」，ウ「もう一度電話してもいいですか」，エ「私があなたに電話してもらいたいですか」 AとBの2つ目のやり取りから，BはAに伝言をお願いしなかったので，アは不適切。ウは，続くAのI willという返事につながらないので不適切。エはクミが発言する内容ではないので不適切。したがって，イが正解。

全訳

A：もしもし。
B：こんにちは。クミです。ジェーンをお願いできますか。
A：やあ，クミ。申し訳ないのだけれど，彼女は今家にいません。彼女に伝言を預かりましょうか。
B：いいえ，結構です。彼女はいつ帰ってきますか。
A：ええと，彼女が何時に帰宅するのかわかりません。
B：彼女が戻ったら，私に電話するように彼女に言ってもらえますか。
A：もちろん，そうしましょう。
B：ありがとう。さようなら。

6 (1) エ (2) ウ (3) ③ イ ④ エ

解説

(1) ケイタの最後の「それなら，競技場に早く行こう」という発言の**目的**になるものを選ぶ。

全訳

ケイタ：今週末サッカーの試合を見に行く予定なんだ。ぼくと一緒に行ける？
ロブ：もちろん。ぼくはサッカーが大好きなんだ。よい席から試合を見たいな。
ケイタ：それなら，競技場に早く行こう。

(2) 空所の直前の**生徒の質問の内容に合う選択肢を**選ぶ。空所のあとで先生が，「そうすれば，英語がもっと上手に話せる」と言っているので，**具体案を伝えた**ことがわかる。

全訳

生徒：私のスピーチはどうでしたか。
先生：すばらしかったですよ。あなたはとても上手に英

語を話しますね。
生徒：ぼくはもっと上手に英語を話したいのです。それを話す練習の仕方を教えていただけませんか。
先生：英語の授業でそれを使い続けなさい。そうすれば，あなたは英語をもっと上手に話すことができますよ。

(3) ③ 空所のあとの **I did.**（私がしました。）に注目。各選択肢の2文目は疑問文だが，この答えに合う疑問文は，人をたずねている**イ**である。
④ 空所の直前と直後に注目する。ブラウンさんが「朝食に何を食べるのか」とたずね，空所のあとの2つ目の文で「何か食べるべきだ」と言っているので，**「何も食べない」**と言っている**エ**が正解。

全訳

ユミ：まあ，このパンはとてもおいしいです。
ブラウンさん：もっとどうですか。
ユミ：お願いします。だれがこれを作ったのですか。
ブラウンさん：私が作りました。朝食によくパンを作るのです。あなたはたいてい朝食に何を食べますか。
ユミ：朝食は何も食べません。
ブラウンさん：それはあなたの健康によくありません。何か食べるべきですよ。

7 ① イ ② ア ③ ウ ④ エ

解説

① 空所の直前と直後の内容に注目する。直前でケンがジャックのボスの人柄をたずねている。空所のあとでケンは「それがコミュニケーションを困難にしているのか」とたずねている。**コミュニケーションを困難にしている可能性がある**のは，選択肢の中では**イ**しかない。

② 空所の直前でジャックは，ボスに対する不満を述べている。そのことに対してケンは**「お気の毒に」**と答えていると考えられる。

③ 空所のあとのケンの発言「えっ？ 君はボスと一緒に住んでいるの？」という内容から，**「家で」という内容を含んでいるウ**が正解。

④ 空所のあとのケンの「彼は君にそっくりだね」という発言から，**ジャックの新しいボスとは，彼の赤ちゃんである**とわかる。

全訳

ケン：やあ，ジャック。どうした？
ジャック：新しいボスのことで，ずっととても忙しいんだ。
ケン：君の新しいボス？
ジャック：そう，2週間前に彼のところで働き始めたんだ。彼はぼくの生活を変えてしまったよ。

ケン：彼はどんな人なの？

ジャック：彼はいつも怒っているか眠っているよ。

ケン：そのことがコミュニケーションを困難にしているの？

ジャック：そう。彼は自分では何もできないんだ。いつも彼の面倒を見なければいけないんだよ。

ケン：ああ，お気の毒に。彼に自分で物事をするように頼める？

ジャック：できないね。彼はぼくの話を決して聞かないんだ。

ケン：それなら，仕事のあとの自由な時間を楽しむべきだね。家で好きなことをするのはどうだい？

ジャック：それは無理だね。彼は家で一日中泣き叫んでいるんだ。

ケン：えっ？　君はボスと一緒に住んでいるの？　それはどういうこと？

ジャック：昨日彼は初めてぼくにほほえんだよ。本当に幸せになった。

ケン：ああ，わかった。君のボスって…。

ジャック：その通り。ボスはぼくの新しい赤ちゃんさ。ここに写真があるよ。

ケン：ああ，彼は君にそっくりだね。とてもかわいい。彼に会いたいな。

ジャック：彼のためなら何でもするよ，彼を愛しているからね。

2 内容正誤問題

1　イ

解説

ア　本文1行目から，ジュンはお父さんと病院に行ったことがわかるので，本文の内容に合わない。

イ　本文3～4行目から，本文の内容に合う。

ウ　そのような内容は本文中にはない。

エ　本文の最後の行で，リサはまだクッキーを食べられないとお母さんが言っているので，本文の内容に合わない。

全訳

　ジュンは5歳でした。彼はお父さんと一緒に病院に行ってとても興奮しました。ジュンがお母さんの部屋に入ったとき，彼女は腕に赤ちゃんを抱いていました。彼女は「リサ，これがあなたのお兄さんよ。彼はあなたに会いに来たの。」と言いました。「彼女はお父さん似の顔をしている。」とジュンは言いました。それから，彼は自分のかばんからクッキーの箱を取り出しました。そのクッキーはいろいろな動物の形をしていました。彼はライオンがいちばん好きでした。彼はライオンのクッキーを探して，それを見つけました。彼は妹にそれをあげようとしました。すると，彼のお母さんは「ジュン，あなたはとても親切だけど，彼女はまだクッキーを食べられないの。あ

なたはいいお兄さんになるわ。」と言いました。

2　イ

解説

ア　「ミユキのお父さんは転職をして，今は一日中家で仕事をしている。」ミユキのお父さんの仕事に関する記述は本文中にはない。

イ　「ミユキのお父さんがミユキにお弁当を渡すとき，彼はいつもうれしそうだ。」本文4～5行目に「私が家を出るとき，彼はいつもほほえんで，私にお弁当を渡す」とあるので，本文の内容に合う。

ウ　「ミユキにとって夏休みの間に自分のお弁当を作るのはとても簡単なことだった。」本文7行目に「自分のお弁当を作るのはとても大変だった」とある。したがって，本文の内容に合わない。

エ　「ミユキは，彼女のお父さんが仕事でとても忙しいときに，自分のお弁当を作る。」ミユキがお弁当を作ったのは夏休みの間なので，本文の内容に合わない。

全訳

　毎日だれがあなたのお弁当を作りますか。あなたのお母さんですか。お父さんですか。あなたですか。私の家では，父が私のお弁当を作ってくれます。

　私の両親は仕事でとても忙しくて，家事を分け合っています。父はたいてい，私のお弁当を作るために朝早く起きます。私が家を出るとき，彼はいつもほほえんで，私にお弁当を渡してくれます。それを食べるとき，私は彼のほほえみを思い出します。

　夏休みの間にした家庭科の宿題を覚えていますか。私たちは自分自身のお弁当を作らなければなりませんでした。それはとても大変で，多くの時間が必要でした。

　今，私は父が毎日私のお弁当を作るために一生懸命がんばっているのをわかっています。父が仕事から帰宅するとき，私はいつもほほえんで，「お弁当を作ってくれてありがとう。」と彼に言います。私は毎日彼が私のために作ってくれるお弁当が大好きです。

3　ウ

解説

ア　「トモキはその女性に若葉ホテルへの道をたずね，彼女は彼にそれを教えてくれた。」女性の最初の発言から，若葉ホテルへの行き方をたずねたのは女性のほうだとわかるので，本文の内容に合わない。

イ　「その女性がトモキに彼の学校の名前を伝えることができたのは，アリスがそのことを彼女に伝えてあったからだ。」女性の5つ目の発言から，その女

性はアリスの学校の名前は言えなかったことがわかるので，本文の内容に合わない。
ウ「アリスはその女性の友だちの１人で，トモキの学校で英語を教えている。」トモキの５つ目の発言とそれに対する女性の６つ目の発言などから，本文の内容に合う。
エ「その女性はトモキの学校の英語部で，いくつかの日本料理店についてたずねるだろう。」レストランについてたずねたのはアリス。また，女性の８つ目の発言から，彼女がするつもりなのは，アリスと日本食を楽しむことだとわかるので，本文の内容に合わない。

全訳
女性：すみません。若葉ホテルにはどうしたら行けますか。
トモキ：私はそのホテルの近くの郵便局に行きます。そこへあなたと行きましょう。
女性：ありがとう。
（彼らは若葉ホテルに向かって歩き始める。）
トモキ：あなたは日本を旅行しているのですか。
女性：はい。私はカナダ出身です。今朝，この市に着きました。私の友だちの１人がここに住んでいるのです。彼女は６か月前に日本に来ました。もうすぐ彼女に会います。
トモキ：彼女はどこの出身ですか。
女性：彼女もカナダ出身です。彼女はこの市のある高校で英語を教えているのです。
トモキ：その学校の名前を知っていますか。
女性：彼女は電子メールでその名前を私に教えてくれましたが，覚えていません。ええと…。この市で最も生徒数が多い学校です。
トモキ：ああ，それはぼくの学校です！　彼女の名前はアリス・グリーンですか。
女性：そうです！　彼女はあなたの英語の先生なんですね！　彼女は毎週月曜日の放課後に英語クラブに参加していますよね？
トモキ：はい。ぼくは英語クラブに入っています。この前の月曜日に，彼女はこの市のレストランについてたずねました。だから，ぼくは彼女にぼくのお気に入りの日本料理店について話しました。
女性：私は日本食がとても好きです。
トモキ：彼女は「私はあなたのお気に入りの日本料理店に友だちと行きたいです。」とぼくに言いました。
女性：本当に？　彼女とそこで日本食を楽しむでしょう。

4　エ

解説
ア「ティムは市立劇場によって開催された講座の中で，歌舞伎にはおもしろい歴史があることを知った。」本文２～３行目から，**歌舞伎にはおもしろい**

歴史があることを，ティムはこのメールを書く前に知っている。市立劇場によって開催される講座はこれよりあとのことなので，本文の内容に合わない。
イ「ティムが歌舞伎の芝居に行ったとき彼の顔を塗ったのは，彼は役者になりたかったからだ。」本文13～14行目から，ティムが自分の顔を塗りたいと言っているのは歌舞伎の講座で，**歌舞伎を見に行ったときに顔を塗ったという記述はない**ので，本文の内容に合わない。
ウ「芝居を見る前，ティムは観客の何人かがなぜ日本語で何かを叫んでいるのかわかっていた。」本文９～10行目から，ティムが観客の何人かが日本語で何かを叫んでいる理由を知ったのは，**芝居のあとだ**とわかるので，本文の内容に合わない。
エ「ティムは，観客の何人かの人たちが日本語で何かを叫んでいるとき，役者たちがエネルギーをもらっているのを知った。」本文10～11行目の内容に合う。

全訳
お母さん，お父さん
　私は学校で歌舞伎について学びました。それは，400年以上前に始まり，おもしろい歴史があります。歌舞伎は男性だけによって演じられます。昨日，私はヒデオと歌舞伎の芝居を見るために，劇場に行きました。私は役者が何を言っているのか理解できませんでしたが，ヒデオの助けで，話にはついていけました。役者の顔は塗られていました。私は彼らの顔をはっきりと見ることができました。それはとてもわくわくさせるものでした。
　私がそれを見ている間，観客の中の人々がときどき日本語で何かを叫んでいました。私は，それはするのは悪いことだと思いましたが，だれもその人たちに怒っているようには見えませんでしたし，私はなぜだかわかりませんでした。あとで私はヒデオにそのことをたずねました。彼は，あの人たちは役者を励ますために叫んでいるのだと言いました。役者たちはそれからエネルギーをもらっていて，それが好きなのです。私はそれをすてきだと思いました。私はあなたたちにいつか歌舞伎の芝居を楽しんでもらいたいと思います。
　来月，私はヒデオと市立劇場が開催する歌舞伎の講座に行くつもりです。それを楽しみにしています。私は歌舞伎の役者のように自分の顔を塗りたいです。私は歌舞伎の踊りにも興味があります。私はその講座を楽しめると思いますので，そのうちまたメールを書きます。

5　ウ，カ

解説
ア「ペンギンは，休むことなく空を1,000キロメートル以上飛ぶことができる。」本文６行目から，このような鳥はいるが，ペンギンのことではない。よって本文の内容に合わない。

イ「地球で最も高い山を越えて飛ぶことができる鳥はいない。」本文7行目の内容に合わない。
ウ「飛ぶ能力のために，たいていの鳥はこの世に生き残っている。」本文10～12行目の内容に合う。
エ「すべてのペンギンは，北極の厳しい環境の中で暮らしている。」本文15行目に「たいていのペンギンは地球の南の部分の海沿いにすんでいる」とあり，「北極にいる」とは言っていない。したがって，本文の内容に合わない。
オ「ペンギンは，海の中はとても冷たいので，地上で暮らすのを好む。」第5段落には，地上と異なり水中でのペンギンがいかにすぐれた動物であるかが書かれている。したがって，本文の内容に合わない。
カ「ペンギンは，ほかの空を飛ぶ鳥のように，水中をとても速く泳ぐことができる。」最後の段落の内容に合う。

全訳

　2008年に，ロンドンのテレビニュース会社が4月1日に1本の短い映像を紹介しました。その映像では，多くのペンギンが南極からアマゾンの熱帯雨林まで飛んでいきました。もちろん，その映像はエイプリルフールのいたずらとして作られた冗談でした。しかし，ペンギンは本当に「飛べる」と言う人もいます。彼らは何を意味しているのでしょうか。

　確かに，ほとんどの鳥は空を飛びます。新幹線と同じくらい速く飛ぶ鳥の種類もいます。休むことなく海の上を1,000キロメートル以上飛ぶ鳥もいます。世界で最も高い山よりも高く飛ぶ鳥もいます。

　たいていの鳥は進化を通じて，飛ぶことができるように，体を変えました。今日，鳥たちには腕の代わりに羽があります。彼らの骨はほかの動物の骨よりも軽いのです。空を飛ぶという唯一の能力のために，彼らはより多くの，敵から逃げる機会や十分なえさを見つける機会を得てきました。だから，彼らはこの世界に生き残っているのです。

　しかし，この唯一の能力をなくして異なる進化の道をたどった鳥もいます。ペンギンはよい例です。地球には18種類のペンギンがいて，彼らのほとんどは地球の南の部分の海に沿ったところにすんでいます。彼らは世界中で愛されています。彼らの小さな羽のついた丸っこい体はかわいらしいです。彼らの短い脚を使った歩き方も多くのペンギンファンの心をつかんでいます。

　ペンギンは地上ではかわいらしく，おかしく見えるかもしれませんが，水中で見ると，彼らをかっこいいと思うかもしれません。彼らはとても上手に泳ぎます。そして，以下の3つの事実を知って驚くかもしれません。第1に，1時間に30キロメートルの速さで泳げる種がいます。彼らは自転車に乗った人よりもずっと速く泳ぐのです。第2に，最も大きいペンギンは，水深500メートル以上深くを泳げます。第3に，彼らはおよそ25分間水中に居続けられます。

　ペンギンは空を飛びませんが，水中では空を飛ぶ鳥のようにとても速く動けます。だから私たちは，ペンギンは水中で「飛べる」と言うことができるのです。

1　(1)　**ウ**　(2)　**エ**　(3)　**エ**

解説

(1)　**「ナオヤはいつ英語の本を読み始めましたか。」**という質問。本文4～6行目から，英語の本を読むのは夏休みの宿題のためということがわかる。したがって，「彼は，彼の英語の先生が夏休みの間にいくつかの英語の本を読むようクラスのみんなに言ったとき，英語の本を読み始めた。」の**ウ**が正解。

(2)　**「田中先生は夏休みの間，生徒たちに英語の本をどうしてほしいと思いましたか。」**という質問。本文9～16行目の田中先生の発言の内容から，「彼女は彼らに英語の本を読んで楽しみ，感想文を書いてほしいと思った。」の**エ**が正解。

(3)　**「夏の間にナオヤが英語で読んだお気に入りの話は何でしたか。」**という質問。本文23～24行目の内容から，「それは犬についての話でした。」の**エ**が正解。

全訳

　私はナオヤです。私は高校生です。私は読書が好きです。私は毎日本を読みます。私はテレビを見るよりも読書のほうが好きです。よい話を読むことは私にとってはとてもわくわくすることです。

　ある日，私たちの英語の先生である田中先生が私たちに夏休みの宿題を出しました。それは英語の本を読み，その中の1冊について英語で読書感想文を書くことでした。私は「ああ，だめだ！　英語の本を読んだことがない。それらは難しいかもしれない。」と思いました。田中先生は私たちに市立図書館のおもしろい英語の本をいくつか見せてくれました。難しそうな本もありましたが，簡単そうな本もありました。というのは，それらはたくさんの絵があり，やさしい英語で書かれていたからです。田中先生は「英語の本を読んでいるときには，知らない単語が出てくると思います。たとえ単語がいくつかわからなくても，話を理解できると思いますよ。それらの単語の意味を推測できます。もちろん，辞書を使ってもいいですが，必ず必要というわけではありません。すべての単語を調べる必要はありません。私はあなたたちに英語の本を読むことを楽しんでほしいのです。もし自分にとってその本が難しすぎるなら，よりやさしいものを選びなさい。学校の図書館でも英語の本を見つけることができます。だから，クラスの皆さん，楽しんでおもしろい感想文を書いてください。」と言いました。

　私はやさしい英語で書かれた本をいくつか読み始めました。それらはアメリカの学生の学校生活についての話でした。それらには多くの絵があり，いくつかの英単語の意味を推測しました。私は英語で書かれた，『桃太

25

郎』のような古い日本のお話も読みました。私はこれらの話を知っていたので、これらの古い話から英単語を学びました。私は偉人についての本もいくつか読みました。それらから多くのことを学びました。私は外国の話や動物についての話のような、ほかの種類の本を読みました。私は犬が大好きなので、かわいい小さな犬についての話がすべての話の中で最も気に入りました。

夏の間に、私は英語の本を50冊読みました。私が読んだ本は簡単で長くありませんでしたが、自分で多くの英語の本を読んでうれしかったです。私はお気に入りの本について英語で読書感想文を書きました。

---

2 (1) 例 She wrote it when she was seven years old.
(2) 例 He wanted her to write letters to him again.

解説

(1) 「ミカはいつ彼女の祖父に初めての手紙を書きましたか。」本文3行目から、彼女が7歳のときに初めて祖父に手紙を書いたことがわかるので、「彼女は7歳のときに、それを書きました。」という内容を英語で書く。本文3行目を参考にするとよい。

(2) 「ミカの祖父は彼女に何をしてほしいと思いましたか。」本文12行目の祖父の発言から、「彼は彼女にまた彼に手紙を書いてもらいたいと思っていた。」という英文を書く。

全訳

私の祖父は1人で暮らしています。彼は手紙を読んだり書いたりするのが好きなので、ときどき私に手紙を送ってくれます。

私が7歳のとき、祖父に初めての手紙を書きました。3日後、私は彼から手紙をもらいました。手紙の中で、彼は「私はお前から手紙がもらえてとてもうれしかった。」と言っていました。私はそれを知ってうれしかったので、2つ目の手紙を書きました。その後、私たちは手紙のやり取りを続けました。

私が高校生になってから、私はときどき彼から手紙をもらいましたが、することがたくさんあったので数か月間、彼に手紙を書きませんでした。

先月祖父の家を訪ねたとき、私は箱の中に多くの古い手紙を見つけました。それらはすべて私が書いたものでした。彼は「お前がいなくて寂しいとき、お前の手紙を読むんだよ。お前の手紙はいつも私を幸せにしてくれるんだ。」と言いました。私は「最近は手紙を書いていないね。ごめんなさい。」と彼に言いました。「大丈夫だよ。でもまた私に手紙を書いておくれ。」と祖父はほほえんで言いました。家に帰るとき、私は「私の手紙が彼にとってそんなに大事なものだなんて知らなかった。」と思いました。

今、私はまた祖父に手紙を書いています。彼からの手紙を受け取ると、私は幸せです。

---

3 (1) 例 Because her host father gave the waitress more money and he didn't receive the change.
(2) 例 They show their thanks to the people working there.

解説

(1) 「亜美は夕食のあと、なぜ驚いたのですか。」という質問。本文3～4行目のmy host father ～ changeを使って答える。Whyで聞かれているのでBecauseで始めるとよい。

(2) 「アメリカの人たちはチップをあげることで何を示すのですか。」という質問。本文7行目のdo thatとは、その前のgive a tipのことなので、本文6～7行目の内容をまとめる。「そこで働く人たちに感謝を示す」が答えの中心となる。

全訳

この前の冬、私はアメリカでホームステイしました。ある日、私はホストファミリーとレストランに行きました。ウェイトレスが私たちのテーブルにやって来て、私たちの夕食の間に必要なことをすべてしてくれたので、私たちはそこでよい時間を過ごしました。夕食を終えたとき、ホストファーザーがウェイトレスにより多くのお金を渡し、お釣りを受け取りませんでした。私は驚きました。すると彼は「私の国では、私たちはレストランでよく請求書よりも多くのお金を渡すんだ。これをチップと呼ぶんだ。私たちはタクシーやほかの多くの場所でもチップを渡すんだよ。そこで働く人たちに私たちの感謝を示すために私たちはそうするんだ。」と言いました。

私は滞在中に、アメリカ文化について知りました。

---

4 (1) 例 Yes, she did.
(2) 例 Because he was sick.

解説

(1) 「ケンタの母は7月の彼のサッカーの試合について彼の父に伝えましたか。」という質問。Did ～?の疑問文なので、Yes / Noで答える。本文8～9行目に、母は父に話したとあるのでYesの答えになる。

(2) 「武田さんは会議に行けませんでした。なぜですか。」という質問。本文24～26行目から、武田さんは病気だったとわかる。したがって、「彼は病気だったため。」という英文を書く。

全訳

　７月のある日，私たちの先生は「夏休みの間に宿題があります。私はあなたたちに仕事について知ってもらい考えてもらいたいのです。あなたの家のどなたかに彼らの仕事を見せてくれるようにお願いしなさい。あなたたちはご両親や祖父母や兄弟，姉妹にお願いすることができます。彼らの職場の１つを訪問して，彼らの仕事についてレポートを書きなさい。これはあなたたちの将来について考えるよい機会にもなるでしょう。」と私たちに言いました。私はその宿題にとても興味を持ちました。

　その夜，私は仕事を見せてくれるように父に頼みました。すると彼は「いいよ。お前にとってよい経験になるだろう。」と言いました。彼はまた，「今朝，お母さんが私に，今月末にお前がサッカーの試合をすると教えてくれた。それを見に行くからね。」と言いました。私はそれを聞いてとても興奮して，その試合のためにより熱心に練習する決心をしました。

　私たちのチームはその試合に勝ちました。しかし，父は来ませんでした。彼は夜遅くに帰宅しました。彼は私を見ると，「ごめん。お前の試合を見に行けなかった。今日は仕事があったんだ。」と言いました。それを聞いたとき，私は怒り，「お父さんにとって，仕事はぼくよりも大切なんだね？」と言いました。彼は何か言おうとしていましたが，私は彼の言うことを聞きませんでした。私は「お父さんの仕事なんか見に行かない。」と言いました。そして，自分の部屋に戻りました。１時間後，お母さんが私の部屋に来て，「あなたがどう感じているのかわかるわ。でも，あなたはお父さんの仕事を見に行くべきよ。」と言いました。私は行きたくありませんでしたが，行かなければいけないことはわかっていました。

　８月に，私は父の職場を訪問しました。父の職場で父を見るのは初めてでした。彼の会社に到着したとき，１人の若い男の人が私のところに来ました。彼は「こんにちは。私の名前は武田です。今日は私があなたに会社を案内します。」と言いました。私たちが会社のあちこちを歩いているとき，私は父を見つけました。彼は多くの人たちと働いていて，忙しそうでした。武田さんは「私は君のお父さんと一緒に働いています。彼はいつも私を助けてくれます。私は君に言うことがあります。７月の終わりに，私はとても重要な会議がありましたが，病気で行けませんでした。私は君のお父さんに電話して，私の代わりに行ってくれるように彼に頼んだのです。彼は『問題ない。お大事に。』と言っていました。のちに，彼には君のサッカーの試合を見に行く予定があったと聞きました。ごめんなさい。」と言いました。私は驚いて何も言うことができませんでした。「ごめんなさい。」と彼はまた言いました。私は「いいですよ。教えてくださってありがとうございます。」と言いました。もう１人の人がやって来て，「あなたのお父さんはいつもほかの人を助けてくれるんだよ。私たちは彼と働けて幸せです。」と言いました。私はそれを聞いて幸せで，私がどう感じたか父に伝えたいと思いました。

4 図・表から情報を読み取る問題

1 reading books is more popular than listening to music

解説

（　　）の直前にyou can see thatとあるので，グラフを見て答える問題だとわかる。語群の中にlistening to musicとreading booksがあるので，この２つの関係をグラフで確認して，「**読書は音楽鑑賞よりも人気があります**」という文に並べかえる。

全訳

ルーシー：このグラフは私たちの学校の生徒たちが何をするのが好きかを示しています。
ジョン：興味深いですね！　生徒たちはスポーツをするのが最も好きなんですね。
ルーシー：はい，そして本を読むことが音楽を聴くことよりも人気があることが見てわかります。

2 more

解説

（　　）を含む文にWe can seeとあるので，グラフを見て答える問題だとわかる。グラフには干ししいたけと新鮮なしいたけ，それぞれに含まれるビタミンDの含有量が示されており，干ししいたけのほうが新鮮なしいたけよりも「多い」ことがわかる。**比較の文なので，muchの比較級moreが正解。**本文最後の１文で，うまみ成分について干ししいたけと新鮮なしいたけを比較しているので，それを参考にしてもよい。

全訳

　今，新鮮な食品を保つために，多くの種類の技術があります。しかし，私たちは，いくつかの料理を作るために，いまだに保存食を使っています。なぜでしょうか。保存食と新鮮な食品とのいくつかの違いを理解することで，何らかの理由がわかるでしょう。たとえば，干ししいたけと新鮮なしいたけには，いくつかの興味深い違いがあります。グラフを見てください。ゆでた干ししいたけに含まれるビタミンDは新鮮なしいたけに含まれるビタミンDよりも多いことが見て取れます。また，干ししいたけには新鮮なしいたけよりも多くのうまみ成分が含まれていると聞いています。

解説

① あとに「今10時13分です。そのバスは数分で来ます。」と言っている。Timetableの10時台を見ると，**10時13分の数分後に10時15分発若葉市役所行きがある**ことがわかる。

② 本文最後の女性の発言に，「私は11時にそこに着きますね。」とある。桜坂のバス停から病院までは歩いて5分かかるので，バス停には10時55分には着くことになる。それは，**10時15分のバスに乗ってから40分後にあたる**。

全訳

女性：すみません。どのバスが桜病院へ行きますか。
タクヤ：桜病院ですか。若葉市役所行きのバスに乗ってください。今10時13分です。そのバスは数分で来ます。
女性：わかりました。どこで降りたらいいですか。
タクヤ：桜坂で降りてください。40分かかります。そこから5分歩けば，病院に着くことができます。
女性：ありがとう。私はそこに11時に着きますね。

4　ア

解説

① Ⅱの座席表から，**ステージに最も近いのはAシート**だとわかる。

② ティムの2つ目とヒデオの3つ目の発言から，彼らは**学生向けの特別チケットを購入する**ことにしたことがわかる。彼らが選んだチケットは，ティムの3つ目の発言から，最も安い席よりもステージが近いこと，ヒデオの4つ目の発言から，**2枚で4,000円**なので，Ⅰの料金表とⅡの座席表から，**Cシート**だとわかる。

全訳

ヒデオ：この劇場には，4種類の座席があるよ。どの種類を買うべきかな。
ティム：ぼくは役者の顔をはっきりと見たいな。
ヒデオ：Aシートがステージにいちばん近いよ。
ティム：ぼくたちにそれを買う余裕はないと思う。待って。学生向けの特別チケットがあるよ。
ヒデオ：そうだね。それじゃあ，それらの中から選ぼう。
ティム：Cシートがぼくたちにはベストだと思う。最も安いシートよりもステージに近いところに座れる。それを買う余裕もあるし。
ヒデオ：それを2枚買うために4,000円必要だね。
ティム：それを買おう。

5　イ

解説

第2段落の最初の文から，2009年から2016年にかけて，**小学生は年々より多く読むようになっている**ことがわかり，**中学生と高校生はほとんど変化が見られない**ことがわかる。上のグラフを見ると，年々増加傾向にある**Aが小学生**であることがわかる。次に，第2段落第2文に，**2016年に高校生のおよそ57%が1冊も本を読んでいない**とある。下のグラフの2016年を見ると，**Cが高校生**だとわかる。このことから，**Bが中学生**であることもわかる。

全訳

　あなたは公立図書館に行ったことがありますか。図書館は教育と文化を発展させるために建てられています。公立図書館には重要な仕事があります。第1に，図書館は本や重要なその土地の資料を保存します。第2に，それらはあらゆる人々に，本を読む楽しみと情報を得る機会を与えます。今，公立図書館はもう1つの仕事があります。それらはより多くの十代の若者たち，特に中学生や高校生の心をひきつけようとしています。

　右にある2つのグラフによると，2009年から2016年まで，小学生はより多くの本を読んでいますが，中学生や高校生の状況は少ししか変わっていません。加えて，2016年では，高校生のおよそ57%は月に1冊も本を読んでいません。したがって，公立図書館はより多くの十代の若者たちに，そこを訪れてもらいたいと思っているのです。

6　(1)　イ　　(2)　ウ

解説

(1) 問いは「あなたは古いTシャツをいつゴミに出せますか。」という意味。古いTシャツは上の「収集日」の表の中にあるClothes（衣類）にあたるので，火曜日か金曜日にゴミに出せる。

(2) 問いは「カレンダーを見なさい。今日は10月6日です。あなたは今朝，陶器のカップを割りました。**あなたはいつその割れた陶器のカップをゴミに出せますか。**」という意味。「収集日」の表の中に，陶器類は第1月曜日か第3月曜日とあるので，割れた陶器のカップは，最短で**第3月曜日の10月17日**にはゴミに出せる。

5 指示語の内容を答える問題

1 イ

解説
下線部のitがある文の途中にso（だから）がある。したがって，soの前の部分はso以下の原因に当たる。この文の前半部分に，**この前の夏休みのロンドン旅行が博人にとって初めての外国旅行だった**とあり，itはこの旅行のことを指しているのがわかる。

全訳
あなたは今までに直接経験したことがないことについて知っていると思うことがよくありますか。今日，私はこのことについて話したいと思います。

この前の夏休みの間に私は家族とロンドンへ行きました。これは私にとって初めての外国旅行だったので，それを楽しみにしていました。私はロンドンについて知りたいと思ったので，それについての情報をインターネットで検索しました。旅行の前に私はインターネットで多くの有名なものを見ることができたのです。

2 イ

解説
下線部の前の**discovering**（発見すること）に注目して前の文を確認すると，saw（見た）がある。この文の文頭にFinally（ついに）とあることから，今までだれも見たことがなかったラジウムを見た（＝見つけた）おかげで，ノーベル賞を受賞したと考えられる。

全訳
マリーが27歳のとき，彼女の人生に大きな変化がありました。彼女は科学者のピエール・キュリーと結婚し，彼とともに仕事を始めたのです。彼らはいつも助け合いました。彼らは新しい元素があることを信じ，それをラジウムと呼びました。多くの科学者はそれが見えないために，このことを信じませんでした。だからマリーとピエールはラジウムを取り出すことに決めました。毎日彼らは何度も実験をして，決してやめませんでした。およそ4年後のある夜，彼らの娘が床についたあとで，彼らは実験室へ行きました。暗室の中で，彼らはホタルのように青く光るものを見つけました。それはとても美しかったので，彼らは長い間それを見ていました。ついに彼らはラジウムを見たのです！ 1903年に，それを発見したことで，彼らはノーベル賞を受賞しました。

3 例 ホームステイの間，何をしたらよいのかということ。

解説
that（そのこと）は前の内容を受ける指示語なので，前の文にその答えがある。下線部thatを含む文のあとで，現在留学中の姉にアドバイスを求めていることから，thatは「ホームステイの間に何をするべきか」を指していることがわかる。

全訳
由香姉さんへ

元気ですか。ぼくは元気です。そしてお父さんもお母さんも元気です。先月お父さんと魚釣りへ行ったとき，彼は大きな魚を釣りました。ぼくはそのとき撮った写真をあなたに送ったので，見てください。

いい知らせがあります。今度の夏休みに2週間カナダに滞在する予定です。ぼくは一度も外国を訪れたことがないのでとてもわくわくしています。でも，ホームステイの間，何をしたらよいのかわかりません。そのことについて知りたいのです。ぼくにアドバイスをください。

すぐに返信があるといいな。

哲也より

4 例 飼い主が帰宅し，犬に会えてうれしいとき，犬もうれしくて，尾を振ること。
例 飼い主が泣いていると，ネコが寄ってきて元気づけること。
例 飼い主が悲しいとき，犬も同じように悲しそうに見えること。

解説
下線部Theseを含む文は「**これらは，動物が人と感情を分け合っていることを表す例のいくつかです。**」という意味。第2段落がFor example（たとえば）で始まっていることに注目。この段落には「飼い主がうれしいときは犬もうれしい」「飼い主が泣いているとき，ネコは励ましてくれる」「飼い主が悲しいとき，犬も悲しんでいるように見える」の3つが例として挙げられていて，これらがTheseの具体的な内容となる。

全訳
「動物はときに人のように見える。」と言う人がいます。そう思いますか。「動物は悲しみを感じたり，ほかの動物を愛したりもできる。」と言う人もいます。それを信じますか。それを信じないかもしれませんが，いくつかの例があります。

たとえば，犬は飼い主が帰宅して犬を見てうれしいとき，うれしくてしっぽを速く振ります。飼い主が泣いているとその飼い主に寄りそって元気づけようとしている

ネコを見たことがありますか。飼い主が悲しんでいると悲しそうにしている犬はどうですか。これらは，動物が人と感情を分け合っていることを表す例のいくつかです。

---

5 (1) the picture Kate took
(2) 例 将来ニュージーランドに行くこと。

<u>解説</u>

(1) **代名詞 it は，前にある名詞を受ける。** 直前の俊の発言を見ると，俊は原先生にケイトが撮った写真を見せていることがわかる。したがって，**in it**（その中に）とは，「**ケイトが撮った写真の中に**」ということになる。

(2) **That は前の内容を受ける。** 下線部②の文のあとに続いている内容から，この That は，直前の原先生の発言の一部「将来ニュージーランドに行くこと」を指していると考えられる。

<u>全訳</u>

原先生：こんにちは，俊，ケイト。あなたたちは何をしているのですか。
ケイト：こんにちは，原先生。俊に写真を見せて彼とヒツジについて話しているのです。
俊：原先生，これがケイトが撮った写真です。
原先生：わあ，その中にたくさんのヒツジが見えますね。彼らはとてもかわいいです。
ケイト：はい。おじがそれらを飼っているのです。彼はオークランドの近くの小さな町に住んでいるのです。
原先生：オークランド？　私は前にそこへ行ったことがあります。美しい町です。
俊：そこへはいつ行ったのですか。
原先生：5年前です。ケイト，あなたはオークランド出身です。そうですよね？
ケイト：はい。オークランドは大きな町で，そこには多くの人が住んでいます。
原先生：私はその町が大好きです。ニュージーランドに滞在していたとき，私は多くの人に出会い彼らと話して楽しみました。彼らは私に親切でした。
俊：原先生，あなたのニュージーランドへの旅についてもっと教えてください。
原先生：わかりました。私は海岸で野生のペンギンを見ました。
俊：おお，すごいですね！　ぼくは一度も野生のペンギンを見たことがありません。見たいです。
原先生：俊，将来ニュージーランドに行ってみたらどうですか。
俊：それはいいですね。ケイト，あなたの国とあなたの国の人たちについてもっと知りたいな。
ケイト：それを聞いてうれしいです。

---

6 英文を日本語で説明する問題

1 ① 例 東京で働きたい（7字）
② 例 東京での生活についての質問ができる（17字）

<u>解説</u>

① 空所の前の「**将来**」に注目する。本文6～7行目に **you want to work in Tokyo in the future** とあるので，この部分を日本語に直す。

② 空所の前の「**大学生**」に注目する。本文6～8行目の亜矢の言葉の中に **You can ask them some questions about the life in Tokyo** とある。この部分を日本語に直す。

<u>全訳</u>

　毎年，理佐の町では，中学生向けのサマーキャンプが開かれます。そのキャンプで，彼らは農場で多くのことをします。昨年彼女のお父さんは「理佐，キャンプに参加したらどうだろう？　そこでよい時間を過ごすことができるよ。」と言いました。しかし彼女は「いいえ，私はキャンプに興味がないの。」と答えました。今年，彼女の友だちの1人である亜矢が「私はサマーキャンプに参加する予定なの。もしあなたが私と一緒に来てくれたらうれしいな。」と彼女に言いました。しかし理佐は「ごめんなさい，でも私はそれに参加したくないの。」と言いました。亜矢「私はあなたが将来東京で働きたいというのを知ってるよ。私たちの手伝いに東京から何人かの大学生が来てくれるの。あなたは彼らに東京での生活について，いくつか質問できるよ。」と言いました。理佐はこれを聞いて，キャンプに参加する決心をしました。

---

2 (1) 例 助けを求めることを申し訳なく
(2) a 例 悲しそうに見えた
b 例 話をしたり，笑ったりする

<u>解説</u>

(1) 下線部①の直前に **So**（だから）があるので，その**理由はその文の直前にある。**

(2) 下線部②のあとの文が a story の具体的な内容に当たる。それぞれの空所の直前に「**孤独で**」，「**よく**」とあるので，それぞれに対応する英語 **lonely** と **often** を英文の中に探して，その前後を日本語にする。

<u>全訳</u>

　今日，私は3種類の介護ロボットを紹介します。
　最初のロボットは「パワーアシストロボット」と呼ばれます。介護者は毎日お年寄りをベッドや風呂に連れていきます。これは彼らにとってとても大変な仕事ですが，

このロボットを使えば，彼らはより簡単にお年寄りを運ぶことができます。

　２つ目のロボットは，「自立支援型ロボット」です。このロボットのおかげで，お年寄りはほかの人の助けなく多くのことをすることができます。たとえば，このロボットは，お年寄りがトイレに歩いて行きたかったり，彼ら自身でものを食べたかったりしたときに，お年寄りの手伝いができます。だれかに助けを求めることを申し訳なく思うお年寄りもいます。だから，彼らはこのロボットを使うことがとてもうれしいのです。

　最後のロボットは「コミュニケーションロボット」です。それは人工頭脳を持ち，話したり歌ったり，人と話すことさえもできます。それはときどき，かわいい動物のように見えます。だから，お年寄りはそれと一緒にいて楽しめます。ここにある高齢（こうれい）の女性とロボットについてのお話があります。彼女は長い間，介護施設（しせつ）にいました。彼女はいつも孤独で悲しそうに見えました。しかし，彼女がこのロボットに出会ったあと，彼女はしばしば話をしたり，笑ったりするようになりました。

3 　例　お互（たが）いを理解するために話し合うこと（がなければチームは機能しない）。

解説

下線部の「彼（＝直人の祖父）の言葉に耳を傾（かたむ）ける決心をした」とは，「彼の祖父の言ったことに従ってみる決心をした」ということ。第１段落で直人の祖父は**「お互いを知るために話し合う必要がある」**と言っていて，これが直人の祖父の言いたいことの中心である。

全訳

　ある日の夕食のとき，私の祖父が「チームはどうだい？」とたずねました。私は「よくないよ。ぼくはベストを尽くしているけど，十分に一生懸命（けんめい）練習しない部員がいるんだ。どうしてかわからないよ…。」と言いました。少し考えたあと，彼は「ええと，お互いを理解するために話し合う必要があるね。」と言いました。彼は「それがなければ，チームはうまく機能しないよ。」と続けました。

　私は彼の言葉に耳を傾ける決心をしました。次の日，私たちが練習する前に，私はその部員に「ぼくは試合に勝ちたいけど，どうしたらいいかわからない。何かアイデアはある？」と言いました。彼らは驚（おどろ）いたように見えましたが，彼らの１人が「ええと，ぼくはこう思う…」と言いました。するとほかの部員が続きました。私たちはたくさんのアイデアを見つけました。私は「もしそれらのすべてを試してみるなら，ぼくたちは一晩中練習しなくちゃね！」と言いました。私たちは笑いました。

4 　(1)　例　選手やファンと一緒に大会を作りあげ，オリンピックの成功を支えたから。

　(2)　大変だと感じたこと…例　するべき仕事がたくさんあり，暑い中で長時間立ち続けていなければならなかったこと。

　　すばらしいと感じたこと…例　いろいろな国から来た多くの人と出会い，楽しく話すことができたこと。

解説

(1)　スピーチの中に **Game Makers** という語を探すと，そのあとに理由を表す because がある。したがって，その because 以下の内容をまとめればよい。

(2)　直人の母親のボランティア体験に関する発言は，本文15〜18行目にある。その中の**最初の２文**が大変だと感じたことについて，**あとの But 以下の２文**がすばらしいと感じたことについて発言している。

全訳

　今日，私は自分の夢についてお話しします。2020年に，東京でオリンピックがあります。私はそのオリンピックのボランティアになりたいのです。

　2012年に，私たちはテレビでロンドンオリンピックを楽しみました。私たちはたくさんのすばらしい選手たちに感動しました。しかし，彼らはオリンピックに参加した唯一（ゆいいつ）の人たちではありませんでした。およそ７万人の人がボランティアとしてオリンピックに参加しました。彼らは多くの仕事をしました。たとえば，彼らは選手たちのためにものを運んだり，スタジアムでチケットを確認したり，空港で案内人として働いたりしました。彼らは選手やファンと一緒に大会を作りあげ，オリンピックの成功を支えたので，「ゲーム・メーカー」と呼ばれました。

　2020年に，私はほかの国の人たちと仲良くなり，オリンピックを支えるために彼らとよいコミュニケーションを取りたいのです。

　直人は彼のスピーチについて母親に話しました。すると彼女は自分の体験を彼に話しました。1995年に彼女が大学生だったとき，彼女は福岡市のユニバーシアードでボランティアとして働きました。彼女はサッカースタジアムの案内人でした。彼女は「ボランティアとして働くのは私には大変なことだったの。私にはやるべき仕事がたくさんあったし，暑い気候の中で長い時間立ち続けなければならなかった。でも，それはすばらしい体験だった。私はいろいろな国からのたくさんの人に出会い，彼らと話して楽しんだの。」と言いました。

7 要約文を完成させる問題

1
① 科学者　② 水
③ かいた (引いた) 短い線

解説
プラス記号については第2段落に，マイナス記号について
は第3段落に，それぞれその由来が書かれている。①は第2段落3文目から，②と③は第3段落3文目から解答できる。

全訳
　数学を勉強するとき，私たちは数学の記号を使います。
これらのうちの2つはプラス記号とマイナス記号です。
私は昨日，書店で数学の記号についての本を見つけ，家でそれを読みました。その本の中にあったプラス記号とマイナス記号についての話をみなさんにお伝えしようと思います。
　プラス記号はラテン語の「et」から来ています。それは「and」を意味します。500年以上前に，ある科学者が自分の本の中で，数式の「et」という語を省略して「t」だけを書きました。多くの人がその本を読み，記号として「t」を使うのを気に入りました。それで彼らもそれを使い始め，「t」はプラス記号として一般的になりました。
　マイナス記号はどうでしょうか。遠い昔，船で働く人たちは樽に水をためていました。そこから水を使うとき，彼らは樽からどれだけ水がなくなったのか見てわかるように，樽に短い線を引きました。じきに人々は，ものがなくなったことを意味するために，この短い線を使い始め，それがマイナス記号になったのです。

2
① blue　② white　③ save

解説
要約文のキーワードを参考にして，本文に戻って答えを見つけるとよい。
①の文のキーワードは the Nobel Prize と LEDs で，
第1段落にある。そこに「青色発光ダイオードを作ったことで」とあるので，①には blue が入る。
②の文のキーワードは important と LEDs で，第2段落の3文目にある。そこに「白色発光ダイオードの照明を作るためには3つの色が必要だ」とあるので，②には white が入る。
③の文のキーワードは LEDs と the earth。第3段落の最終文に「発光ダイオードは地球を救うかもしれない」とあるので，③には save が入る。

全訳
　2014年の10月に，3人の科学者がノーベル物理学賞を受賞しました。科学者の赤崎勇氏と天野浩氏と中村修

二氏は，青色発光ダイオードを作ったことでその賞を受賞したのです。
　青色発光ダイオードは画期的なものでした。赤色と緑色発光ダイオードはおよそ50年前すでに作られていましたが，青色を作るのはとても困難だったのです。青色発光ダイオードは重要でした。というのも，環境に優しい白色発光ダイオードの照明を作るためにはこれらの3つの色が必要だからです。多くの科学者たちが青色発光ダイオードを作ろうとしましたが，できませんでした。そこで，およそ20年前にこれらの3人の科学者が熱心に研究して，1つの方法を見つけました。
　発光ダイオードは今，照明やコンピューターやテレビといった私たちの生活に大いに使われています。私たちはより少ない電力でLED照明をより長く使うことができます。世界の電力のおよそ20％から30％が照明に使われています。もしLED照明をすべての照明に使えば，私たちは多くの電力を節約することができます。科学者の1人である中村氏は，LED照明が地球温暖化を軽減することを望んでいると発言しました。発光ダイオードは地球を救うかもしれないのです。

3
① left　② but　③ keep
④ forward

解説
それぞれの空所の前後を日本語に直して，その内容から空所に適切な語を考える。
①「先輩たちがチームを〜とき，彼女は新キャプテンになるように言われた」　第3段落の先輩の言葉に「私たちは今日，チームを離れる」とあるので，leave (離れる) の過去形が入る。
②「〜，自分はキャプテンに適する人間ではないと彼女は思った」　第3段落で夏実は新キャプテンに指名されたが，「私はキャプテンになるべきではない」と思っているので，but を入れると文がつながる。
③「森先生は彼女に最善を尽くすのを〜ように言った」　森先生とのやり取りが書かれているのは第4段落。9文目に「最も大切なことは君が常に最善を尽くすことで，君はそれをしている」とあるので，「最善を尽くし続けるように言った」とし，keep を入れる。try などでもよい。keep 〜ing は「〜し続ける」，try 〜ing は「〜しようとする」。
④「夏実は今，新しいことに挑戦するのを〜している」　夏実の今の心境が書かれているのは第6段落の後半。「私は今，再び新しいことに挑戦したい」とあるので「新しいことに挑戦するのを楽しみにしている」とする。look forward to 〜ing で「〜するのを楽しみにしている」の意味。

全訳

　新しいことに挑戦するとき，あなたはわくわくしますか。私は以前はとても不安でしたが，今では私はわくわくして，新しいことに挑戦するのが待てません。

　私はバスケットボール部の一員でした。昨年，私たちはその年の最も大きな大会に参加しました。私たちのチームは決勝戦でプレーしました。私たちの先輩にとって，それは最後となる試合でした。試合の間，私は彼女たちを応援しましたが，私たちのチームは勝てませんでした。泣いている先輩もいました。

　翌日，部の会議がありました。キャプテンが「私たちを応援してくれてありがとう。私たちは今日，チームを離れます。今，あなたたちに新キャプテンを伝えます。」と言いました。すると，私の名前が呼ばれました。私はとても驚きました！　チームのみんなが私を見て拍手し始めました。私は「キャプテンになりたくない。」と言いたかったのですが，「最善を尽くします。」と言いました。私は新キャプテンになるのが本当に怖かったのです。先輩は新しいチームに試合に勝ってもらいたがっていると思いました。私はチームのために間違いをしたくないと思いました。私が新キャプテンになるべきではないと思いました。

　部の会議から数日後，私はまだ心配していました。私たちの先生である森先生は，授業のあと私に話しかけました。彼は「夏実，元気ではなさそうだね。うまくいっているの？」と言いました。私は自分の問題について彼に伝えました。彼は「先輩は，君ならできると思って，君に新キャプテンになるよう求めたんだ。君は昨年バスケットボールをし始めて，ほかのだれよりも熱心に練習したと聞いたよ。最高の選手になることが重要なのではないよ。最も大切なことは君が常に最善を尽くすことで，君はそれをしているんだよ。君は誇りに思うべきだよ。」と言いました。ほかの部員たちは4，5年前にバスケットボールをし始めましたが，私は中学生になったときに始めました。私は毎朝早くに学校へ行き，遅くまで残ってほかの部員や先生がいないにとき練習することを決めました。そうです！　私はほかの部員と同じくらい上手にプレーするために最善を尽くしました。森先生が私の懸命な努力について知っていてくれたので，私はとてもうれしかったです。彼は「私たちはたいてい前に一度もしたことがないことは怖いものだ。心配する必要はない。将来君を待っているものはすべて新しいものごとだよ。新しいことに挑戦しなければ何も得られないよ。」とも言いました。

　森先生と話したあと，クラスメートのアヤカが私のところに来ました。彼女は「夏実，あなたが新キャプテンになったって聞いたよ！　あなたはきっといいキャプテンになるよ。助けが必要だったら，あなたのチームは喜んであなたを手伝うよ。」と言いました。彼女は「私はオーストラリアでホームステイをする予定なの。大変だろうけど，やってみるって決めたんだ。」とも言いました。私は彼女の計画を聞いてとても驚きました。私は「怖い？」と彼女に聞きました。彼女は「もちろん怖いよ。友だちや家族がいなければ怖いと思う。彼らがいなくて寂しいと思うけど，オーストラリアで多くの人と出会って自分の英語を上達させたいって本当に思っているんだ。」と答

えました。森先生とアヤカからの言葉で，私は大いに助けられました。私はキャプテンになり，最後まで最善を尽くすことを決心しました。

　今年，私たちのチームは最後の試合に参加しました。最善を尽くしましたが，私たちは勝てませんでした。悲しい日でしたが，私の人生で最も幸せな日の1つになりました。試合のあと，ほかのメンバーが拍手をして，「ありがとう，夏実！　いい仕事をしたね！」と言いました。このことは，私が新しいことができたことを確信させてくれました。私は今，再び新しいことに挑戦したいと本当に思っています。それは大変だと思いますが，最善を尽くします。新しいことは私たちの世界を変えることができるのです。

　中学を卒業したあとにあなたが挑戦したいことは何ですか。

8　文を並べかえる問題

1
(1)　ウ → イ → エ → ア
(2)　イ → ア → ウ → エ
(3)　エ → ウ → ア → イ

解説

それぞれの選択肢の意味は以下の通り。自然な会話のやり取りになるように，並べかえる。**中心となる応答をとらえる**ことが重要になる。

(1)　ア「わかりました。あとでかけなおします。」
　　　イ「トム・スミスです。ブラウンさんをお願いできますか。」
　　　ウ「もしもし。ブラウン事務所です。」
　　　エ「申し訳ありませんが，彼は今，手が離せません。」

(2)　ア「昨日からずっと具合が悪くて，今は寒気がします。」
　　　イ「今日はどうされましたか。」
　　　ウ「わかりました。こちらでお待ちください。お名前が呼ばれましたら，7号室へ向かってください。」
　　　エ「ありがとう。」

(3)　ア「なぜなら，私は学校へ自分の服を着ていきたいからです。」
　　　イ「申し訳ありませんが，あなたに同意できません。」
　　　ウ「なぜそう思うのですか。」
　　　エ「私たちは学校の制服を着るのをやめるべきだと思います。」

② エ → ア → ウ → イ

解説

空所には直前の「和食についてのよい点は何ですか。」に対する応答が入る。
選択肢**ア**のHoweverは「しかし」という意味。あとに続く内容から，**エ**「和食がどんなにすばらしいのか彼は英語で彼らに伝えたいと思いました。」のあとに続けるとよい。**イ**「翌日，ケンは図書館へ行き，英語でそれを説明する準備をしました。」は，**ウ**「そう言ったあと，彼はそのことをうまく説明できなかったことで申し訳なく感じました。」のために取った行動と考えられるので，**エ → ア → ウ → イ**の順になる。

全訳

ケンはカナダでのホームステイを楽しんでいました。ある日，彼がホストファミリーと夕食を食べていたとき，ホストマザーが「和食は世界中でとても人気になったそうですね。和食についてよい点は何ですか。」と言いました。和食がどんなにすばらしいのか彼は英語で彼らに伝えたいと思いました。しかし，彼は「とてもおいしいです。」と言っただけでした。そう言ったあと，彼はそのことをうまく説明できなかったことで申し訳なく感じました。翌日，ケンは図書館へ行き，英語でそれを説明する準備をしました。彼が家に戻ったとき，和食がいかに健康的で美しいのかをホストファミリーに説明しました。そのあと，彼らは家の近くの日本料理店に行くことに決めました。

③ エ

解説

空所の直前に「どれくらいの数か想像できますか。」という文があるので，最初に来るのは具体的な数字を述べている**d**「こうしたペットの数はおよそ30万匹です。」が適切。そのあとに，その数字について具体的な感想を述べている**c**が続く。**b**の文はその内容から**a**の文の**原因**だとわかるので，**c**のあとに**a**，**b**を続ける。

全訳

私は犬を1匹飼っていて，彼の名前はタロウです。私は毎朝彼と散歩をします。ペットの世話はとても楽しいです。しかし，私はペットについての悲しい話を聞きました。

日本では，世話ができないためにペットを捨てる人がいます。どれくらいの数か想像できますか。こうしたペットの数はおよそ30万匹です。この数はとても大きいです。アメリカを見てみると，たいていのアメリカ人はこんなことはできません。彼らは，ペットは家族の一員だと考えているのです。私はこの考えが好きです。人とペット

はともに暮らし，幸せを分かち合っています。私たちは，ペットが生きている間はペットを世話するべきです。ペットを飼う前に，私たちは彼らの命を考えるべきなのです。

④ b ウ d エ

解説

最初の勇人の発言の2文目は現在進行形の文で，**していることをたずねる文**なので，**a**には**オ**が適する。次に，地図を見ている**目的**をたずねている**ウ**が**b**に入る。**ウ**では行き先をたずねているので，**c**には「富士山へ行く」と言っている**イ**が入る。**d**には，富士山に関連する話題である**エ**が適切。**e**には**エ**の「毎年富士山に登っている」という内容に対するアニーの発言**ア**が適切。最後の勇人の発言のYes, I have.にもつながる。

全訳

勇人：やあ，アニー。何をしているの。
アニー：ああ，こんにちは，勇人。地図を見ているの。
勇人：なるほど。どこを訪れる予定なの？
アニー：ホストファミリーと一緒に富士山へ行くつもりなの。
勇人：ああ，そうなの？　ぼくは毎年その山に登るよ。
アニー：本当に？　それじゃあ，何度も登ったことがあるの？
勇人：うん。ぼくの祖父母がその山の近くに住んでいて，1年に1回彼らを訪ねるんだ。

⑤ ウ

解説

aの文は，**b**の文の最後の"voy"について説明している文だと考えられる。また**c**のThenは"voy"と言ったときのことを指していると考えられるので，**b → a → c**の順になることがわかる。

全訳

健：車いすテニスや車いすバスケットボールのようなスポーツを知っているかもしれませんが，私はブラインドサッカーを最も楽しみました。
純子：ブラインドサッカー？　選手は何も見えないということですか。彼らはどうやってサッカーをプレーするのですか。
健：ブラインドサッカーの試合では，ゴールキーパーだけ見えますが，ほかの選手は目隠しを着けています。何も見えない状態で走りまわったりサッカーをしたりすることを想像してください。あなたはそれができると思いますか。
純子：いいえ。質問があります，健。彼らはどのようにしてボールがどこにあるのかわかるのですか。

健：動いているときに音がする特別なボールを使っているので，彼らにはそれがわかるのです。

ヒル先生：ああ，なるほど。1人の選手がボールをキープして，相手チームの選手がそれを取ろうとよって来たとき，彼らはお互いにぶつかるかもしれません。それは危険です。

健：いいえ。選手がボールを取ろうとするとき，彼らは「ボイ」と言わなければなりません。それは「行け」という意味です。そのときボールをキープしている選手は，相手チームの選手が近づいてきているのがわかるのです。

ヒル先生：ほかに興味深い点はありますか。

健：はい。サッカーの試合を見に行くと，それはお祭りのようです。というのも，人々は，お気に入りのチームを応援するために，いつも歌を歌ったり音を立てたりするからです。しかし，ブラインドサッカーの試合では，それはできません。多くの音を立ててしまうと，選手がプレーできないからです。

純子：とても興味深いですね。

9 内容に合う英文を完成させる問題

1 Why

解説

Do you want to ～?は相手を誘う表現の1つ。同様の表現に，Why don't you ～?やHow about ～?などがある。ここでは空所のあとにdon't youが示されていることがヒントとなる。

全訳

ケン：茨城は果物と野菜で有名です。多くの人たちがそれらを食べて楽しみます。

トム：すごいですね。君のおじいさんがどのようにしてそれらを育てているのか見てみたいです。彼を訪ねてもいいですか。

ケン：もちろん。彼はぼくの家のそばの農場で働いています。今度の日曜日にぼくと一緒に彼に会いに行きたいですか。

トム：はい。彼を手伝って，たくさんのメロンを食べたいです。本当にわくわくします。

2 are many hungry people

解説

真の2つ目の発言に，問いの文の後半と同じ文があることに注目。howeverは「しかしながら」という意味で，butやthoughに置きかえられる。このことから問いの英文は，真の2つ目の発言の第2，3文を言いかえた文になると考える。

全訳

亜子：あなたは何について発表をするつもりですか。

真：今までにフードロスについて聞いたことがありますか。

ケビン：聞いたことはありますが，よく知りません。

沙耶：まだ食べられる食料が捨てられているのです。それをフードロスと呼ばれます。

真：実は，それは大きな問題です。世界には多くの飢えた人たちがいます。しかし，多くの国でたくさんの食料が捨てられています。

沙耶：私たちの周りのフードロスについて知るために，真と私はアンケート調査をしました。私たちは80の家族から回答を得て，グラフを作りました。

3 イ

解説

問いの英文は「あるテニスの大会で，有名な女性のテニス選手が，スーザンから彼女にタオルを渡して（　　　）と思ったときに，彼女は何度もスーザンからタオルを受け取った。」という意味。スーザンの5つ目の発言の中の女性テニス選手の発言中に，テニス選手とスーザンのタオルに関する話がある。「ちょうど私がタオルをほしかったときに，あなたは何度も私にタオルを渡してくれた」とあるので，空所には「ほしかった」を表す語が入る。〈want＋人＋to ～〉で「（人）に～してほしいと思う」の意味となる。

全訳

　ハルオとテツとヤヨイは東京の高校生です。スーザンはロンドンから来た高校生です。彼らは昼食時に彼らの教室で話しています。

ハルオ：テツ，おめでとう！　この前の日曜日に野球の試合に勝ったね。

テツ：来てくれてありがとう，みんな。ぼくたちが試合に勝ってうれしかったよ。

ヤヨイ：興奮する試合だった。とても楽しんだわ。

ハルオ：ぼくもだよ。テツ，君はプロの野球選手のようだったよ。

スーザン：あなたは本当にかっこよかった，テツ。何度も難しいボールをキャッチしていたね。あなたは試合のヒーローだったよ。

テツ：ありがとう。スタジアムのよいグラウンドでプレーしてうれしかった。グラウンドキーパーたちがとてもよかったんだ。

ハルオ：グラウンドキーパー？　グラウンドをよい状態に保つ人たちのことを言っているの？

テツ：そうだよ。ぼくはグラウンドキーパーのような人たちに，彼らの仕事に対して感謝しているんだ。

スーザン：ああ，そうだ。私はロンドンでの体験を思い出したわ。有名なテニス選手が私に同じようなことを言ってたよ。

ヤヨイ：私たちにもっと教えて，スーザン。

スーザン：私は大きなテニス大会でボールパーソンとして働いたの。私はボールをキャッチして，選手たちにボールを渡したわ。ときどき，選手が必要としたときには，彼らにタオルを渡す必要があったの。

ハルオ：そうなの？

テツ：それは大変だっただろうね。

スーザン：そうだったの，テツ。私は，選手が私に何をしてほしいのか知るために，ボールや選手の表情を見ていなければならなかったの。私はそれに緊張したわ。

ヤヨイ：大変だったのが想像できるわ。

スーザン：ええ。ある有名な女性の選手が「あなたは立派なボールパーソンよ。私は試合に集中することができたわ。あなたに一度も何も言わなかったけれど，ちょうど私がタオルをほしかったときに，あなたは何度も私にタオルを渡してくれたわね。ありがとう。」と私に言ったときはうれしかった。すごい経験だったわ。

ヤヨイ：わかったわ。ボールパーソンは大会でとても重要なのね。

---

4 ① seasons ② money

解説

問いの英文は，「**火星には 4 つの（ ① ）と 2 つの衛星があり，そしてそれは地球よりも小さい。**」と「**火星への旅には，多くの（ ② ）や時間や情報が必要である。**」の意味。①のキーワード **four**，②のキーワード **trip to Mars** を参考に，本文を見る。

① 本文 5 行目に，**火星には four seasons**（4 つの季節）がある，と書いてある。

② trip to Mars に関しては，第 3 段落に具体的に書かれている。第 3 段落第 4 文から第 6 文までは**費用**に関して，第 8 文以降は**時間と情報**に関して書かれている。したがって，空所には **money** が適切。

全訳

夜に空を見上げると，ときどき明るい赤い星が見えます。その星は火星かもしれません。地球と火星には多くの異なる点があります。さて，私はそれらのいくつかについてお話しします。火星は小さい惑星で，地球よりも小さいです。太陽の周りを回るのに，地球は365日必要で，火星は687日必要です。地球のように，火星には四季があります。それぞれの季節で，火星ではとても寒く，現在，夜にはときどきおよそマイナス100度になります。火星での最も高い山はおよそ標高27,000メートルで，地球での最も高い山よりも高いです。地球には衛星がたった 1 つしかありませんが，火星には 2 つの衛星があります。科学者たちは，およそ40億年前に火星には川や海があったと言います。彼らは，それは青く見えたとも言います。もしそれが本当であれば，当時の火星は違って見えました。それは赤く見えるので，「赤い惑星」とよく呼

ばれます。人間は今，そこで生きることができません。

およそ50年前，火星について多くの情報を得るために，私たちは火星に宇宙探査機を送り始めました。私たちはまた，6 つの探査車も送りました。それらのいくつかは火星の土地をあちこち動き，それについて多くの情報を私たちに送りました。それらの 2 つは今でも火星で機能しています。それらはまだ，火星人には出会っていません。

1969年に，アメリカは月に人を送りました。今，いくつかの国が火星に人を送ろうとしています。しかし，それらの国はまだ多くの問題を抱えています。そこに人を送ることはたくさんのお金が必要なのです。それをするのに多くのお金を使うことはよくないと考える人たちもいます。そのお金を私たちは地球のために使うべきだと彼らは言うのです。そして別の問題があります。私たちは，火星の往復におよそ17か月必要です。宇宙に長い間滞在することはしばしば私たちに悪影響を与えます。それらを知るために，科学者たちは実験をしてきました。ある実験では，6 人の人が520日間地球のある場所にとどめられました。この実験は彼らに多くの有益な情報を与えました。

10 文を適当な場所に入れる問題

1 エ

解説

与えられた文は「**それは，雄大な自然とそこに住む人たちを紹介していました。**」という意味。It は前にある 1 つのものごとを受ける語。また，文の内容から， ☐ の直前の文中に a book about Tokushima があるエが適切である。

全訳

私は今 4 度目の日本訪問を計画しています。私は2002年に高校の修学旅行で日本を初めて訪問しました。東京へ行き，友だちと日本最大の都市での滞在を楽しみました。3 年後，私は京都へ行きました。3 か月間，そこの大学で熱心に勉強しました。私は京都の寺や神社が大好きでした。ときどき私は週末に奈良に住む親友に会いました。それと，私は昨年，北海道でスキーをして楽しみました。深い雪でスキーをして楽しかったです。4 度目の訪問の間には，私は一度も訪れたことがない場所に行きたいです。私は徳島についての本を読みました。それは，雄大な自然とそこに住む人たちを紹介していました。私はかずら橋の前で撮られた美しい写真に感動しました。

2 エ

解説

与えられた文は「**あなたと話して楽しかったです。**」という意味。これは，相手と別れるときなどに使わ

れる表現の1つなので，**会話の最後で言ったと考え**られる。したがって，**エ**が適切である。

全訳
　タダシは彼の家の近くの駅にいました。彼は映画を見るために東京へ向かっていました。彼は券売機の前で1人の外国人を見かけました。タダシは彼に話しかけて，「すみません，お手伝いしましょうか。」と言いました。その男性は「ああ，ありがとう。私は東京駅への切符を買いたいのです。切符はいくらですか。」と言いました。タダシは「390円です。お金をここに入れてください。」と言いました。男性は「ありがとうございます。あなたはとても親切ですね。」と言いました。タダシは「どういたしまして。ぼくも東京駅へ行くのです。一緒に行きましょう。」と言いました。
　その男性は切符を買って，彼らは一緒に東京駅へ出発しました。彼らは電車の中でたくさんのことを話しました。その男性の名前はビルでした。彼はほんの数日前にオーストラリアから日本に来ました。彼は古い日本の寺に興味がありました。彼はそれらについていくつかの本を買うために東京を訪れたかったのです。彼らが東京駅に着いたとき，タダシは「あなたと話して楽しかったです。よい1日を。」と言いました。「あなたもね。」とビルが言いました。

3 　ウ

解説
与えられた文は「**彼はまた，リョウを教えることを楽しみ始めました。**」という意味。この内容から，カズキが教えることに自信を感じたと書かれているあとにこの文が続くと自然な流れになるので，第4段落にある**ウ**が適切である。

全訳
　カズキは中学生です。7月上旬に，彼は夏休みの間にすることを探していました。ある日，彼は学校新聞で，小さな先生プログラムについて読みました。そのプログラムでは，中学生が，小さい子供たちの宿題を手伝ってあげるのです。彼はボランティアとして，このプログラムに参加することにしました。
　プログラムの初日に，カズキは1人の男の子に会いました。彼の名前はリョウでした。彼は小学5年生でした。彼らの好きなものについて話したあと，リョウは算数の問題に答え始めました。およそ10分後，彼はカズキに助けを求めました。カズキは答えを知っていて，その答えの出し方をリョウに説明しました。しかし，リョウは理解できませんでした。カズキは自分の教え方を変えるべきだと思いました。
　家で，カズキはリョウに教えるのによりよい方法を見つけようとしましたが，長い時間それを見つけられませんでした。そのとき，彼は1つのアイデアを思いつきました。それは，彼が小学5年生のときに使った自分の算数のノートを見ることでした。そのノートを見ると，彼は算数の問題の答え方を説明する多くの図が載っている
のを見つけました。彼は「この種類の図は当時ぼくをよく助けてくれたな。だから，リョウも答えを出すためにそれらが必要だろう。彼はまだ11歳であることを覚えておくべきだ。」と思いました。それから，カズキはリョウのために準備しました。
　翌日，カズキはそれらの図を使ってリョウに教えました。リョウは「答えが出た！　これらの図はすごいね！」と言いました。それからリョウは同じ方法でより多くの問題に答えました。カズキは教えることに自信を感じました。彼はまた，リョウを教えることを楽しみ始めました。夜に，カズキは再びノートを開きました。
　最後の日に，リョウは宿題を終えました。彼らはとても幸せでした。そのとき，リョウのお母さんがカズキのところへ来て，「ありがとうございます。彼はあなたの教え方が好きだといつも言っていました。あなたは彼をたくさん手伝ってくれました。」と言いました。カズキはそれを聞いて喜びました。小さな先生プログラムは彼にとってためになることだったのです。

4 　ウ

解説
与えられた文は「**アヤカは『将来だれが和だいこを演奏するのだろう。』と思いました。**」という意味。**将来を心配する発言のあとに続けると自然な流れになる。**第4段落の後半で，若い人が和だいこに関心がなく，町の子供が少ないと将来を心配している和だいこ奏者の発言のあとに続けるとよい。

全訳
　アヤカは小さな町に住んでいる中学生です。彼女の町には，夏に伝統的なお祭りがあります。そのお祭りで最もわくわくさせる催しは和だいこの演奏です。彼女の父は和だいこ奏者の1人なので，彼は毎年の夏に公民館でほかの奏者と一緒にとても熱心に和だいこを練習します。
　アヤカの父は彼女に和だいこを練習してもらいたいと思っていましたが，彼女はそれをしたくありませんでした。彼女は音楽が好きでしたが，和だいこには興味がありませんでした。
　6月の終わりに，アヤカの父は右腕を骨折してしまい，和だいこを練習できなくなりました。お祭りが近づいてきており，町に十分な和だいこ奏者がいないために，彼は悲しみました。新しい奏者を探すのは難しかったので，彼は今年のお祭りで彼の代わりに和だいこを演奏してくれるようにアヤカに頼みました。彼女は父を助けたいと思ったので，彼と一緒に公民館へ行きました。
　公民館では，和だいこ奏者たちがアヤカを歓迎しました。彼らの演奏は興奮させるものでした。「なんてかっこいいんだろう！」と彼女は思いました。彼らの練習のあと，奏者の1人が「君のお父さんは中学生のときに和だいこを演奏し始めたんだよ。君のおじいさんが彼にそれの演奏の仕方をやって見せたんだ。私の父は私に同じことをしてくれた。私たちの町の人たちは長い間この伝統を引き継いでいるんだよ。」とアヤカに言いました。彼女はそ

の話に興味を持ちました。もう1人の奏者は「最近若い人たちは和だいこの演奏に興味を持たないし，この町には多くの子供がいないんだよ。」と言いました。アヤカは「将来だれが和だいこを演奏するのだろう。」と思いました。

　和だいこ奏者の何人かが，アヤカに和だいこの演奏の仕方をやって見せ，彼女はそれを試しました。和だいこを演奏するのは簡単ではありませんでしたが，興味深いものでした。彼女はお祭りで和だいこを演奏することを決心し，その夏の周毎週末それを練習しました。

　お祭りの日，アヤカは父の代わりに和だいこを演奏しました。町の多くの人は和だいこの演奏を見て，とても楽しそうでした。アヤカは和だいこを演奏して本当に楽しみました。ほかの奏者たちは彼女と演奏できて興奮しました。彼女の父は「和だいこを演奏してくれてありがとう。」と彼女に言いました。アヤカは「お父さんから和だいこの演奏の仕方を教わりたいな。」と思いました。

‖ 長い文を読む問題

1
(1)　d
(2)　例　古い靴やペットボトル，壊れた自転車などのごみがたくさんあるために，干潟で遊ぶ子供が1人もいなくて，彼の記憶にある干潟ではなかったから。
(3)　ウ
(4)　例　鳥の卵がどのくらいあるか知るために，干潟の近くの広い土地を歩き回ったこと。
(5)　例　夢があれば，強い力を得ることができ，困難なことができるということ。
(6)　① 例　No, he didn't.
　　② 例　He wanted them to get food (on the mudflat).
　　③ 例　Because he knew that there was someone who understood him.
(7)　オ

解説
(1)　与えられた文は「彼は彼らに干潟での楽しみ方を教えました。」という意味。ごみだらけの干潟に人が遊びに来られるようになるのは，ある程度きれいになったあとなので，文の後半に入ると考えられる。ほかの人たちが男の行動に理解を示し始めたのは第7段落。**子供たちが干潟に遊びに来始めた**，という文のあとにある空所**d**が適切である。

(2)　下線部**A**の直後の文で，「彼が覚えていた干潟ではなかった」とある。そのあと，2文にわたって，その具体的な内容が続く。したがって，この部分をまとめて日本語で答える。

(3)　**B**が，People never helped him.（人々は決して彼を手伝わなかった。）と They couldn't understand him.（彼らは彼のことが理解できなかった。）という否定的な内容によってはさまれていることから，**B**にも同様に否定的な内容が入ると考えられる。

(4)　did this（これをした）は，**前の文に具体的な内容が書かれている。**

(5)　筆者が述べたいことは，本文の最初か最後に書かれていることが多い。この文では最後に書かれており，最終文We can learn from 〜 a difficult thing. の内容をまとめる。

(6)　① 「その男は雨の日は干潟の清掃をやめましたか。」本文14行目に「雨の日でさえも干潟に来た」とある。**Did you 〜?** で聞かれているので **Yes / No** で答える。
　② 「その男は鳥に干潟で何をしてほしいと思いましたか。」本文26〜27行目に「鳥がえさを取る場所としての干潟を救いたい」とある。質問文の〈**want + O + to 〜**〉（Oに〜してほしい）を使って答える。
　③ 「1杯のお茶と彼あての手紙を見たとき，なぜその男はうれしかったのですか。」本文30〜31行目参照。be happy to 〜で「〜してうれしい」の意味なので，**to以下の内容を答えればよい。**

(7)　**ア**「その男が小学校にいたとき，干潟はすでに汚かった。」本文5〜6行目から，その男は小学生のときに「美しい干潟をよく訪ねた」とあるので，本文の内容に合わない。
　イ「環境がとても汚かったので，地面にたくさんの卵があった。」本文23〜25行目から，たくさんの卵があったことがわかるが，環境が汚かったからとは述べられていない。
　ウ「トラックで干潟に来た人たちのグループはその男を手伝わなかった。」本文33〜34行目から，干潟に来た何グループもの人たちが「トラックにごみを乗せ，干潟をきれいにするためにともに活動した」とあるので，本文の内容に合わない。
　エ「その男は20年間干潟を清掃し続けたが，それはまだ汚かった。」本文36〜37行目から，その男が干潟を20年間清掃し続けて，「保護区と

して登録された」とあるので，きれいになったことがわかる。

オ「多くの人たちがその男を手伝いに来たので，彼は干潟を救うことができた。」本文39〜40行目から，「彼は1人でそれを救うことができなかった」，「多くの人たちが彼を手伝った」とあるので，多くの人たちが手伝ってくれたから干潟を救えたことがわかる。よって，これは本文の内容に合っている。

全訳

私は鳥が好きです。私は鳥に関して書かれたたくさんの本を読んできました。ある本の中におもしろい話を1つ見つけました。今日私は，干潟についての話をお伝えしたいと思います。干潟は鳥にとってよい場所です。日本には，ある干潟を守った1人の男がいます。

その男が小学生のとき，彼はよく友だちと家の近くの美しい干潟を訪れました。彼は魚を捕まえたり，カニを探したり，鳥を見たりして楽しみました。

およそ20年後，彼は再びその干潟を訪ねました。干潟を見て，彼は悲しくなりました。それは彼が覚えている干潟ではありませんでした。多くのごみのせいで，そこで遊んでいる子供はいませんでした。古い靴やペットボトル，壊れた自転車やほかのものが干潟の上にありました。彼は干潟をきれいにすることに決めました。

彼は1人で干潟をきれいにし始めました。彼は仕事があって忙しかったのですが，彼は毎日，雨の日でさえも，干潟をきれいにするためにそこに来ました。人々は決して彼を手伝いませんでした。彼らは「その干潟を救うことはできないよ。どうして毎日それをしているんだい？」と彼に言いました。彼らは彼のことが理解できませんでした。彼が干潟を再び美しくすることができるとは，彼らは思わなかったのです。

ある日，彼は疲れて希望を失い始めました。そのとき，彼はごみの山の下に何かを見つけました。泥の上を歩く小さなカニがいました。子供のとき，彼はその干潟で同じ種類のカニを見ました。彼は驚きました。そんなに汚い干潟でそれを再び目にすることができるとは決して思わなかったのです。「まだ未来に希望が持てる！ 子供たちに再び美しい干潟を見せることができるだろう。」 彼はそう考え，より熱心に活動し始めました。

彼はまた，鳥の卵がどのくらいあるかを知るために，干潟近くの広大な土地を歩き回りました。彼は4か月間これをして，およそ9,000個の鳥の卵を見つけました。彼はもう1つの希望を見つけたのです。彼は「ここには，とても多くの鳥がすんでいて，ひなも生まれる。鳥のために，食料を取るための場所としての干潟を救いたい。」と思いました。彼は，干潟が鳥にとってとても重要な場所であることを人々に伝えました。

ある日，干潟の清掃のあと，彼はあたたかい1杯のお茶と，彼あてに書かれた短い手紙を見つけました。彼は，自分を理解してくれる人がいることを知って幸せでした。そのあとに，何人かの子供たちが遊びに干潟に来始めました。彼は彼らに干潟での楽しみ方を教えました。彼らはカニを捕まえたり，虫を探したりして楽しみました。

彼らのお母さんたちも彼を手伝いに来ました。何グループもの人が干潟に来て，トラックにごみを乗せ，干潟をきれいにするためにともに活動しました。それは以前よりもきれいになりました。多くの人たちは楽しむためにそこに来るようになりました。その干潟は有名になり，市も彼を援助しました。彼はおよそ20年間その干潟を掃除し続け，そしてついに，それは国際条約において保護区として登録されました。

なぜその男は環境を守ることができたのでしょうか。彼は1人で活動を始めましたが，彼は1人ではそれを守れませんでした。彼が何年も熱心に活動していたのを知っていたので，多くの人たちが彼を理解して助けました。彼は将来への希望を持っていたから活動し続けました。夢を持っていれば，強い力を得ることができ，困難なことをすることができるということを，私たちはこの話から学ぶことができます。

12 英文に返事などを書く問題

1 ① abroad ② stop

解説

光司の日記の内容は以下の通り。

「今日，ハワイ料理のレストランの料理人であるジョンソンさんがぼくたちのクラスに来ました。ぼくたちは彼女とぼくたちの夢について話しました。ぼくは将来映画監督になり，（ ① ）行きたいです。今，彼女はより多くの日本人にハワイの文化について伝えたいと思っています。彼女の夢は実現しましたが，彼女は学ぶことを（ ② ）ません。ぼくは，ほかの人のために働くのは大切なのだ，ということを学びました。」

空所の前後の英語に注目して，本文中に同じ語や似た表現を探すこと。

① 本文9〜10行目に，自分の将来の夢について，光司が話している部分がある。work in a foreign country（外国で働く）から考えて，**go abroad**（海外へ行く）となると考える。

② 本文13〜14行目のジョンソンさんの発言から，ジョンソンさんはハワイ料理の作り方と文化について学んだが，今も学んでいる，と言っている。このことから，**doesn't stop learning**（学ぶことをやめない）になると考える。

全訳

光司：ジョンソンさん，いくつか質問してもよいですか。
ジョンソンさん：ええ，もちろん。
華：あなたはどうしてハワイ料理のレストランで料理人になり，日本で働きたいと思ったのですか。

ジョンソンさん：外国でレストランを持つのは私の夢
　　だったのです。学生のとき，私は調理の授業がとても
　　好きでした。華，あなたはどの授業が好きですか。
華：理科です。私は将来，技術者になりたいです。
光司：かっこいいですね。ぼくは美術の授業が好きです。
　　ぼくは映画監督(かんとく)になって，あなたのように外国で働き
　　たいと思っています。
ジョンソンさん：わあ！　それはいいですね。私は日本
　　の映画が大好きです。
華：料理人になるために，何をしたのですか。
ジョンソンさん：ハワイ料理の作り方を学び，その歴史
　　も勉強しました。そして，いまだに学んでいます。学
　　ぶ必要があることがたくさんあるのです。
光司：本当に？　でも，あなたの夢はすでに実現しまし
　　たよね？
ジョンソンさん：はい，でも私の夢は続いています。私は，
　　おいしいハワイ料理を作ることで，より多くの日本人
　　にハワイの文化を伝えたいのです。
華：今わかりました。仕事を得るのはあなたのゴールで
　　はなかったのですね。
ジョンソンさん：その通りです。
光司：ぼくの父は農家で，果物についてもっと知ろうと
　　熱心に勉強しています。彼は人々のためによりよい果
　　物を育てたいと思っています。
ジョンソンさん：すばらしいですね。ほかの人のために
　　働くことはすべての仕事にとって大切なことです。仕
　　事を通じて，ほかの人たちのために何かをするための
　　あなた自身の方法を見つけることができるのです。
華：それができたらいいなと思います。
光司：ぼくもです。今日あなたから多くのことを学びま
　　した。どうもありがとうございます，ジョンソンさん。

2　① winter　② night　③ begin

解説

テッドがアキラの祖父母に送った手紙の一部の内容
は以下の通り。
「私が（　①　）にあなたたちに会ったとき，私たち
は一緒(いっしょ)においしい夕食を食べ，星を見ました。私た
ちは（　②　）に，本当によいときを過ごしました。
　この前の夏に，あなたたちは英語をたくさん話し
ましたね！　そのとき，私はあなたたちから大切な
ことを学びました。私たちはいつでも何かを勉強し
（　③　）ことができるということです。
　すてきな思い出をありがとうございました。」
① **直前の前置詞inと結びつく語を考える。** 第2
　段落の第1文にin Decemberとある。12月は
　冬なので，「冬に」のin winterが答えとなる。
② **直前の前置詞atと結びつく語を考える。** おい
　しい夕食を食べたり星を見たりしたのは「夜」
　なので，「夜に」のat nightが正解。

③ canのあとにあり，そのあとにto studyと不
　定詞が続いているので，**空所には動詞が入ると
　考える。** 第4段落は，テッドの2度目の訪問の
　際に，アキラの祖父母の英語が上達していたと
　いう内容。英会話のテキストや辞書を使って，
　アキラの祖父母は英語を勉強しなおしていた。
　よって③の文は，人はいつでも「勉強し始める
　ことができる」という文になるのが適切である。
　begin to ～で「～し始める」の意味。

全訳

　テッドはカナダ出身で，アキラの家に滞在していまし
た。テッドとアキラは週末ひまなときにはたいてい一緒
に外出しました。彼らは公園でスポーツをしたり，買い
物をしたりして楽しみました。テッドは彼らの家の近く
の生活に慣れましたが，遠いところを訪ねる機会はあり
ませんでした。
　12月のある日，アキラは「今度の週末にぼくときれい
な山がある村に行きたくありませんか。」とテッドにたず
ねました。テッドは「いいですね。ぼくは日本でそのよ
うな場所を訪ねたことがありません。」と言いました。ア
キラは「ぼくの祖父母がそこに住んでいて，君が彼らに
会ったらいいなと思うのです。ぼくは彼らとその村が大
好きなのです。」と言いました。
　次の土曜日に，アキラのお父さんは彼らを車で駅へ送っ
てくれました。テッドとアキラは電車とバスでその村に
行きました。彼らが古い家に着いたとき，1人の男性と
1人の女性がそこから出てきました。彼らはアキラの祖
父母でした。彼らはほほえみ，「こんにちは，こんにちは。
ようこそ！」と言いました。アキラの祖父母は野菜を育
てていました。彼らは夕食にそれらの野菜で料理を作っ
てくれました。テッドは彼にとってはまったくなじみの
ないそれらの料理を食べて楽しみました。夕食の間，ア
キラの祖父母はたくさんの身ぶりでテッドに話しかけよ
うとしました。というのは，彼らは英語を上手に話すこ
とができず，テッドの日本語はあまりうまくなかったか
らです。夕食のあと，彼らはみな外へ行き，とてもたく
さんのきれいな星を見ました。テッドは今，なぜその村
がアキラのお気に入りの場所なのか理解しました。次の
朝，その2人の少年たちが帰宅するためにバスに乗った
とき，テッドは「また会いに来ます。」とアキラの祖父母
に言いました。
　およそ6か月後，テッドとアキラは再び彼らを訪ねま
した。彼らが家に着いたとき，アキラのおじいさんが出
てきて，「やあ，テッド！　元気かい？　君はじきにカナ
ダに帰ってしまうと聞いたよ。とても悲しいよ。」と言い
ました。テッドとアキラはとても驚(おどろ)きました。彼はとて
も上手に英語を話していたのです！　テッドは「どうし
てそんなに上手に英語を話せるのですか。」と言いました。
アキラのおじいさんは「何年も前に学校で英語を勉強し
たんだよ。君が訪ねてきたあと，私は再びそれの勉強を
始めたんだ。」と言いました。すると，アキラのおばあさ
んが彼らのところに来て，彼女もまた英語で話し始めま
した。彼女は「こんにちは。元気かしら？　今日はたく
さん話すわよ，テッド。」と言いました。再び，彼らはと

ても驚きました。

　テッドとアキラが家に入ったとき，彼らはテレビやラジオの英会話番組の多くのテキストや新しい辞書も見かけました。彼らは「わあ！」と言いました。そしてそのとき，彼らはお互いを見合（たが）ってほほえみました。

3　① 400　② give　③ without

解説

ナンシーが書いたメールの内容は以下の通り。

「富山には，自分自身の買い物袋を持っている買い物客（きゃく）がたくさんいます。なぜだか知っていますか。およそ（　①　）の店や商店が今，買い物客に無料でビニール袋を（　②　）ていません。2008年から2014年まで，富山で10億枚以上のビニール袋が節約されました。それはすごいことですよね。ビニール袋（　③　）買い物をすることは環境（かんきょう）によいことですので，私は買い物袋を買います！」

①　空所のあとにdon'tがあるので，現在のことを話していることがわかる。本文9〜10行目に「約200の店や商店」とあるが，これは2008年の過去の話。現在のことについては，本文17〜18行目に「約400の店や商店」とある。

②　don'tのあとなので，動詞が入る。本文17〜18行目の文を参考にして，「あげる，渡（わた）す」のgiveが正解だとわかる。

③　本文24〜26行目のナンシーと友希子のやり取りから，「ビニール袋なしでの買い物は環境によい」という文になることがわかる。

全訳

友希子：わあ，食料をたくさん買ったね。今日は豪華（ごうか）な夕食になるね。

お母さん：ええ，友希子。がんばって作るわね。あなたたちが気に入るといいけど。

友希子：お母さん，買い物袋1つに食料全部を入れられないと思う。

お母さん：問題ないわ，友希子。今，買い物袋を3つ持っているの。

ナンシー：ええと，富山では，買い物に行くとき，ビニール袋を持った買い物客をあまり見たことがありません。自分自身の買い物袋を持っている人がたくさんいますね。

お母さん：そのことについて話すわ。富山では「マイバッグ持参」というキャンペーンを行ったの。2008年に，およそ200の店や商店が買い物客に無料でビニール袋をあげるのをやめたの。富山はそれをし始めた最初の県だったのよ。

ナンシー：わかりました。だから，多くの人が自分自身の買い物袋を持参しているのですね。

友希子：2008年から2014年までに，10億枚を超（こ）えるビ

ニール袋が節約されたと聞いているわ。

ナンシー：10億枚以上ですか！　すごいですね！

お母さん：それは，私たちがたくさんの原油を節約できたことを意味するのよ。

友希子：ビニール袋を作るには，とてもたくさんの原油を使いすぎることを学んだわ。地球の環境について考えることは，私たちにとって重要だと思う。

お母さん：ええと，今富山では，およそ400の店や商店が買い物客に無料でビニール袋をあげていないの。もっと多くの店や商店が，買い物客にビニール袋をあげるのをやめたらいいと思う。

ナンシー：私もそう思います。ほかの県はどうですか。

お母さん：同じことをしている県が16あって，富山では95パーセントの買い物客が自分自身の買い物袋を持参しているのよ。それは，16の県の中で最も高い数字なの。

ナンシー：富山はずっと地球に優しいのですね。自分の買い物袋を持ちたいな。

友希子：ビニール袋を使わない買い物は小さな変化だけど，大きな結果を出すの。そうだよね，お母さん。

お母さん：そのとおりよ，友希子。さあ，お嬢（じょう）さんたち。まさに今ビニール袋を3つ節約することになるわね。私たちそれぞれが1つ買い物袋を持ちましょう。

英作文

Ⅰ 場面・条件に合う英文を書く問題

1 例 How many times have you been to （Kamakura?)

解説
空所を含む文は疑問文。トムは「5回」と答えているので，〈**How many times ＋疑問文**〉の回数をたずねる文にする。**been** を使うので，「何回鎌倉に行ったことがありますか」という，「経験」をたずねる現在完了の文にすればよい。

全訳
私の友人のトムが，鎌倉への旅について教えてくれました。彼は，「私は先週，家族と一緒に鎌倉へ行きました。私たちはそこで，食べたり買い物をしたりして楽しみました。鎌倉には，私が毎回訪ねる店がいくつかあります。」と言いました。私は，「あなたは何回鎌倉に行ったことがありますか。」とたずねました。彼は，「5回です。私は本当に鎌倉が好きです。次は，きれいな花のあるお寺を訪ねたいです。」と答えました。

2 例 I want to give a present to my host family. What should I get?

解説
まず，伝える内容を日本語で完成させる。たとえば，英語で表しやすいように，「**私はホストファミリーに贈り物をあげたいです。何を手に入れればよいですか。**」とすればよい。そして，この日本語を英語に直す。

3 ① 例1 Where will you go?
　　 例2 Where are you going?
② 例1 You'll get to Ise earlier by train.
　　 例2 You can get to Ise soon if you take a train.
③ 例1 Please enjoy your trip in Mie.
　　 例2 I hope you'll have a good time in Mie.

解説
条件を確認し，それぞれ**伝える内容を日本語で完成させてから英語に直す**とよい。
① 「あなたはどこへ行くつもりですか。」など。

② 「あなたは電車で，より早く伊勢に着くでしょう。」，「電車に乗れば，あなたは伊勢に早く着くことができます。」など。
③ 「三重での旅行を楽しんでください。」，「三重でよい時間を過ごせるといいですね。」など。

4 例 I want to go to Minami Zoo with you because I heard that you are interested in learning about animals. （20語）

解説
条件より，まずは「**私はあなたと一緒に南動物園に行きたい**」と書き，そのあとに **because** を使って動物園に行きたい理由を続ければよい。

5 例 Sure. But please take off your shoes and be quiet in the room. And please remember that you can't eat or drink in the room.

解説
まず，「使ってもいいですよ。でも部屋の中では，靴を脱いで，静かにしてください。そして，部屋の中では食べたり飲んだりできないことを覚えておいてください。」と答えとなる文を日本語で完成させる。そして，この日本語を英語に直せばよい。

6 例 （I want to say "thank you" to) my brother （.) When I was a little boy, he showed me how to play badminton. Now I can enjoy playing it and want to be a better player. （35語）

解説
「**私は～に『ありがとう』と伝えたいです。**」という文で始め，そのあとに理由を続ける。解答例の「～してくれました。（おかげで）今では，…です。」のように，理由以外のことも書いて，条件の35語以上にする。

2 自分の考えを書く問題

1 例1 Ⓐ I think so, too.
Ⓑ It is useful to learn Chinese because a lot of Chinese people come to Japan. （15語）
例2 Ⓐ I don't think so.
Ⓑ If we have to study another language, we don't have enough time to study English. （15語）

解説
質問の内容は，「私たちは英語ともう1つのほかの国の言語を学んだほうがよいと言う人がいます。あなたはこのことについてどう思いますか」。
質問での意見に対して，**賛成する場合はI think so, too.**（私もそう思います。），**反対する場合はI don't think so.**（私はそう思いません。）を選ぶ。そして，そのあとに賛成［反対］する理由を続ける。

2 例 I want people from other countries to visit Mt. Fuji. It is the most famous mountain in Japan, and the view from the top of it is very beautiful. People can visit some lakes around it and enjoy seeing Mt. Fuji from them, too.

解説
解答例のように，1文目は〈**want＋人＋to ～**〉で「（人）に～してほしい」という文にするとよい。2，3文目は，その理由や何を楽しめるかなどを答えるとよい。

3 例1 I agree. I often go to the library. The library is quiet, so I can study hard. There are many kinds of books. When I have some questions, I can read books to find the answers.
例2 I don't agree, because it takes a lot of time for me to go to the library. At home, I don't need to think about other people. I like to study in my room. I can also use my own computer to do my homework.

解説
与えられたテーマは，「家で勉強するよりも，図書館で勉強するほうがよい」。
1文目は条件に従って自分の立場を決める。2文目以降は，そのように考えた理由を書く。自分の経験をもとにして書くとよい。

4 例1 (I think that) the original book is better to enjoy the story (, because) we can imagine the scenes from the expressions which the writer uses (.)
例2 (I think that) the movie is better to enjoy the story (, because) we can understand the story easily through pictures and sound in the movie (.)

解説
I think thatのあとは，**～ is better to enjoy the story**（物語を楽しむには～のほうがよい）とするとよい。

5 例 I agree. Young people are interested in many things, so it is easy for them to learn things. Also, when students have questions, teachers help them. School is the best place for studying.

解説
与えられた意見は，「勉強は学校生活の最も重要な部分です」。
まず，**賛成の場合はI agree.，反対の場合はI disagree.**で始める。2文目以降は，1文目で示した賛成［反対］の理由を書く。

6 例1 I agree. I think visiting foreign countries is a good way to learn a foreign language such as English. We have a lot of chances to use foreign languages. （29語）
例2 I disagree. We don't have to go abroad. If we use the Internet, we can learn about other countries and enjoy communication with people from all over the world even in Japan. （32語）

解説

与えられたテーマは，「日本の若い人々は外国を訪ねるべきだ」。

書き方の注意にあるように，1文目で自分の立場を示し，2文目以降でその理由を書く。語数の制限があることに注意する。

3 語順整序

1
(1) ① イ　② オ
(2) ③ オ　④ ア

解説

(1) **so ～ that ...** で「とても～なので…」の意味。

（It was so）exciting that I finished it（in a day.）

全訳

A：あなたはその本を読み終えましたか。

B：はい。それはとてもわくわくさせるものだったので，1日で読み終えました。

(2) **be surprised to ～** で「～して驚く」の意味。toのあとは動詞の原形のlearn。アのthatは接続詞。〈**that＋主語＋動詞～**〉を**learnの目的語**とする。第1文の内容より，worked hard ～の主語はheである。

（I）was surprised to learn that he（worked hard for many years to make a medicine.）

全訳

今日，私は有名な科学者についての本を読みました。彼は薬を作るために何年も熱心に働いていたと知って，私は驚きました。それは多くの人々を救っています。

2
(1) イエアウ　(2) イエウア
(3) イオアエウ　(4) オアエウイ

解説

(1) 〈**want＋人＋to ～**〉で「（人）に～してほしい」の意味。

（I）want you to carry（this box with me.）

全訳

A：この箱を一緒に運んでほしいんだ。手伝ってくれる？

B：もちろん。

(2) **the highest** と **of all** があるので，「すべての～の中で最も高い」という文になることがわかる。

（It's）the highest of all the mountains in Japan（.）

全訳

A：富士山について，何か教えてくれませんか。

B：もちろん。それは日本のすべての山の中で最も高いです。

(3) **have** と **eaten** があるので，**現在完了**だと予測できる。イのwhichは目的格の関係代名詞で，あとに〈主語＋動詞～〉を続ける。

（What is your favorite food）which you have eaten at（school in Japan?）

全訳

佐藤さん：日本でのあなたの学校生活はどうですか。

リサ：私はそれを，本当に楽しんでいます。日本語を話すのは，私にとって少し難しいですが，生徒たちは私に親切で，給食はおいしいです。

佐藤さん：日本の学校で食べたもののうち，あなたのお気に入りの食べ物は何ですか。

リサ：私は今日，昼食の時間に，たくさんの砂糖がかかった揚げパンを食べました。それは本当に気に入りました。生徒たちはそれを「揚げパン」と呼びました。

(4) Do youにつながる動詞は，原形のknow。〈**which＋名詞＋主語＋動詞～**〉が**knowの目的語**になる間接疑問の文にする。

（Do you）know which season Kana likes（the best?）

全訳

あなたはカナがどの季節をいちばん好きか知っていますか。

3
(1) that boy playing soccer in
(2) has the second largest population
(3) How do you come to
(4) tell him to call me
(5) the garbage makes it better
(6) started drinking a new tea that was found in India
(7) important for everyone who visits Hokkaido to love

解説

(1) Bの応答から，「～はだれですか」という文になることがわかる。〈**現在分詞＋語句**〉が名詞**を後ろから修飾する**形にする。

全訳

A：公園でサッカーをしているあの男の子はだれですか。

B：あれは私の兄［弟］です。

(2) 〈Which＋名詞〉で始まる，「どの〜が…」という疑問文。Which cityが主語なので，あとに動詞のhasが続く。〈the second＋形容詞の最上級＋名詞の単数形〉で，「2番目に〜な…」という意味。

全訳
A：島根では，どの都市が2番目に人口が多いですか。
B：出雲です。そこにはおよそ175,000人の人が住んでいます。

(3) AがBy〜と答えており，語群の中にhowがあるので，手段をたずねる疑問文になることがわかる。疑問詞Howのあとは疑問文の語順。

全訳
A：やあ，私はナンシーです。東町に住んでいます。
B：ここから遠いですね！　どうやって学校に来るのですか。
A：バスです。

(4) 代名詞と動詞が2つずつあることに注意する。直後にbackが続くことや，サラがcall back laterと答えていることから，callとbackがつながると推測できる。よって，Could youに続く動詞はtellと考えられる。〈tell＋人＋to〜〉で「(人)に〜するように伝える」，〈call＋人＋back〉で「(人)に折り返し電話する」という意味。「私に折り返し電話するように，彼に伝えてくれませんか」となるように，代名詞に注意する。

全訳
アレン：もしもし。アレンです。デビッドをお願いします。
サラ：ごめんなさい，アレン。彼は今，家にいません。
アレン：わかりました。折り返し電話するように彼に伝えてくれませんか。
サラ：もちろん。あとでかけ直すでしょう。

(5) makes O C（〜を…にする）の文。前文の内容より，「生ごみがそれ（＝土）をよりよくする」という意味にする。itはsoilを指す。

全訳
生ごみは土の中で肥料として使われます。それは，生ごみがそれをよりよくすることを意味します。そして，そのよりよい土で，野菜がよく育ちます。

(6) 〈started＋動名詞〉で「〜し始めた」の意味。drinkingの目的語になるのは，a new tea。そのあとに関係代名詞（主格）のthatを続けて，「インドで発見された新しいお茶」とする。

全訳
英国では最初，わずかな人しかお茶を買えませんでした

が，値段が下がったので，それは多くの人々の間で人気になりました。のちに彼らは，インドで発見された新しいお茶を飲み始めました。それ以来，彼らは毎日の生活でお茶を楽しんでいます。

(7) it'sのあとで，forやtoがあるので，〈it's 〜 for＋人＋to＋動詞の原形〉「(人)にとって…することは〜」の文になると推測できる。it's veryのあとには形容詞important，forのあとには「人」を表すeveryoneが続く。everyoneのあとに〈関係代名詞＋動詞〜〉のwho visits Hokkaidoを続けて，「北海道を訪れるすべての人」となるようにする。

全訳
私はいつも，他人がどう感じるかについて考えることで，他人に親切であろうとしています。そしてツアーガイドとして，北海道を訪れるすべての人が北海道を好きになることはとても重要だと感じています！　私は彼らの笑顔を見たり，「また北海道に来るよ！」という言葉を聞いたりすると，とてもうれしいです。

4 和文英訳問題

1 (1) ① 例1 It will be a perfect day to go out［for going out］.
　　　　 例2 It will be the best day to go out.
　　② 例1 I (also) need to rest.
　　　　 例2 I sometimes need to take a rest.
(2) ③ 例1 it's hard to take care of him.
　　　 例2 it takes a lot of time to take care of him.

解説
与えられた日本文をそのまま英語に直すのは難しいので，同じ内容の別の言い方を考えてみるとよい。

(1) ①「出かけるにはもってこいだなあ。」を「外出するのに最適な日になるだろう。」と表してみると，英語に直しやすい。
②「息抜きだって必要だよ。」を「私は休息する必要がある。」と表してみるとよい。

全訳
息子：明日の天気はどうなりそう？
母親：暖かくなって，晴れそうよ。
息子：出かけるにはもってこいだなあ。
母親：そうね…でもあなたには宿題がたくさんあるよね？

息子：わかってるよ，でも，息抜きだって必要だよ。

(2) 「手がかかるんだ。」を **「彼の世話をするのは大変だ。」** と表してみるとよい。

全訳

メアリー：こんにちは，賢。どうしたの？

賢：ぼくたちはちょうど犬を買ったんだ。彼はとてもかわいいけど，手がかかるんだ。

メアリー：私も犬を飼っているから，あなたの言うことがわかるわ。

2

(1) 例 How about going there by bus?

(2) 例 Do you know what it means?

(3) 例 It's important for us to think about robots.

(4) 例 I have learned that helping each other is important.

(5) 例 I'm going to try many things that I haven't experienced before.

解説

(1) 「〜するのはどうですか。」〈**How about ＋動名詞〜?**〉

(2) 「あなたは〜知っていますか。」という文なので，Do you know 〜 ? になる。「**それが何を意味するか**」を〈疑問詞＋主語＋動詞〉の**間接疑問**で表して，**knowの目的語**にする。

(3) 〈**it's 〜 for ... to__**〉「…が―するのは〜です」の文にする。

(4) 「お互いに助け合うことが大切だということを学びました。」は，接続詞thatのあとに下線の内容を続けて，learnedの目的語にして表す。**「お互いに助け合うこと」** は，動名詞を使って **helping each other** と表す。

(5) 「今まで経験したことのない多くのこと」は**関係代名詞**を使って表す。

---

3   例 Where can I take them?

解説

「**どこへ**」と場所をたずねるので，**Where** で始まる疑問文にする。

全訳

ブラウンさん：おはよう，まさお。

まさお：おはようございます，ブラウンさん。

ブラウンさん：まさお，あなたの助けが必要です。昨日，缶とびんを出し忘れてしまいました。

まさお：何てことだ！

ブラウンさん：あなたは，次回いつそれらのものを出すべきか，知っていますか。

まさお：いいえ，知りません。ああ，よい考えがあります。私たちは学校で，リサイクルのために缶とびんを集める活動をしています。それは月に1回行われます。私たちは明日，8時から10時まで缶とびんを集めます。

ブラウンさん：それはいいですね。私はそれらをどこへ持っていけばいいですか。

まさお：駅の近くのなかよし公園です。

4

① 例1 I went there with my family by train.

例2 My family visited it by train.

② 例1 I took a walk in the park because it was sunny.

例2 The weather was fine, so we walked in the park.

③ 例1 A famous festival is held there in summer every year.

例2 Every summer, there's a famous festival in the park.

解説

①と②の日本文には主語がないので，**主語を補って英語に直す**。

① Yamanaka City は前文に出てきているので，went **there** や visited **it** のように表すとよい。

② 「晴れていた」**it was sunny**[**fine**]，「散歩した」**took a walk** などの表現を使うとよい。

③ 「開催される」は **is held** と受け身で表すとよい。

全訳

こんにちは，みなさん。私はみなさんに，山中市への旅行について話そうと思います。

私は山中市に，電車で家族と行きました。晴れていたので，私は公園を散歩しました。その公園では，毎年夏に，有名な祭りが開催されます。

ありがとうございます。

5 絵や図を読み取る問題

1 例 Today, more and more students are working as volunteers. I'll clean the street and grow many beautiful flowers there to make our town better. (24語)

解説
グラフからは，ボランティアで活動した高校生の人数が，年々増えていることが読み取れる。「**ますます多くの～**」は **more and more ～**で表す。

2 (1) 例 What's the matter?
(2) 例 This restaurant is closed today. But there is another good sushi restaurant near here. Why don't you go there?

解説
(1) 困っている人に対して呼びかけるので，「**どうかしましたか。**」とたずねる文にすればよい。
(2) 観光客はドアの標示が読めないと言っているので，まずはそのすし屋は閉まっていることを教える文を書く。そのあとで，別のすし屋の案内などをするとよい。

全訳
健太：こんにちは。どうかしましたか。
観光客：ああ，このガイドブックにこの町のすしはとてもおいしいとあるので，私はここに来ました。でも，ドアに標示があります。私はそれが読めません。
健太：ええと。この店は今日，閉まっています。しかし，この近くに別のおいしいすし屋があります。そこへ行ってはどうですか。
観光客：ああ，助言をありがとうございます。

3 例 One boy kicked the ball and it went up in the tree. The boy began to cry because he couldn't get the ball. Taro reached out his arms, got the ball and gave it to the boy. The boy became happy.

解説
絵の内容を日本語で表してから，英語に直す。与えられた語句もヒントになるので使うとよい。「上がって木に入った」went up in the tree，「泣き出した」began to cry，「ボールを取ってその男の子に渡した」got the ball and gave it to the boy，「喜んだ」became happy などの表現が考えられる。

全訳
昨日，タロウは公園でサッカーをしている2人の男の子を見かけました。

4 ① 例1 (I think) you should take Bus A (.)
例2 (I think) Bus B is better (.)
② 例1 If you take Bus A, you can go there before noon. And you don't have to wait long here. (19語)
例2 Bus B is not as expensive as Bus A. And it takes just thirty minutes. (15語)

解説
① 「あなたは～に乗るべきです」you should take ～，「～のほうがよいです」～ is better などを用いる。
② 〈表〉から読み取れるバスA，バスBそれぞれの利点は，Aは待たずにすぐに乗れること，かずら橋に先に着くこと，BはAよりも安いこと，乗車時間が短いこと，などが考えられる。これらを英語で表すとよい。

I 英語の質問に答える問題

1 (1) エ (2) ウ (3) イ

解説

(1) 質問は「なぜ女の子はすぐに家に帰らなければいけないか」なので,「**犬の世話をするため**」という目的を答えている**エ**が正答。

(2) 男の子の2番目の発言の, **my father lived there before** を聞き取る。ミホの姉[妹]は, lives in Kyoto より, 今住んでいる。

(3) 選択肢が時刻なので,**何の時刻をたずねられるかに注意して放送を聞く**。現在の時刻が2時20分で, 会議が始まるまで10分しかないと言っているので, 今日の会議が始まる時刻は**2時30分**。

放送文と日本語訳

(1) A : Let's go to the library together.
　　B : Sorry, I can't. I have to go home soon.
　　A : Oh, why?
　　B : Because I have to take care of my dog. I'll walk the dog around the park.
　　Question : Why does the girl have to go home soon?
　　A : 一緒に図書館に行こうよ。
　　B : ごめん, 行けないんだ。すぐに家に帰らないといけないの。
　　A : どうして?
　　B : うちの犬の世話をしないといけないから。公園で犬を散歩させるの。
　　質問 : なぜ女の子はすぐに家に帰らなければいけないのですか。

(2) A : What are you doing, Miho?
　　B : I'm writing a letter to my sister who lives in Kyoto.
　　A : Oh, my father lived there before. Have you ever been there?
　　B : No, but I'll visit her next month.
　　Question : Who lived in Kyoto before?
　　A : 何をしているの, ミホ?
　　B : 京都に住んでいる姉[妹]に手紙を書いているの。
　　A : おお, ぼくのお父さんが以前, そこに住んでいたんだ。今までそこに行ったことはある?
　　B : いいえ, でも, 来月彼女を訪ねるの。
　　質問 : だれが以前, 京都に住んでいましたか。

(3) A : Let's hurry! It's two twenty.
　　B : OK, but the meeting starts at three. We still have forty minutes.
　　A : No, it will start earlier today. We have only ten minutes before it starts.

Question : What time will the meeting start today?
　　A : 急ごう! 2時20分だよ。
　　B : わかったよ, でも会議は3時に始まるから, まだ40分あるよ。
　　A : いいえ, 今日は早く始まるの。それが始まるまで10分しかないよ。
　　質問 : 今日, 会議は何時に始まりますか。

2 (1) ア (2) イ (3) エ

解説

(1) 男性はペンを貸してくれようとしているので, 感謝の言葉の**ア**が適する。

(2) 現在が10時20分で, 会議まで15分待つと言っているので, 会議が始まるのは10時35分。

(3) ナンシーは昨日の午後, 図書館で宿題のために本を探していた。

放送文と日本語訳

(1) A : I don't have any pens because I left my pen case at home.
　　B : Don't worry. I have some pens.
　　Question : What will the woman say next?
　　A : 筆箱を家に置いて来ちゃったから, ペンがないよ。
　　B : 心配しないで。ぼくは何本か持ってるよ。
　　質問 : 女性は次に何と言いますか。

(2) A : Steve, what time is it now?
　　B : Well, it's 10:20. We have to wait for fifteen minutes for the meeting.
　　A : All right. Thanks.
　　Question : What time will the meeting start?
　　A : スティーブ, 今は何時?
　　B : ええと, 10時20分だよ。会議まで15分待たないといけないね。
　　A : わかりました。ありがとう。
　　質問 : 会議は何時に始まりますか。

(3) A : Where were you yesterday afternoon, Nancy?
　　B : I was reading books in the city library. Why do you ask?
　　A : I called you many times because I got concert tickets for your favorite singer. It was exciting.
　　B : Oh, no. Bob, I wanted to go to that concert but yesterday I had to finish my homework, so I was looking for some books.
　　Question : What did Nancy do yesterday afternoon?
　　A : 君は昨日の午後どこにいたの, ナンシー?
　　B : 私は市立図書館で本を読んでいたよ。何で聞くの?
　　A : 君の大好きな歌手のコンサートのチケットを手に入れたから, 何度も電話したんだ。わくわくしたよ。

B：何てこと。ボブ，私はそのコンサートに行きた
かったけど，宿題を終わらせなければならなかっ
たので，本を探していたんだ。
質問：昨日の午後，ナンシーは何をしましたか。

③ (1) ア (2) イ (3) ウ

解説

(1) 幸二の2番目の発言のThe baseball team of
our school had a game **on May 7**に対して，
メアリーがI went to watch itと答えている
ので，彼女が野球の試合を見たのはMay 7。

(2) 幸二の発言の，**22 members** cleaned the
streets near our schoolを聞き取る。

(3) メアリーのTell me about the next activity
に対して，幸二はWe are going to **meet old
people in our town** and **talk with them**と
答えている。

放送文と日本語訳

Mary：Hi, Koji. What are you reading?

Koji：Hi, Mary. I'm reading the school newspaper.

Mary：Is there any interesting news?

Koji：Yes. The baseball team of our school had a
game on May 7. They won the game!

Mary：I went to watch it. Our classmate, Ken, hit a
home run. It was very exciting.

Koji：That's nice. Oh, my club activity is in this
newspaper, too. I'm a member of the volunteer
club. Our club has 24 members. But on that day,
22 members cleaned the streets near our school.
It was fun. We will have a new activity on June 8.

Mary：Tell me about the next activity.

Koji：All right. We are going to meet old people in
our town and talk with them.

Mary：Great. Can I join your next activity?

Koji：OK. I'll ask our teacher.

Questions

(1) When did Mary watch the baseball game?

(2) How many members of the volunteer club
cleaned the streets near their school?

(3) What are the members of the volunteer club
going to do the next time?

メアリー：やあ，幸二。何を読んでいるの？

幸二：やあ，メアリー。学校新聞を読んでいるんだ。

メアリー：何かおもしろいニュースはある？

幸二：うん。ぼくたちの学校の野球部が5月7日に試合
をしたんだ。彼らは勝ったよ！

メアリー：私はそれを見に行ったよ。クラスメートのケ
ンがホームランを打ったの。とても興奮したよ。

幸二：それはいいね。おお，ぼくのクラブ活動もこの新
聞に載ってるね。ぼくはボランティアクラブのメンバー
なんだ。クラブには24人のメンバーがいるよ。でも，

その日は22人が学校の近くの通りを掃除したんだ。楽
しかったよ。ぼくたちは6月8日に新しい活動をする
んだ。

メアリー：次の活動について教えて。

幸二：いいよ。ぼくたちは町のお年寄りの方々に会って
話をするんだ。

メアリー：すばらしい。私は次の活動に参加してもいい
の？

幸二：わかった。先生に聞いてみるよ。

質問

(1) メアリーはいつ野球の試合を見ましたか。

(2) 何人のボランティアクラブのメンバーが学校の近く
の通りを掃除しましたか。

(3) ボランティアクラブのメンバーは次に何をする予定
ですか。

④ (1) イ (2) ア (3) エ

解説

(1) **First, ～，Next, ～**と，2つのイベントについ
て説明している。

(2) a quiz game about art will start from **10
a.m.**を聞き取る。

(3) 絵のレッスンに参加するには，インフォメーシ
ョンデスクに行って名前を伝える必要がある。

放送文と日本語訳

Welcome to our art museum. Today we celebrate
the 10th year since we opened our art museum. We
are planning wonderful events for this special day.
First, a quiz game about art will start from 10 a.m.
If you win the game, you can get nice gifts. We will
wait for you on the second floor. Next, we have
invited some famous painters to have a drawing
lesson. The lesson will start at 2 p.m. in the ABC
room. If you are interested in this event, please
come to the information desk on the first floor. You
need to tell us your name before the lesson. Please
enjoy these events and celebrate this special day
together with us. Thank you for coming.

Questions

(1) How many events will be held today?

(2) What time will the quiz game start?

(3) To join the drawing lesson, what do you have
to do?

私たちの美術館へようこそ。私たちは今日，美術館が
開いてから10年目を祝います。私たちはこの特別な日の
ために，すてきなイベントを計画しています。最初に，
芸術についてのクイズゲームが，午前10時から始まりま
す。そのゲームに勝てば，すてきな景品をもらえます。
私たちは2階であなたたちを待っています。次に，私た
ちは何人かの有名な画家を招待していて，絵のレッスン
をしてもらいます。そのレッスンはABCルームで午後2
時に始まります。このイベントに興味があるなら，1階

のインフォメーションデスクに来てください。レッスンの前に名前を伝えていただく必要があります。これらのイベントを楽しみ，私たちと一緒にこの特別な日を祝ってください。来てくれてありがとうございます。

質問
(1) 今日はいくつのイベントが行われますか。
(2) クイズゲームは何時に始まりますか。
(3) 絵のレッスンに参加するために，何をしなければなりませんか。

---

5 **(1) ウ (2) エ (3) イ**

解説

(1) Judy stayed with Tomoko's family **for a month** を聞き取る。
(2) Judy said, "*Bonsai* is popular in Europe ～." のあとに，When Tomoko heard that, she was surprised とあるので，**エ**が正答。
(3) 最後の文を聞き取る。

放送文と日本語訳

Tomoko is a junior high school student in Kagawa. She has a friend in London. Her name is Judy. Last year Judy stayed with Tomoko's family for a month. At that time, a big art festival was held around Kagawa. One day, Tomoko heard about a *bonsai* event. *Bonsai* is one of the Japanese arts and it is a very small tree made in a special way. Tomoko was not so interested in it. However, Judy said, "*Bonsai* is popular in Europe. My friend in London talked about it before." When Tomoko heard that, she was surprised and asked Judy, "Do you want to go to the *bonsai* event?" "Yes!" Judy answered. Then they went to the event and saw a lot of *bonsai*. Judy said, "We also have beautiful plants in London, but I've never seen such small and beautiful trees." Tomoko thought that *bonsai* was cool and beautiful for the first time.

Questions
(1) How long did Judy stay with Tomoko's family in Kagawa?
(2) Why was Tomoko surprised?
(3) What did Tomoko think after she saw a lot of *bonsai*?

トモコは香川の中学生です。彼女はロンドンに友だちがいます。彼女の名前はジュディです。昨年，ジュディはトモコの家族の家に1か月間滞在しました。そのとき，大きな芸術祭が香川のあちこちで開催されました。ある日，トモコは盆栽のイベントについて聞きました。盆栽は日本の芸術の1つで，それは特別な方法で作られたとても小さい木です。トモコはそれにあまり興味がありませんでした。しかしながら，ジュディは「盆栽はヨーロッパで人気があります。私のロンドンの友だちが以前，それについて話しました。」と言いました。トモコはそれを

聞いたとき，驚いてジュディに「盆栽イベントに行きたいですか。」とたずねました。「はい！」と，ジュディは答えました。それから，彼女たちはそのイベントに行き，たくさんの盆栽を見ました。ジュディは「ロンドンにもきれいな植物はありますが，そのような小さくて美しい木は見たことがありません。」と言いました。トモコは初めて，盆栽はかっこよくて美しいと思いました。

質問
(1) ジュディは香川のトモコの家族の家に，どれくらい滞在しましたか。
(2) トモコはなぜ驚いたのですか。
(3) トモコはたくさんの盆栽を見たあとで，何と思いましたか。

---

6 **例 (I can get it) if I answer some questions about the food (.)**

解説

質問は，「あなたは調理室で，どのようにしたらプレゼントとしてケーキをもらうことができますか」。後半のAfter you finish eating, please answer some questions about the food. Then you can get a cake as a present. を聞き取る。**私は食べ物についての質問に答えれば，それをもらえる。** という文にすればよい。

放送文と日本語訳

Hi, we are the cooking club. In the cooking room, you can buy and eat some food we cook. Please come and enjoy our food. Now we have good news for you. When you buy our food, we will give you juice or tea. Please enjoy our food with something to drink. We have another good thing to tell you. After you finish eating, please answer some questions about the food. Then you can get a cake as a present. Please come to the cooking room to meet us!

こんにちは，私たちは料理クラブです。調理室で，私たちが料理する食べ物を買って食べることができます。来て，私たちの食べ物を楽しんでください。さて，みなさんによいニュースがあります。食べ物を買っていただくと，私たちがジュースかお茶をさしあげます。飲み物と一緒に食べ物を楽しんでください。ほかにも伝えるべきよいことがあります。食べ終えたあとで，食べ物についてのいくつかの質問に答えてください。そうすれば，プレゼントとしてケーキをもらえます。私たちに会いに調理室に来てください！

2 イラスト・図表を選ぶ問題

1 (1) イ (2) ウ

解説

(1) **washing the dishes** を聞き取る。

(2) 4つの絵より，何かを**禁止する**内容になると考えられる。**You can't eat or drink** より，飲食を禁止する絵の**ウ**を選ぶ。

放送文と日本語訳

(1) The boy is washing the dishes.
男の子が皿を洗っています。

(2) You can't eat or drink in this room.
この部屋で食べたり飲んだりしてはいけません。

2 (1) エ (2) エ

解説

(1) between A and B で，「AとBの間」の意味。**本屋と病院の間に2本の木がある**エを選ぶ。

(2) ケンジは7時にはまだ英語を勉強していた。夕食を食べたのはその30分後の7時半。

放送文と日本語訳

(1) There are two trees. The trees are between a bookstore and a hospital.
2本の木があります。その木は本屋と病院の間にあります。

(2) Yesterday, Kenji started to study English at home at five. Two hours later, his mother told him to eat dinner, but he was still studying English. They had dinner thirty minutes after that.
昨日，ケンジは家で5時に英語を勉強し始めました。2時間後，彼のお母さんが彼に夕食を食べるように言いましたが，彼はまだ英語を勉強していました。彼らはそれから30分後に夕食を食べました。

3 (1) ウ (2) イ

解説

(1) **ジェーン，マキ，カヨの順に背が高い。**

(2) ベティは犬と遊びたかったが，母に言われて部屋の掃除をした。

放送文と日本語訳

(1) Jane, Maki and Kayo are good friends. Jane is taller than Maki. Maki is taller than Kayo.
Question : Which picture shows this?
ジェーンとマキ，カヨは親友です。ジェーンはマキより背が高いです。マキはカヨより背が高いです。
質問：どの絵がこのことを表していますか。

(2) I'm Betty. Last Sunday, my sister asked me to go shopping in the morning. I said "no" to my sister because I wanted to play with my dog at the park. But my mother told me to clean my room, so I did it in the morning. Then, I did my homework in the afternoon.
Question : What did Betty do last Sunday morning?
私はベティです。この前の日曜日の朝，姉[妹]が私に買い物に行くように頼みました。私は公園で犬と遊びたかったので，姉[妹]に「いやだ」と言いました。しかし，母が私に自分の部屋を掃除するように言ったので，私は午前中，それをしました。それから，私は午後，宿題をしました。
質問：ベティはこの前の日曜日の午前に何をしましたか。

4 (1) イ (2) ウ

解説

(1) 寛太の If we take this bus や It will come here in five minutes という発言から，2人は**バスの時刻表を見ながら話している**ことがわかる。

(2) 2番目の寛太の発言より，カナダでは黒が人気があることがわかるから，**ア**か**ウ**となる。また，そのあとのジェニーの発言より，カナダでは白が人気がないことがわかるので，**ア**ではなく**ウ**となる。**ア**は中国，**イ**はインド，**エ**は日本。

放送文と日本語訳

(1) Jenny : Can we go to a bookstore? I want to read some English books in my free time.
Kanta : How about going to the library? It has a lot of English books. If we take this bus, we can go there. It will come here in five minutes.
Jenny : Oh, really? Sounds good.
Kanta : And there is a nice restaurant next to the library. Let's have lunch there.
Question : Where are Kanta and Jenny talking?
ジェニー：本屋に行かない？ ひまなときに英語の本を読みたいな。
寛太：図書館に行くのはどう？ 英語の本がたくさんあるよ。このバスに乗ればそこに行けるよ。5分以内に来るみたいだね。
ジェニー：え，本当？ いいね。
寛太：そして，その図書館の隣にはすてきなレストランがあるよ。そこで昼食を食べよう。
質問：寛太とジェニーはどこで話していますか。

(2) Kanta : Jenny, I found this on the Internet. It shows popular colors in these five countries.

Jenny : Let's see. Blue is very popular. Wow! The same colors are popular in Japan and America.

Kanta : Yes. I like black, but it's not popular in Japan. People in Canada and China like it. How about your favorite color?

Jenny : I like white, but it's not popular in Canada. People in China and India like it.

Question : Which is Canada?

寛太：ジェニー，インターネットでこれを見つけたよ。これらの5つの国で人気のある色を表しているんだ。

ジェニー：ええと。青はとても人気があるね。おお！日本とアメリカでは同じ色が人気だ。

寛太：うん。僕は黒が好きだけど，日本では人気がないんだ。カナダと中国の人々はそれが好きだね。君の大好きな色はどう？

ジェニー：私は白が好きだけど，カナダでは人気がないみたい。中国とインドの人々はそれが好きだね。

質問：どれがカナダですか。

3 対話の応答を答える問題

1 (1) イ (2) ア

解説

(1) 最後の文でジュースをすすめているので，「はい，オレンジジュースをお願いします」と答えるイを選ぶ。

(2) 最後の文でHow many times ～? と，回数をたずねている。これへの受け答えは，アの「2回」が適する。

放送文と日本語訳

(1) Mom : Mike, you look very tired.

Mike : I had a long soccer practice, Mom. It took over three hours.

Mom : Oh, that's hard. Would you like some juice?

母：マイク，とても疲れているように見えるよ。

マイク：長いサッカーの練習があったんだ，お母さん。3時間以上かかったよ。

母：おお，それは大変ね。ジュースでも飲む？

(2) Woman : Ken, you visited Australia last week, right?

Ken : Yes, I went there to see my aunt in Sydney.

Woman : That's nice! How many times have you been there?

女性：ケン，あなたは先週，オーストラリアを訪れたんですよね。

ケン：はい，私はシドニーにいるおばに会いにそこに行きました。

女性：それはいいですね！ あなたはそこに何回行ったことがありますか。

2 (1) エ (2) イ (3) エ

解説

(1) 男の子のLet's play sports! のあとに，女の子がWhat do you want to play? とたずねているので，「テニスをしたい」と答えているエが適する。

(2) 「とてもおもしろい本を見つけて，読むのをやめられない」に対する応答なので，「私もそれを読みたい」というイが最も適する。

(3) 電話をかけてきて，「彼に伝えることがある」と言ったボブへの応答なので，「あとで，あなたに電話するように彼に伝えておく」というエが適する。

放送文と日本語訳

(1) 友人との対話

A : It's sunny today. Let's go out and do something.

B : That's a good idea. Let's play sports!

A : What do you want to play?

A : 今日はいい天気だね。外に出て何かしようよ。

B : それはいい考えだ。スポーツをしようよ！

A : あなたは何がしたいの？

(2) 友人との対話

A : I like reading books. I came to this library yesterday, too.

B : It's my first time to come here. Did you find any nice books?

A : Yes, I found a very interesting book about history. I couldn't stop reading it.

A : ぼくは本を読むのが好きなんだ。昨日もこの図書館に来たよ。

B : 私はここに初めて来たよ。何かよい本は見つかったの？

A : うん，歴史に関するとてもおもしろい本を見つけたよ。読むのをやめられないよ。

(3) 電話での対話

A : Hello. This is Bob. May I speak to Fumiya, please?

B : I'm sorry. He isn't here, and he will not come home soon.

A : Well, I have something to tell him.

A : もしもし。ボブです。フミヤをお願いしたいのですが。

B : すみません。彼はここにはいなくて，すぐには帰宅しません。

A : ええと，彼に伝えることがあります。

(1) イ (2) ウ (3) ア (4) エ

解説

(1) 最後の文で，新しいレストランで食事をするだろうと思った理由をたずねている。応答はイの**「それはすばらしいと友だちが言った」**が適する。

(2) 母親は犬の散歩をする時間がなくて困っている。**「今からやるよ」**と答える**ウ**が適する。

(3) 「テニスをしよう」と言うナンシーに対して父親は「昼食をとったばかりなので，今は休みたい」と言っている。それへの応答なので，**「あとでやろう」**という**ア**を選ぶ。

(4) 「雨がちょうど降り始めた」に対する応答なので，**「少しだけ開けて」**という**エ**を選ぶ。

放送文と日本語訳

(1) A : Wow! So many people are waiting for something there.
B : Right. I think they're going to eat at the new restaurant.
A : Really? Why do you think so?
A：わあ！　たくさんの人がそこで何かを待っているね。
B：そうだね。彼らは新しいレストランで食事をするつもりだと思うよ。
A：本当？　何でそう思うの？

(2) A : Hello, John. This is Mom. I'm glad you're at home.
B : Hi, Mom. Is there a problem?
A : Yes. I'm going to go to the supermarket now, so I have no time to walk our dog today.
A：もしもし，ジョン。母です。家にいてくれてよかった。
B：やあ，お母さん。問題があるの？
A：ええ。今からスーパーに行くから，今日は犬を散歩させる時間がないの。

(3) A : Have you played tennis with your new racket, Nancy?
B : No, I haven't. So, let's go to the park and play tennis now, Father.
A : Well, we've just finished lunch and I want to rest now.
A：新しいラケットでもうテニスをしてみた，ナンシー？
B：いいえ。だから，今から公園に行ってテニスをしようよ，お父さん。
A：ええと，ちょうど昼食を終えて，今は休みたいな。

(4) A : Brian, it's hot in this classroom. Can I open the window?
B : Thank you, Jane. I was thinking about that, too.
A : Oh, but it has just started to rain.
A：ブライアン，この教室は暑いね。窓を開けてもいい？

B：ありがとう，ジェーン。ぼくもそう思っていたんだ。
A：ああ，でも雨がちょうど降り始めたよ。

④ **(1) エ (2) イ (3) イ (4) ア (5) ウ**

解説

(1) **「何色が好きですか」**とたずねているので，色を答えている**エ**が適する。

(2) **「飲み物はいかがですか」**とすすめているので，感謝の表現の**イ**が適する。

(3) 最後の文は，高田先生に対して「質問がある」と言っている。高田先生は「今は忙しい」ので，**「放課後来なさい」**と答える**イ**が適する。

(4) 最後の発言はHow long will it take to ～?と，かかる時間をたずねている。よって，「30分」と答える**ア**が適する。

(5) turn leftと道案内した人に対してturn rightと聞き返した人への受け答えだから，**ウ**が適する。

放送文と日本語訳

(1) A : Your bag is so nice.
B : It's useful, but I don't like this color very much.
A : Well, what color do you like?
A：あなたのバッグはとてもすてきですね。
B：便利ですが，私はこの色があまり好きではありません。
A：ええと，あなたは何色が好きですか。

(2) A : Do you like pizza?
B : Yes, but I can't eat more now.
A : Then, how about something to drink?
A：あなたはピザが好きですか。
B：はい，でももうこれ以上食べられません。
A：それなら，何か飲み物はいかがですか。

(3) A : Mr. Takada, do you have time?
B : Sorry, but I'm busy now. What's happened?
A : I have some questions about this lesson.
A：高田先生，時間がありますか。
B：すみません，今は忙しいのです。何かありましたか。
A：この授業について質問があります。

(4) A : Mike, clean your room.
B : Yes, I will. I'll do that after I finish my homework.
A : How long will it take to finish your homework?
A：マイク，部屋を掃除しなさい。
B：わかったよ。宿題を終わらせたあとでやるよ。
A：宿題を終わらせるのにどれくらいかかるの？

(5) A : Could you tell me the way to the station?
　　 B : Sure.　Go straight and turn left at the convenience store. All right?
　　 A : Did you say. "Turn right"?
　　 A : 駅までの道を教えてくれませんか。
　　 B : もちろん。まっすぐ行って，コンビニで左に曲がってください。大丈夫ですか。
　　 A : 「右に曲がれ」と言いましたか。

5　例 I will cook Japanese food for him.

解説

1年ぶりに帰ってくる兄[弟]のために何をするのかをたずねている。**I will ～ for him.** の形で答えればよい。

放送文と日本語訳

Mariko : Hi. Jason.　My brother will come back from Canada tomorrow.　I haven't seen him for a year.
Jason : Wow! Will you do anything special?
Mariko : Of course, I will.
Jason : What will you do for him?
マリコ：やあ，ジェイソン。私の兄[弟]が明日，カナダから帰ってくるんだ。彼とは1年間会っていないよ。
ジェイソン：おお！　何か特別なことをするの？
マリコ：もちろん，するよ。
ジェイソン：彼のために何をするつもりなの？

6　例 You should take him to Kyoto.　It has a lot of traditional temples.　Then you can learn Japanese culture.

解説

アメリカから来た友だちと一緒にどこへ行き，何をしたらよいかを提案する。Where [What] should we ～? に対する答えなので，1文目は **You should ～.** の形で答えるとよい。

放送文と日本語訳

Woman : Hi. Mike!　Your friend from America is going to stay in your house during this spring vacation, right?
Man : Yes, I am looking forward to seeing him.　He visited Japan two years ago.　He stayed in Tokyo at that time.　So he doesn't want to visit Tokyo.　I want to take him to another place.　Where should we go and what should we do?
女性：やあ，マイク！　春休みの間，あなたの家にアメリカからの友だちが滞在する予定なんだよね？
男性：うん，彼に会うのが楽しみだよ。彼は2年前に日本を訪れたよ。そのときは東京に滞在したんだ。だから，彼は東京を訪れたいとは思っていないんだよ。

ぼくは彼を別の場所に連れて行きたい。ぼくたちはどこに行って，何をするべきかな？

4 まとめや表を完成させる問題

1　① 木　　② 図書館［図書室］　　③ 6，15

解説

① 映画の上映会が行われるのは，**next Thursday**（来週の木曜日）。
② 場所は **school library**（学校の図書館）。
③ We are going to finish the event at **six fifteen**. より，終了時刻は午後6時15分。

放送文と日本語訳

Hello students.　I have something to tell you.　I'm going to have a special event for you next Thursday.　If you want to study English more, how about watching a movie with me?　I've got a wonderful movie.　It's about high school life in Australia.　I believe you'll like it.　Come to the school library.　The movie will start at four thirty in the afternoon.　After the movie, let's talk about it in English.　I hope you'll enjoy it.　We are going to finish the event at six fifteen.　If you have any questions about this event, please come to ask me. Thank you.
　生徒のみなさん，こんにちは。あなたたちに伝えたいことがあります。来週の木曜日，みなさんのために特別なイベントを行う予定です。英語をもっと勉強したいなら，私と一緒に映画を見るのはどうですか。私はすばらしい映画を手に入れました。それはオーストラリアの高校生活に関するものです。みなさんはきっと気に入ると思います。学校の図書館に来てください。映画は午後4時30分に始まります。映画のあとで，それについて英語で話しましょう。みんなが楽しんでくれるといいです。6時15分にそのイベントを終える予定です。このイベントについて何か質問があるなら，私にたずねに来てください。ありがとう。

2　① 3　　② 高齢者［お年寄り］
③ （自分の）学校生活　　④ 若者
⑤ 祖母に会う

解説

それぞれ次の部分を聞き取る。
① as a volunteer for **three** days
② to make the **old people** happy
③ told her about **my school life**

④ a lot of chances to talk with **young people**

⑤ want to **see my grandmother** next Sunday

放送文と日本語訳

I went to a home for old people as a volunteer for three days. There I helped them when they had lunch. I helped them when they walked. But they didn't look very happy. I wanted to do something to make the old people happy.

On the second day, Ms. Hayashi, one of the old people there, talked to me. I told her about my school life. And she told me about her family. Ms. Hayashi looked so happy. I just talked with her for fifteen minutes. She said that she didn't have a lot of chances to talk with young people. And she also said that she was having a very good time.

Now I know I can make old people happy by talking with them. I have a grandmother. If I visit and talk with her, she may be happy. I want to see my grandmother next Sunday.

私は3日間，ボランティアとして老人ホームへ行きました。そこで私は，高齢者の方々が昼食を食べるときに，彼らを手伝いました。私は彼らが歩くときに手伝いました。しかし，彼らはあまり幸せそうに見えませんでした。私は高齢者の方々を幸せにするために何かをしたかったです。

2日目，そこの高齢者の1人の林さんが私に話しかけました。私は私の学校生活について彼女に話しました。そして，彼女は私に彼女の家族について話しました。林さんはとても幸せそうに見えました。私は彼女と15分間だけ話しました。彼女は若い人と話をする機会があまり多くないと言いました。そして彼女はとてもよい時間を過ごしているとも言いました。

今では，私は高齢者の方々と話すことで彼らを幸せにできるということを知っています。私には祖母がいます。私が彼女を訪ねて一緒に話をすれば，彼女は幸せになるかもしれません。私は次の日曜日に祖母に会いたいです。

---

3 ① words ② body

解説

与えられた説明の要点から，Two useful things（2つの役立つこと）が説明され，それをまとめることがわかる。**First, 〜**と，**Second, 〜**の部分を注意して聞き取る。

① give some important wordsという言葉から，Give important **words**. とする。

② you can use your body as languageより，Use **body** language. とする。

放送文と日本語訳

In today's activity, it is important to have fun in communication. Do your best. If you don't know how to say something, there are two useful things to do. First, give some important words, and your friends will guess. Second, if you don't remember any words, you can use your body as language. Then, they will try to understand you.

今日の活動では，コミュニケーションを楽しむことが重要です。最善を尽くしてください。もし何かの言い方がわからなければ，役立つことが2つあります。最初に，いくつかの重要な語を与えましょう。そうすれば，友だちが推測してくれるでしょう。2つ目に，もし言葉を思い出せなければ，あなたは言葉として体を使うことができます。そうすれば，彼らはあなたを理解しようとしてくれるでしょう。

---

4 (1) Sunday (2) library
(3) 001, 9243

解説

(1) It will start **next Friday** and finish **next Sunday**より，コンサートは金曜日から日曜日まで行われる。

(2) come to **the city library** and we'll give you the cardsより，カードを手に入れるためには市立図書館へ行けばよい。

(3) 最後のほうのcall（電話してください）のあとに読まれる数字を聞き取る。

放送文と日本語訳

Hello, everyone. I'm DJ Bird. Welcome to my program. I have special news today. Do you know about the Tottori Music Concert? It is one of the biggest summer events in Tottori. This year, it will be at the Tottori Sports Park. It will start next Friday and finish next Sunday. This year, many popular singers from Korea and Jamaica will join the event. The concert will begin at two p.m. every day. I have one more thing to tell you! On the last day, you'll have a chance to take pictures with the singers! You will need a special card to do this. Please come to the city library and we'll give you the cards. If you want to know more about the concert, call: one, eight hundred, zero-zero-one, nine-two-four-three. Thank you for listening.

こんにちは，みなさん。私はDJバードです。私の番組へようこそ。今日は特別なお知らせがあります。鳥取ミュージックコンサートについて知っていますか。それは鳥取で最も大きい夏のイベントの1つです。今年は，鳥取スポーツ公園であります。今度の金曜日に始まり，日曜日に終わります。今年は，韓国とジャマイカからのたくさんの人気歌手がそのイベントに参加します。コンサートは，毎日午後2時に始まります。もう1つ，伝えることがあります！ 最終日に，歌手と一緒に写真を撮るチャンスがあります！ このためには特別なカードが必要

です。市立図書館に来ていただければ，あなたにそのカードをさし上げます。コンサートについてもっと知りたければ，1－800－001－9243に電話してください。聞いてくれてありがとうございます。

---

5 ① festivals ② famous ③ history
④ to talk to him when （5語）

解説

メモの表より，3つの質問に対する**ヤング先生の答え**を注意して聞く。

① ノゾミの最初の質問に対する答えを聞き取る。
② many people in the world know about it より，Mt. Fuji は世界で「**有名だ**」と言える。
③ feel the history of Japan を聞き取る。
④ 最後の質問に対する答えの，I really hope you'll talk to me when you see me in school を聞き取る。④の文では〈**want＋人＋to ～**〉の形で表す。

放送文と日本語訳

Nozomi : Mr. Young, is there anything you want to try in Japan?

Mr. Young : There are many things. For example, I want to join some festivals. I've seen pictures of Japanese festivals and they are so cool.

Nozomi : I hope you'll enjoy them. Now I'll ask you the next question. Are there any places you want to visit?

Mr. Young : Mt. Fuji! It's very beautiful and many people in the world know about it.

Nozomi : I see.

Mr. Young : Also, I want to visit a lot of traditional buildings in Japan.

Nozomi : Why are you interested in them?

Mr. Young : I think I can feel the history of Japan when I visit them.

Nozomi : I'm glad you want to know about our country. Mr. Young, this is the last question. Do you have something to say to the students and teachers?

Mr. Young : Well, I really hope you'll talk to me when you see me in school.

Nozomi : Thank you very much, Mr. Young.

ノゾミ：ヤング先生，日本で何か挑戦したいことはありますか。
ヤング先生：たくさんあります。たとえば，祭りに参加したいです。私は日本の祭りの写真を見たことがあるのですが，とてもかっこいいです。
ノゾミ：楽しめるといいですね。さて，次の質問をします。あなたが訪れたい場所はありますか。
ヤング先生：富士山です！ それはとても美しく，世界で多くの人が知っています。

ノゾミ：なるほど。
ヤング先生：また，私は日本のたくさんの伝統的な建物を訪ねたいです。
ノゾミ：なぜそれらに興味があるのですか。
ヤング先生：それらを訪ねれば，私は日本の歴史を感じることができると思うのです。
ノゾミ：あなたが私たちの国について知りたいと思ってくれてうれしいです。ヤング先生，これが最後の質問です。生徒や先生に何か言うことはありますか。
ヤング先生：ええと，学校で私を見かけたら私に話しかけてくれることを，本当に望みます。
ノゾミ：ありがとうございます，ヤング先生。

---

5 正しい場所を答える問題

1 コンピューターを置く場所：**ア**
ギターを置く場所：**カ**

解説

位置を表す，**on**（～の上に），**by**（～のそばに），**between ～ and ...**（～と…の間に）を注意して聞き取る。

放送文と日本語訳

Hiroshi, could you put my computer on the desk by the window? And please put my guitar between the door and the bed.

ヒロシ，私のコンピューターを窓のそばの机の上に置いてくれませんか。そして，私のギターをドアとベッドの間に置いてください。

---

2 **ウ**

解説

Bob, your watch is **under** it を聞き取る。この it は前のボブの発言の table を指している。

放送文と日本語訳

A : I've lost my watch. I've looked for it around the house, but I can't find it. Did you see it, Mom?

B : Your watch? Did you look around the TV, Bob? You always put it by the TV.

A : No, it's not there. When I was watching TV on the sofa last night, I put it on the table.

B : Oh, Bob, your watch is under it. You should always put it in the same place.

Question : Where is Bob's watch?

A : 腕時計をなくしちゃった。家じゅうを探したんだけど，見つからないんだ。見なかった，お母さん？
B : あなたの腕時計？ テレビの周りは見た，ボブ？いつもテレビのそばに置くでしょ。

A：いや，そこには無いよ。昨日の夜，ソファの上でテレビを見ていたとき，ぼくはそれをテーブルの上に置いたんだ。

B：ああ，ボブ，あなたの腕時計はその下にあるよ。いつも同じ場所に置いたほうがいいね。

質問：ボブの腕時計はどこにありますか。

3　エ

解説

路線図を見ながら案内をしてもらう問題。まずは今どこにいるかを確認し，そこから，どの駅まで行くのか，どの駅でどの線に乗り換えるのかを注意して聞き取る。

2人が今いるのはセト駅。そこから，中央駅まで行き，東西線に乗り換え，東町行きに乗って2番目の駅なので，エ。

放送文と日本語訳

A：Excuse me. I want to go to the city museum. Where should I get off?

B：You should get off at Nojigiku Station.

A：Could you tell me how to get there?

B：Sure. Look at this picture. We are here at Seto Station now. To go to Nojigiku Station, take a train from here and go to Chuo Station first. You have to change to the Tozai Line there.

A：OK.

B：Take the train which goes to Higashi-machi. Nojigiku is the second station from Chuo.

A：Thank you very much.

B：You're welcome.

Question：Which station is Nojigiku Station?

A：すみません。私は市立美術館へ行きたいです。私はどこで降りればよいですか。

B：ノジギク駅で降りたほうがよいです。

A：そこへの行き方を教えてくれませんか。

B：もちろん。この絵を見てください。私たちは今，セト駅にいます。ノジギク駅に行くためには，ここから電車に乗って，最初に中央駅に行ってください。そこで，東西線に乗り換える必要があります。

A：わかりました。

B：東町へ行く電車に乗ってください。ノジギクは中央から2番目の駅です。

A：ありがとうございます。

B：どういたしまして。

質問：どの駅がノジギク駅ですか。

4　イ

解説

2人が今いるのはケヤキ駅。そこからブルー線で5番目の中央駅まで行き，そこでイエロー線に乗り換える。そこから2番目の駅なので，イ。

放送文と日本語訳

A：Excuse me, could you tell me how to get to Sakura Station?

B：Sure. Now we're at Keyaki Station. First, take the Blue Line and change trains at Chuo Station.

A：Where is that?

B：It's the fifth station from here. Then take the Yellow Line, and Sakura Station is the second station from Chuo Station.

Question：Where is Sakura Station?

A：すみません，サクラ駅への行き方を教えてくれませんか。

B：もちろん。今，私たちはケヤキ駅にいます。最初に，ブルー線に乗って，中央駅で乗りかえてください。

A：それはどこですか。

B：それはここから5番目の駅です。それからイエロー線に乗れば，サクラ駅は中央駅から2番目の駅です。

質問：サクラ駅はどこですか。

5　ウ

解説

道案内の問題。**go straight**（まっすぐ行く），**turn right [left]**（右［左］に曲がる），**you'll see it on your right [left]**（右［左］に見えるでしょう）といった表現に注意して聞き取る。

駅からまっすぐ行き，郵便局を右に曲がって左側に見えるのは，**ウ**。

放送文と日本語訳

Man：Excuse me. Could you tell me the way to Asahi Park?

Woman：OK. You are at the station. Go straight and turn right at the post office. Then go straight again. You'll see it on your left.

Man：Thank you very much.

Question：Where is Asahi Park?

男性：すみません。アサヒ公園への道のりを教えてくれませんか。

女性：いいですよ。あなたは駅にいます。まっすぐ行って郵便局を右に曲がってください。それから，またまっすぐ行ってください。左側に見えるでしょう。

男性：ありがとうございます。

質問：アサヒ公園はどこですか。

解説

花屋を右に曲がり，銀行を左に曲がると右に見えるので，**ア**。

放送文と日本語訳

A：Excuse me.　I want to go to a post office.　Do you know where it is?

B：Yes.　Go along this street and turn right at the flower shop.

A：At the flower shop?

B：Yes.　Then go along Brown Street and turn left at the bank.　Then you'll see it on your right.　It's not far.

A：Thank you very much.

Question：Which is the post office?

A：すみません。私は郵便局へ行きたいのです。どこにあるか知っていますか。

B：はい。この通りを行って，花屋で右に曲がってください。

A：花屋ですか。

B：はい。それからブラウン通りを行って，銀行で左に曲がってください。そうすると右に見えるでしょう。それは遠くありません。

A：ありがとうございます。

質問：郵便局はどれですか。

第 **1** 回 模擬テスト

1 ⑴ エ　⑵ イ　⑶ ウ

解説

⑴ 質問は「ナンシーは何を演奏することができますか。」という意味。ナンシーの最後の発言の中で，自分はギターを弾かないが，**ピアノは弾ける**と言っている。

⑵ 質問は「メグは娘へのプレゼントに何を買うつもりですか。」という意味。メグの2つ目の発言の中で，娘へのプレゼントのことが詳しく述べられている。「**暑いときに使う**」「**小さくて持ち運びが簡単**」の2つから正解を選ぶ。

⑶ 質問は「今の天気はどうですか。」という意味。マイクの最初の発言の中で，「（今）**雪がたくさん降っている**」と述べている。

放送文と日本語訳

⑴ A：Ken, you have a nice guitar.

B：Thanks, Nancy.　My father gave it to me as a birthday present.

A：That's nice.　I don't play the guitar, but I can play the piano.

Question：What can Nancy play?

A：ケン，あなたはすてきなギターを持っているね。

B：ありがとう，ナンシー。誕生日プレゼントとして，父がぼくにくれたんだ。

A：すてきだね。私はギターは弾かないけど，ピアノは弾くことができるよ。

質問：ナンシーは何を演奏することができますか。

⑵ A：Meg, you're going to leave Japan tomorrow.　Have you bought a present for your daughter yet?

B：No, I haven't.　Please give me some ideas.

A：Well, how about this?

B：Oh, I know what this is.　It is used when it's hot.　It's small, so it's easy to carry this when we go out.　OK. I'll buy it.

Question：What is Meg going to buy as a present for her daughter?

A：メグ，あなたは明日日本を離れるんだね。もうあなたの娘さんにプレゼントを買った？

B：いいえ。何か案を教えて。

A：ええと，これはどう？

B：ああ，私はこれが何か知っているよ。それは暑いときに使うよね。それは小さいので，外出するとき，持ち運びやすいね。わかった，それを買うわ。

質問：メグは彼女の娘へのプレゼントに何を買うつもりですか。

⑶ A：Good morning, Mike.　It's cold this morning, right?

B : Yes, Aki. It is snowing a lot. So let's go and play in the snow in the park after school.
A : Sounds like fun. By the way, how will the weather be this afternoon?
B : The TV says it'll stop snowing by noon. And it'll be cloudy in the afternoon.
Question : How is the weather now?

A：おはよう，マイク。今朝は寒いね。
B：うん，アキ。たくさん雪が降っているね。放課後，公園に行って雪で遊ぼう。
A：楽しそうね。ところで，今日の午後の天気はどうなの？
B：テレビでは，昼までに雪はやむって言ってた。そして，午後はくもりになるって。
質問：今の天気はどうですか。

2 (1) ウ (2) ア

解説

(1) 質問は「マイクとはだれですか。」という意味。
ア 「オーストラリアに滞在（たいざい）している男の子。」 2文目から，マイクは今日本にいることがわかる。
イ 「2年間日本にいる男の子。」 2文目から，マイクは日本にまだ2週間しかいないことがわかる。
ウ 「一度も花見をしたことがない男の子。」 4文目の内容に合う。
エ 「花見をしたくない男の子。」 最後のマイクの発言に注目。楽しみにしていることがわかるので誤り。
(2) 質問は「アキラのお父さんは桜の花についてマイクに何か言いました。それは何でしたか。」という意味。アキラのお父さんは発言の中で「桜の花は日本人にとって特別なもの」「私たち（＝日本人）はそれを見て，春が来たことを知る」と言っているので，アが正解。

放送文と日本語訳

Mike is a student from Australia. He came to Japan two weeks ago to stay with my family. Yesterday, my father told us that we were going to *hanami* next Saturday. This is the first time for Mike to do that. When he heard that, he said, "Akira, please tell me about *hanami*." I said, "OK. *Hanami* means cherry blossom viewing. Some people eat and drink near the cherry trees. It is one of the things that Japanese people like to do." My father also said, "Mike, cherry blossoms are important to Japanese people. When we see them, we know that spring has come." Then Mike said, "Sounds interesting! I can't wait until next Saturday!"
Questions
(1) Who is Mike?

(2) Akira's father said something to Mike about cherry blossoms. What was it?

マイクはオーストラリア出身の学生です。彼は2週間前に，私の家でホームステイするために日本に来ました。昨日父が，今度の土曜日に花見に行くと私たちに言いました。マイクにとってそれをするのは今回が初めてです。それを聞くと，彼は「アキラ，花見についてぼくに教えて。」と言いました。ぼくは「そうだね。花見とは桜の花を見ることなんだ。桜の木の近くで食べたり飲んだりする人もいるよ。それは，日本人がするのが好きなことの1つなんだ。」と言いました。父も「マイク，桜の花は日本人には大切なものなんだ。それらを見ると，私たちは春が来たことを知るんだよ。」と言いました。するとマイクは「おもしろそうですね！　今度の土曜日まで待てない！」と言いました。
質問
(1) マイクとはだれですか。
(2) アキラのお父さんは桜の花についてマイクに何かを言いました。それは何でしたか。

3 (1) エ (2) ウ (3) ウ

解説

(1) 〈something to＋動詞の原形〉で「～する（べき）もの」の意味を表す。
(2) 空所のあとがby Akiraなので，「アキラによって撮（と）られた写真」となるから，過去分詞のtakenを選ぶ。
(3) 「～の2人［2つ］とも」はboth of～で表す。

4 (1) エイオウ （ア should が不要）
(2) ウイエア （オ who が不要）
(3) エオイウ （ア much が不要）
(4) アオエウ （イ he が不要）

解説

(1) 「何を～すべきか」は〈what to＋動詞の原形～〉〈what＋主語＋should＋動詞～〉で表すことができる。語群の中に主語になるような語がないため前者を用いて表す。
(I didn't) know what to say (to him then.)
(2) 「ピアノを弾いている女の子」は「女の子」を，名詞を修飾（しゅうしょく）する現在分詞か関係代名詞を使って表すことができる。語群の中には動詞isが1つしかないため，関係代名詞は使えない。したがって，〈現在分詞＋語句〉が名詞を修飾する形を考える。

(The) girl playing the piano is (my classmate.)

(3) I don't knowのあとに**間接疑問**が続くようにする。how many brothersのあとは〈**主語＋動詞**〉の語順にする。

(I don't know) how many brothers he (has.)

(4) 「**(人)が～するのは…だ。**」は〈**It is ... for＋人＋to ～.**〉で表す。forのあとに続くのが人称代名詞のときは目的格が入る。

(It is) important for him to (do his homework.)

---

5 (1) 例1 Why don't you ask Ms. Yamada?
　　　　例2 How about asking Ms. Yamada?
　　(2) 例 Will you carry my bag?
　　(3) 例 Don't keep the door open.

解説

(1) 与えられた条件から、「山田先生にたずねたらどうですか。」と相手に提案する表現になる。そのようなときには、**Why don't you ～?**, **How about ～ing?** を用いる。

(2) 「私のかばんを運んでもらえますか。」と相手にお願いする表現になる。そのようなときには、Will you ～?, Would you ～?, Can you ～?, Could you ～?などがあるが、与えられた指示より、**Will you ～?**で表す。

(3) 否定の命令文を使って表す。「**～を…のままにしておく**」は**keep ～ ...**の語順となる。

---

6 (1) イ
　　(2) interested in
　　(3) 例 すべての仕事には意味がある。
　　(4) ウ

解説

(1) 空所のあとで、1年後に同じ仕事を与えられて**彼はがっかりした**、という内容があることから、よくない内容の文が入ると考えられる。

(2) 本文4～6行目から、彼は調理に「**興味があった**」ので、料理人になる決心をしたとある。

(3) メールの内容は以下の通り。
「ユカさんへ
　私はあなたのスピーチにとても感動しました。特に、あなたがおじいちゃんから教わった言葉を気に入りました。私も本当にそうだと思いま

す。
　今日、多くの若い人たちが働く目的を失いつつあるとよく聞きます。あなたのスピーチは彼らにとって大きな助けになるでしょう。」
本文最終段落の第1～2文に「**すべての仕事には意味がある。**」という一節をこの話から学んだ、とある。

(4) **ア**「マサトがレストランで働くのをやめたあとで、彼は仕事についてヨシオと話した。」本文を通じて、マサトはレストランでの仕事をやめていない。
イ「ヨシオが工場を熱心に掃除したのは、工場の周りの人たちが、彼にそうするように言ったからだ。」工場周辺の人たちは本文中には出てこない。
ウ「ユカの祖父は65歳ぐらいのときに、仕事を引退した。」第2段落第1～2文の内容に合う。
エ「ヨシオは『すぐに料理人になりたいのであれば、ほかのレストランに移るべきだ。』とマサトに言った。」本文中にこのような記述はない。

全訳
　私の家には5人の人がいて、祖父、父、母、兄、そして私です。
　私の祖父のヨシオは75歳です。彼は工場でおよそ50年間働き、約10年前に仕事を引退しました。彼は今、毎日私たちの家の中や周りを掃除することにしています。兄のマサトは23歳です。彼は子供のときからずっと料理に興味があって、高校を卒業したあとには料理人になることを決めていました。彼は今、あるレストランで料理人として働いています。
　マサトが仕事を始めたとき、彼の仕事はレストランを掃除することと皿を洗うことだけでした。その仕事は彼にはおもしろくないものでしたが、そのうち調理を学べるだろうと思い、熱心に働きました。しかし、1年後、彼はまだ同じ仕事をしていました。彼はとてもがっかりして、そのレストランで働くのをやめたいと思いました。
　マサトのレストランは水曜日は営業しません。ある水曜日の朝、マサトは居間でテレビを見ていました。するとヨシオがやって来て、その部屋を掃除し始めました。マサトが祖父を見て、「おじいちゃんはどうして毎日掃除をするのだろう？」と思いました。そして、「おじいちゃん、掃除が好きなの？」と言いました。ヨシオは「全然好きじゃないよ。しなければならないことをしているだけだよ。」と言いました。マサトは彼の言葉を理解できずに、「彼は好きでないことをどうして毎日するんだろう。」と思いました。
　その夜、マサトはヨシオがなぜ毎日掃除をするのかを知るために、彼と話しました。ヨシオは「工場で働いていたとき、我々は毎日工場を掃除しなければならなかったんだ。安全に働くために、工場をきれいにしておくことは重要だったんだ。50年間工場を掃除したから、今もなお、掃除は自分にとって義務のようなものなんだ。」と言いま

した。マサトは彼の話を聞いて，レストランでの自分の仕事について話しました。するとヨシオは「マサト，お前はなぜ皿を洗ったりレストランを掃除したりしなければならないのかわかっているのか？」と言いました。マサトは何も言いませんでした。ヨシオは「それについて考えるべきだな。すべての仕事には意味があるんだ。」とも言いました。

ある土曜日の夜，従業員の１人が病気のために，マサトは食事の提供をしなければなりませんでした。８時ごろ，女性を連れた１人の男性が夕食を食べにレストランに来ました。マサトはとても緊張していましたが，最善を尽くしました。食事のあと，彼らがレストランを出ようとしているとき，その男性がマサトに「おいしい夕食をありがとう。このレストランはいつもきれいだから，私は好きなんだ。それは料理をよりよくしてくれるからね。」と言いました。彼はそれを聞くと，答えがわかったのです。それは，彼の仕事は，料理なしで人々を喜ばせることというものでした。もし床や皿がきれいでなければ，たとえ料理がおいしくても，人々は夕食を楽しめないでしょう。その夜から彼は以前よりもずっと熱心に働き，数年後に料理人になりました。

この話を通じて，私は１つの表現を学びました。それは，「すべての仕事には意味がある。」というものです。私たちが働くとき，私たちは自分がなぜそれをするのかを考えなければなりません。自分たちの仕事の目的がわかれば，それはなんておもしろいものなのかを知ることができるでしょう。

第**2**回 模擬テスト

1 (1) **ウ** (2) **ア** (3) **ウ** (4) **エ**

解説

(1) **ア**「明日は寒いから，自分のコートを持っていくべきです。」
イ「明日その公園は開園しないそうです。」
ウ「ああ，本当？ それなら，映画に行きましょう。」
エ「この前の日曜日にすてきなラケットを買いました。」
Aが「**明日は雨が降る**」と言っているので，屋外での活動をやめようという**ウ**が適切。

(2) **ア**「では，彼女に折り返し電話するように伝えてもらえますか。」
イ「彼女にあなたの伝言を伝えます。」
ウ「電話番号が違っていると思います。」
エ「彼女にあなたに電話するように伝えましょうか。」
Aが「**彼女は今家にいない**」と言っているので，**ア**が適切。残りはすべて電話を受けた人が言う

言葉。

(3) **ア**「およそ200人の具合が悪い人。」
イ「たくさんのお金が必要です。」
ウ「本当に？ それはとても遠いですよ。」
エ「そのバス停は向こうにあります。」
Aが「**歩いて行く**」と言っているので，**ウ**が適切。**エ**のバスの話題は，ここでは出ていない。

(4) **ア**「あなたが買った傘はいくらでしたか。」
イ「その医者は私の家のそばに住んでいます。」
ウ「あなたは校医にみてもらうべきではありません。」
エ「ああ。かぜをひいているかもしれません。」
Aが「**昨夜雨に打たれ，頭痛がして，熱がある**」と言っているので，**エ**が適切。

放送文と日本語訳

(1) A : Meg, what are you going to do tomorrow?
　B : I'm going to play tennis with Tom in the park.
　A : Sounds like fun. But I hear it'll be rainy tomorrow.
　A : メグ，あなたは明日，何をする予定なの？
　B : トムと公園でテニスする予定だよ。
　A : 楽しそうだね。でも，明日は雨が降るそうだよ。

(2) A : Hello.
　B : Hello, this is Ken. May I speak to Nancy, please?
　A : Sorry, but she's not at home now.
　A : もしもし。
　B : もしもし，こちらはケンです。ナンシーをお願いできますか。
　A : ごめんなさい，彼女は今，家にいないんです。

(3) A : Excuse me. Could you tell me how to get to City Hospital?
　B : Sure. How will you go there?
　A : I'll walk.
　A : すみません。市立病院への行き方を教えていただけませんか。
　B : はい。どうやってそこへ行くつもりですか。
　A : 歩いて行きます。

(4) A : I've had a headache since this morning.
　B : That's too bad. Do you have a fever?
　A : Yes. It rained last night, and I was walking for a while without my umbrella.
　A : 今朝からずっと頭痛がしています。
　B : お気の毒に。熱はありますか。
　A : ええ。昨夜雨が降って，傘をささずにしばらく歩いていたのです。

2　① 9時　② 正午 (12時)　③ 昼食 [弁当]　④ 靴

解説

① 東駅に到着するのは，**午前8時15分に中央駅を出発した45分後**だから，午前9時である。

② we'll have lunch の前後に "**At around noon**" と "**at the top of the mountain**" がある。

③ 暑いので「水をたくさん持ってくること」と，山頂に店やレストランはないので「昼食を忘れないように」と言っている。

④ 最後の注意事項で，「今晩は早く床についてよく眠ること」と「明日は新しい靴をはいてこないように」と言っている。

放送文と日本語訳

I'm going to tell you about our school trip. Listen carefully.

We're going to go to Mt. Minami tomorrow. Tomorrow morning, come to Chuo Station by eight o'clock. We'll get on the train which leaves the station at 8:15. Forty-five minutes after we leave the station, the train will arrive at Higashi Station. From Higashi station, we'll walk for about thirty minutes to Mt. Minami.

At around 9:30, we'll start to climb. It'll be hot tomorrow, so bring a lot of water. At around noon, we'll have lunch at the top of the mountain. There are no shops or restaurants there, so don't forget to bring your lunch.

Please remember two things. First, go to bed early and sleep well tonight. Second, don't wear new shoes tomorrow. Put on ones you always wear.

あなたたちに遠足についてお伝えします。注意して聞きなさい。

私たちは明日，南山に行きます。明朝，8時までに中央駅に来なさい。私たちは8時15分にその駅を出る電車に乗ります。駅を出発してから45分後，その電車は東駅に着きます。東駅から，私たちはおよそ30分南山に向かって歩きます。

9時30分ごろ，私たちは登り始めます。明日は暑くなりそうなので，水をたくさん持ってきなさい。正午ごろ，私たちは山の頂上で昼食を食べます。そこには店やレストランはありませんから，弁当を持ってくるのを忘れないようにしなさい。

2つのことを覚えておきなさい。第1に，今夜は早く床について，よく眠りなさい。第2に，明日は新しい靴をはいてこないこと。いつもはいている靴をはきなさい。

3
(1) This animal is not seen in my country (.)
(2) I like soccer the best of all sports (.)
(3) He has been to Australia twice (.)

解説

(1) is と see があることに注目し，**受け身の文**だと考える。see の過去分詞は seen。

全訳
この動物は私の国では見られません。

(2) of と all があることに注目して，**比較の文**だと考える。**like 〜 the best** で「〜が最も好きである」という意味を表す。最上級の文での of のあとは，複数を表す語などが続く。

全訳
私はすべてのスポーツの中でサッカーが最も好きです。

(3) twice と has があることに注目して，**現在完了の文**になると考える。**have [has] been to 〜** で「〜へ行ったことがある」という意味を表す。

全訳
彼はオーストラリアに2回行ったことがあります。

4　(1) neither　(2) a　(3) subject(s)

解説

(1) Aの発言が否定文であることに注目。否定文での「〜も（また…ない）」には，**too** ではなく **neither** を用いる。

全訳
A：私は納豆が食べられません。あなたはどうですか。
B：私もだめです。でも，梅干しは食べられます。

(2) 頻度を答える文。〈**回数を表す語＋a＋期間を表す語**〉で「〜に…回」の意味を表す。

全訳
A：あなたはどれくらい頻繁に市立図書館へ行くのですか。
B：週に1回そこへ行きます。

(3) Bが最後に「理科です」と発言しているので，「**何の教科**」とたずねたと考えられる。What のあとは，ここでは単数形でも複数形でも正解。

全訳
A：あなたは将来何になりたいですか。
B：教師になりたいです。
A：すごい！　何の教科を教えたいですか。
B：理科です。生徒たちに理科がどんなにおもしろいのかを伝えたいのです。

5	①	例 Have you eaten[had] dinner yet?（5語）
	②	例1 What shall I do? （4語） 例2 What do you want me to do?（7語）

解説

① 空所のあとのベンの発言に注目。「まだだよ。お母さんと一緒に夕食を食べたいんだ。」と言っているので、空所には「**あなたはもう夕食を食べましたか。**」という疑問文が適切。

② 空所のあとのベンのお母さんの発言に注目。「じゃあ、卵を買いに行ってきて。」と言っているので、ベンはお母さんに「**何をしたらいいですか。**」とか「**何をしてもらいたいですか。**」などとたずねたと考えらえる。

全訳

お母さん：ベン、ただいま。もう夕食は食べた？
ベン：ううん、まだだよ。お母さんと一緒に夕食を食べたいんだ。
お母さん：ああ、待たせてごめんなさい。すぐに夕食を作るね。
ベン：手伝うよ。何をしたらいい？
お母さん：ありがとう。じゃあ、卵を買いに行ってちょうだい。

6	(1) イ　　(2) エ
	(3) ① 例 クラスメートの何人かと友だちになれたということ。 ② （女子）ハンドボール部
	(4) A time　　B friends

解説

(1) 与えられた文は、「ところで、このイベントは何のために開かれているのですか。」という意味。続くシンの発言が、「〜するために」という目的を表す副詞的用法の不定詞で始まっているイが適切。

(2) シンの5つ目の発言から、バスケットボール大会で1勝しかしていないクラス（1-E）がシンのクラスだとわかる。また、メグの5つ目の発言で、ハンドボール大会で1-Bより多く勝ったクラスで3勝はしていない1-Dがメグのクラスだとわかる。

(3) ① thatの前のメグの発言と、下線部のあとのシンの発言から、「**新しい友だちができた**」ということだとわかる。

② itの前のシンの発言に注目。ハンドボールに興味を持ったメグが、シンのクラスに女子ハンドボール部の部員が1人いることを知って、その部員に女子ハンドボール部の活動について教えてほしいと思っていることがわかる。

(4) 会話をまとめた文の意味は以下の通り。
「シンとメグは高校のクラス対抗スポーツ大会に参加した。男子はバスケットボールをして、女子はハンドボールをした。そのイベントは、生徒たちが新しいクラスメートについてより多くを知るために開かれる。シンはバスケットボールをするのが得意だが、彼のクラスは1勝しかできなかった。メグにとって、ハンドボールをするのは（　A　）だったが、彼女はそれを気に入った。そのイベントのおかげで、メグは何人かの新しい（　B　）ができた。」

A　メグの最初の発言に「ハンドボールをしたのは『初めて』だ」という言葉がある。「**初めて**」**＝ for the first time**

B　メグの3つ目の発言に「私は彼ら（＝新しいクラスメート）の何人かと**友だちになった**」という言葉がある。

全訳

シン：やあ、メグ。今日のクラス対抗スポーツ大会はどうだった？
メグ：とても楽しかった！　初めてハンドボールをしたの。
シン：この学校では、毎年4月にこのイベントをするんだ。今年は男子がバスケットボールで、女子はハンドボールをしたね。去年は男子がサッカーをして、女子がバレーボールをしたそうだよ。
メグ：そうなの。ところで、このイベントはなぜ開かれているの？
シン：新しいクラスメートについて知る機会になるんだよ。チームスポーツをするとき、選手たちはみなお互いにコミュニケーションを取るでしょ？
メグ：確かに、私は今日、クラスメートとたくさん話した。彼らはすてきで親切だった。彼らの何人かと友だちになったよ。
シン：それを聞いてうれしいよ。よい友だちは学校生活をよりよくしてくれるからね。
メグ：私もそう思う。ところで、あなたのクラスはこのイベントで何試合勝ったの？　あなたはバスケットボールが上手だって知ってるよ。
シン：ええと、ぼくたちは1試合しか勝てなかった。全力を尽くしたんだけど、ほかの選手たちのほうがぼくよりもずっとうまかった。バスケットボール大会の勝者は1年B組だったよ。彼らは3つの試合を勝って、1試合負けた。でも、1年B組に勝ったクラスはぼくのクラスだよ。君たちはどうだったの？
メグ：私たちのクラスは、1年B組よりは多い試合に勝っ

たけど，私たちはハンドボール大会の勝者じゃないよ。
私たちのクラスよりも多くの試合に勝ったクラスが2
つあるんだ。

シン：君のクラスは3位だったってことだね？

メグ：その通り。大会で優勝できなかったのは残念だけど，
ハンドボールをするのはおもしろいと思った。いつか
また，それをしたいな。

シン：この高校には女子ハンドボール部があるよ。ぼく
のクラスメートの1人がそのチームの一員なんだ。

メグ：本当に？　彼女に私にそのことについて教えても
らいたいな。シン，彼女を私に紹介してくれる？

シン：いいよ。明日，お昼休みの間にぼくの教室に来て
よ！